危機の中のEU経済統合

ユーロ危機、社会的排除、ブレグジット

嶋田巧・高屋定美・棚池康信 編著

文眞堂

目　次

序　章　EU経済統合の深化と進化 ……………………………… 1
　　　　──EUは何をもたらし，何をもたらさなかったのか
補遺　「関西EU研究会」について ……………………………… 14

第Ⅰ部　経済通貨同盟の問題点と課題

第1章　EU財政ガバナンスの問題と新たな展開 …………… 19
　　　　──緊縮財政は何をもたらし，何をもたらさなかったのか

　はじめに ……………………………………………………………… 19
　1．EU財政ガバナンスの特徴 …………………………………… 20
　2．財政規律は何をもたらしたのか：EMUでの財政規律の経済効果 …… 24
　3．財政規律と社会的ヨーロッパへの影響：ジニ係数からみる所得分配
　　　への効果 ………………………………………………………… 28
　4．ユーロ圏の維持のための財政ガバナンスの改革提案 ………… 32

第2章　ECBの金融政策と企業の資金調達 ………………… 36
　　　　──金融政策は成長の基盤となりえたのか

　はじめに：問題設定と対象期間 …………………………………… 36
　1．第Ⅰ金融緩和期（2001年5月～05年12月） ………………… 37
　2．第Ⅱ金融緩和期（2008年10月～17年10月） ……………… 46
　3．結論 ……………………………………………………………… 54

第3章　ECBの非標準的金融政策の効果と副作用 ………… 57
　　　　──量的緩和政策は実体経済にどのような効果をもたらしたのか

　はじめに …………………………………………………………… 57
　1．ECBの非標準的金融政策の実際 …………………………… 58

2.　QEの金融的側面と実体経済的側面に与える影響 ································ 62
　3.　QEの副作用 ·· 67
　結びに代えて ··· 70

第4章　EUにおける産業集積と地域間格差 ···························· 73
　　　　――「同盟の地域的結束」は実現できるのか

　はじめに ··· 73
　1.　EU域内における地域間の経済格差の現状 ······································· 74
　2.　EMUと域内の地域間格差拡大 ·· 80
　3.　EUの地域政策の課題 ·· 83

第Ⅱ部　社会的欧州の現実と課題

第5章　社会的欧州の理念と現実 ·· 91
　　　　――社会的欧州は存在しているのか

　はじめに ··· 91
　1.　「社会的欧州」とは ·· 91
　2.　社会的欧州の浮上 ·· 94
　3.　EMUと社会的欧州 ··· 97
　4.　社会的欧州の新段階 ·· 99
　おわりに ··· 105

第6章　社会的排除と社会的包摂 ··· 111
　　　　――欧州社会政策は社会的包摂を推進できたのか

　はじめに ··· 111
　1.　欧州統合における社会的排除および社会的包摂：概念および政策 ···· 112
　2.　欧州における社会的排除の克服と社会的包摂の促進の評価 ······· 117
　おわりに ··· 127

第7章　単一市場と労働問題 …………………………… 129
　　　　　——社会的規制は単一市場の発展に役立つのか

　はじめに ……………………………………………………………… 129
　1．PW 問題と PWD ………………………………………………… 130
　2．PW がもたらした軋轢 …………………………………………… 134
　3．PWD 改正をめぐる動き ………………………………………… 137
　おわりに ……………………………………………………………… 142

第8章　季節労働者指令の採択の意味 …………………… 146
　　　　　——欧州統合は農業部門の労働環境を改善したのか

　はじめに ……………………………………………………………… 146
　1．社会的欧州とは何か：2017 年リフレクション・ペーパーを参考に …… 147
　2．農村における社会的欧州の実現と移民 ………………………… 149
　3．季節労働者指令 …………………………………………………… 154
　おわりに ……………………………………………………………… 157

第9章　ユーロ周辺国における団体交渉システムの改革 ………… 161
　　　　　——危機の中での改革によってアングロ・サクソンモデルへ収斂したのか

　はじめに ……………………………………………………………… 161
　1．アイルランド：三者協調体制の崩壊 …………………………… 162
　2．南欧 3 カ国における団体交渉システムの変容 ………………… 163
　おわりに ……………………………………………………………… 171

第Ⅲ部　反 EU・反移民勢力の台頭と Brexit 後の欧州統合の課題

第10章　フランスの極右，国民戦線 ……………………… 177
　　　　　——ポピュリズムはなぜ支持を拡大するのか

　はじめに ……………………………………………………………… 177

1. 国民戦線とは ………………………………………………… 178
2. ルペンの台頭 ………………………………………………… 182
3. 国民戦線の拡大 ……………………………………………… 184
4. スカーフ事件 ………………………………………………… 186
5. 極右とポピュリズム ………………………………………… 188
6. 他の欧州諸国では …………………………………………… 191
おわりに ………………………………………………………… 195

第11章　EUの移民アジェンダの理想と現実 ……………………… 198
────EUは難民を受け入れられるのか

はじめに ………………………………………………………… 198
1. EU移民政策の登場 ………………………………………… 199
2. 欧州移民政策の指針：EU移民政策の構図 ……………… 200
3. 移民・難民政策の対外的側面 ……………………………… 207
4. 現局面 ………………………………………………………… 211

第12章　イギリスの移民政策とBrexitの選択 …………………… 218
────なぜイギリスはEU離脱を選択したのか

はじめに：国民投票によるイギリス国民の総意表明 ……… 218
1. イギリス国民投票の歴史的経緯：イギリスとEUとの関係を中心に ‥ 219
2. 移民政策とイギリス ………………………………………… 221
3. 国民投票結果と経済的状況 ………………………………… 226
4. イギリスのEU離脱から得られるEU統合への今後の示唆 ………… 231

第13章　ポストBrexitのイギリスのFTA政策 …………………… 236
────EU離脱交渉はソフトランディングするのか

はじめに ………………………………………………………… 236
1. イギリスがBrexitを選択した背景 ……………………… 236
2. EU条約（TEU）50条に基づく離脱交渉 ………………… 241
3. イギリスのFTA政策：単一市場とのFTAを中心に ……… 247

第 14 章　ポスト Brexit の EU メガ FTA 政策 ················ 254
　　　　── EU 共通通商政策は欧州的価値を実現するのか

　はじめに ··· 254
　1．EU メガ FTA 政策の分析視角 ································· 255
　2．欧州統合におけるメガ FTA ·· 259
　3．自由貿易・技術革新と EU メガ FTA 政策 ················· 267
　おわりに ··· 270

第 15 章　ポスト Brexit のシティと EU 金融市場 ············· 273
　　　　── Brexit はシティを衰退させるのか

　はじめに ··· 273
　1．Brexit と金融市場 ·· 274
　2．国民投票後のシティと EU 金融市場の動向 ················· 277
　3．Brexit はシティを衰退させるのか ···························· 284
　むすびにかえて ·· 289

索引 ··· 293

序　章

EU 経済統合の深化と進化
――EU は何をもたらし，何をもたらさなかったのか

　EU は 2016 年にイギリスの離脱（Brexit）という深刻な危機を迎えた。欧州統合の危機という概念は，統合のスタート時点からたびたび取りざたされてきたが，その際には危機という用語は欧州統合の挫折，解体が強く意識されて用いられていた。その後この運動はたびたびの危機を乗り越えて統合の範囲を広げ，権限を強めて，危機という言葉が現れても統合そのものの解体が意識されることは少なくなる。2008 年以降の一連の危機に際しては解体の論議もあったが，それはユーロ圏の解体であって，EU の欧州統合そのものの解体が深刻に意識されてはいなかったといえる。

　しかし，2016 年の Brexit は，有力な加盟国の離脱であるがゆえに，その影響がドミノ倒し的に波及し，最終的には EU の解体につながることも懸念された。また同時に深刻化した移民・難民の EU への殺到は，広がりすぎた EU 統合の脆弱性を顕在化させ，EU 統合の後退も議論されるところとなった。イギリスにおいて，離脱を巡る議論の中心は，移民政策を象徴とする EU による国家主権の制約の大きさにあったし，ブリュッセル官僚の権限の強さが批判の的にされた。まさに EU の強さが Brexit を後押しする要因となったともいえる。

　しかし，EU の強さというのは一つの幻想にすぎないともいえる。確かに EU が政策の権限範囲を広げてきたのは事実である。しかし政策の多くは指令の形をとり，各国がそれと整合的な国内法を採択し，しかもそれを実効的に運用してはじめて EU の政策は実効的意味を持つ。実態は，国内合意を得ることが困難な分野では，加盟国の事実上のサボタージュが起こる。同一の政策課題に関して委員会が何度も枠組みや指令の提案を繰り返す事例は少なくない。もちろん，指令が閣僚理事会において採択されないことも多々ある。加えて，補

完性・比例制の原理によって，EU の政策課題とされても個別の政策手段においては国家の権限がしっかり残っている場合がある。したがって，EU の政策が実効性をもつのは，それが加盟国政府の政策志向とある程度合致している部分においてである。EU の危機，反 EU の運動に対してはこの加盟国の現状についての視点を併せ持たないといけないであろう。

ところで，Brexit の衝撃による危機は EU の強さが批判された感があったが，共同体の創成期の危機は，加盟国の権限が共同体の機構を圧倒するかたちで顕在化した。つまり，EU の弱さが危機を招いていた。そのような欧州統合の局面を大きく変えたのは，1980 年代後半にはじまる域内市場完成プログラムへの取り組みと単一欧州議定書であった。その際に，EU と加盟国の関係に劇的な変化をもたらしたのは，市場統合にかかわる意思決定に限定して多数決が導入されたことである。多数決制は欧州統合のスタート時にスケジュール化されていたが，1964 年の危機に際して妥協の材料にされたのが，まさに，この多数決制であった。「ルクセンブルク妥協」と呼ばれる多数決制の棚上げは，その後の欧州統合に重い足かせをはかせた。域内市場完成プログラムを提案した白書のとりまとめにあたった Cockfield 卿は，白書の末尾で 1985 年の時点を，共同市場を完成させる政治的意思を固めなければ EU は自由貿易地域にすぎない状態に後退する岐路にあると語った。このような統合の危機をもたらした原因は統合の前進に対する意思決定上の制約であった。無論それが制約となる背景には，加盟国が統合の前進を望まないという政治的意思があった。

重い足かせが部分的に外されて，1980 年代後半は統合が飛躍的に進展する。市場統合の作業は当事者も驚くほどのスピードで進み，通貨統合も視野に入ることになる。もちろんそこには，統合の前進を支持する加盟国の政治的意思が存在していたからこそ，この飛躍が実現したことはいうまでもない。また，通貨統合が進展する 1990 年代は，体制の転換によって EU 加盟を目指すことになった中東欧諸国を迎え入れる準備のプロセスが進行する時期でもあった。東西に分断された欧州全体の統合は悲願であり，その展望が開けたことが欧州を一段と昂揚させた。

この統合プロセスの順風は，2000 年代の前半まで続く。モメンタムを継続させたのは，ユーロの導入と中東欧諸国の加盟の展望である。それは

Europhoria（ユーロフォリア）とよばれた高揚感にEUをひたらせることになった。ユーロシステムはその運用が不安視されたが，アメリカのITバブル崩壊と9.11同時多発テロ以降はユーロが国際通貨としての信用を高めて順調な発展が展望された。政治経済体制を転換した中東欧諸国に対してEUは加盟に向けての支援を続け，2004年にはその大部分が加盟を実現した。冷戦によって分断された欧州を，統合という傘のもとで再統合することに成功したわけで，当時の指導者たちの高揚感はさぞかし大きかったことであろう。しかし，この2つの要素が2000年代後半からの危機を招くことになる。

　2008年からのユーロ危機はEU経済社会の深刻な停滞をもたらしし，ユーロシステムの不完全性はその停滞を長引かせることになった。中東欧の加盟によって起こった生産のシフトと低賃金労働の流入が既存の加盟国での失業・労働条件の悪化を招き，反EU運動に弾みをつけることになったのである。このように，逆風のはじまりは，順風の頂点にあった2000年ごろから始まっていたが，それが表面化したのは憲法条約（Treaty establishing a Constitution for Europe）の策定・調印・批准というプロセスの最終局面であった。2005年は，順風にのって発展したEUが逆風に直面することになる転換を象徴的する年となった。憲法条約が合意に達して調印に成功したにもかかわらず，フランスとオランダにおける批准の失敗によってプロセスが頓挫したからである。

　憲法条約の真の目的は，市場統合の完成からEurophoriaにかけての時期に大きく広がった欧州統合のウィング（政策と権限の範囲）に，確固とした支えを与えようとするものであったわけで，それに基づく連邦的統合を直接に目指したものとはいえない内容であった。したがって，欧州統合の超国家的性格が強まることを否定したという意味合いはうすかったが，現在のEU危機の背景にある要因はすでに存在していた。すなわち，挫折の背景にあったのは，2002年から2003年にかけてユーロ圏が不況局面入ったことによる失業の増加を底流とし，中東欧諸国を加えた拡大EUに対して，移民労働者の排斥というかたちで表現されたEUのガバナンスに対する欧州市民の不安が，加盟国の政権批判と相まって憲法条約の批准を拒否するという国民投票の結果につながったのである。

　ユーロ圏におけるマクロ経済管理の手段として成立した安定成長協定

(SGP）の 2005 年における修正も象徴的であった。SGP は，通貨が統合されたにもかかわらず，財政の権限が加盟国に残されたままであるという，マクロ経済の管理という観点からは変則的な条件を克服しようとするものであった。SGP は，経常財政赤字を対 GDP 比 3％以下に抑制することを主たる義務として約束したものであったが，2005 年 3 月の欧州理事会で条件の緩和に合意する。それはフランスやドイツをはじめ，多くのユーロ圏諸国が 3％を超える赤字を出していたという実態を追認したものであった。

　このような 2005 年における欧州統合に対する逆風の兆候は，リーマンショック後のユーロ危機の発生によって現実のものとなる。リーマンショックはアメリカ発の金融危機であるが，ユーロ圏においてもっとも深刻な危機を招く。それは銀行の経営悪化による信用危機，その実体経済への波及，そしてギリシャをはじめとするいくつかの加盟国で既発行国債の償還が危ぶまれる債務危機（ソブリン危機）が発生し，その危機の連鎖が EU を長期の経済社会的沈滞に引きずり込むことになった。

　このユーロ危機がユーロシステム，ひいては EU 全体への不信を増大させ，反 EU 感情を煽ることになった。ユーロ危機の象徴ともなった GIIPS（ギリシャ，イタリア，アイルランド，ポルトガル，スペイン）における債務危機に対して EU，ECB（欧州中央銀行），IMF の 3 者（いわゆるトロイカ）による政策は厳格な引き締め策を強要する。当然ながら，苦境にあった当該国の経済社会にさらなる打撃をあたえることになる。

　しかしながら，EU にとって最も深刻な事態は，ユーロシステムの欠陥が露呈したことであった。その象徴的な問題は，ECB に対して単一通貨圏の中央銀行にふさわしい権限が実質的に与えられていない部分があったことである。統合の局面としては大きくウィングを広げたように見える欧州統合の現実がここにある。ユーロシステムの制度改革は今日ようやく銀行同盟の完成の局面を迎えたが，かなり長い時間を要した。制度改革とは別に経済通貨同盟（EMU）は危機からの脱却をもとめなければならなかったが，与えられた条件のもとで EU が実行したのは，赤字の削減をはじめとする財政の均衡化策であり，その実行は何度かのガバナンスの改革をつうじて，権限を持つ加盟国が EU の指針に従うことを求めることであった。

ユーロ危機によって欧州統合の中核をなすEMUに対するEU市民の疑念が深まり，経済の実態が悪化するとともに統合の課題として重要性を高めたのが，社会的欧州の概念である。社会的欧州の概念については議論のあるところであり，それは本論に譲るとし，EUの政策を歴史的に概観するとそこには2つの流れがあることがわかる。それがときによって使い分けられ，ときには混乱・混同が生じている感もある。

　一つは欧州統合の社会的側面（social dimension）と呼ばれるケースである。これは欧州統合の中核である市場統合から派生する問題で，市場統合を完成させる過程でさかんに使われる。それは市場統合の完成を補完するという位置づけをもつもので，労働政策の面では労使対話の欧州化が進められる。EUの姿勢としては経済統合戦略と整合的労使関係を求めていたのだが，実際には労働市場の柔軟性が追求された。1980年代後半以降の市場統合からEMUの形成過程における経済戦略は市場主義的な性格が色濃い。単一市場の競争力を高めるための構造改革は，社会的側面に深刻な打撃を与えている。しかし社会的側面の政策が不在だったのはEUに権限がなかったからでもある。1997年に取り組みが始まるEUの雇用戦略のキーワードは，雇用公約，共働，EU政策全体の雇用効果，加盟国の個別事情調査，常設機関，分析・調査，情報交換などであり，雇用拡大のためのEUの具体的政策手段は存在しない。

　このように，市場主義的改革は具体的な手段を持ち，そのインパクトが明確に存在するのに対して，社会的欧州は国家に手段と実行責任が委ねられているという構造が，欧州社会の分断とヨーロッパ型の社会秩序を掘り崩していったとも言える。

　もう一つの流れは単一経済の形成と並行した，単一の社会秩序という志向である。統合の初期からこのような方向性を共同体は含んでいたが，具体的手段は与えられず，単一市場，単一経済の創造がEUの使命であった。アムステルダム条約（1997年）ではじめて雇用，労働条件だけではなく，教育，居住を含めた多様な自由や人権が保障されるEUへの志向が導入される。もっとも「単一社会秩序」ともよぶことができる分野は労働・社会政策を中心とする社会的欧州よりもはるかに加盟国の実情や国民の意識の差異が大きく，EUにおける共通の秩序作りは実態を伴うものとはなっていない。

逆に，CAP（共通農業政策）や構造政策という一定の歴史を持つ共通政策のなかには社会的欧州の要素がつまみ食いのようにとり込まれていた。その部分では EU 政策は一定の実効性をもっていたが，社会的欧州の課題が広がるにつれて，むしろ焦点が不明確になったという皮肉な展開も見せている。

本書は Brexit として顕在化した反 EU 運動の中で露わになった EU の危機の分析を目的とする。全体は 3 部構成である。

第 1 部は欧州統合の歴史そのものを担ってきた EMU が，遭遇した危機の局面においてどのような政策対応をし，その結果がどうであったについて論じている。第 1 章は「チプラスの乱」でスポットが当たった，財政赤字に対する緊縮政策の是非を分析している。EMU の経済政策レジームは先に述べた通り，財政は加盟国に委ねられているが，安定成長協定によって総需要政策に関して裁量権を与えず，経済の調整は統合された市場の機能を通じて是正されるという前提で運営されるものとされていた。EMU が金融危機から経済危機へと追い込まれる過程でこの基本姿勢は変わらず，マクロ経済不均衡の是正と財政規律に関するガバナンスの強化によって危機からの脱出を図った。このような EMU のレジーム，とりわけ財政規律を堅持するという姿勢がどのような結果をもたらしたのかを検証するのがこの章の中心課題である。結論的には，平時には非ケインズ効果が働くものの，総需要が大きく落ち込んだ危機に際しては，財政黒字化が成長率を低下させた可能性が高いとしている。

第 2 章と第 3 章は ECB の金融政策がどのように運用され，その効果がどうであったのかを論じている。第 2 章は 2001 年～2005 年を第 1 期とし，2008 年～現在までを第 2 期とする金融緩和政策が，実体経済にどのような効果をもったのかを主として設備等の動向に着目して分析している。第 1 期は金融緩和が建造物の投資を突出して増大していることから，金融緩和がバブル経済の重要な要因となったとし，危機の局面である第 2 期においては設備投資が十分に回復するに至らず，ECB の金融緩和政策は成長の基盤とはなっていないと結論付ける。

第 3 章は，まずは 2008 年に合意され，その後拡大される非標準的金融政策手段による量的緩和政策（QE）の経過をフォローする。次いで QE が実際にどのような経路を経て波及していくのかを明らかにしている。さらに，その流

動性の拡大が GDP と物価にどのような効果をもたらしたのかを検証している。結論的に，増加したマネタリーベースが向かったのは証券投資，不動産投資あるいは投機的商品への投資であり，GDP の成長，消費者物価の上昇に与えた効果は限定的であっとされる。加えて政府債市場の歪みや資産バブルの潜在的リスクを高めるなどといった QE の副作用に言及している。

第 4 章は欧州統合に対する懐疑的世論の一つの根拠である EMU における地域格差の実態について考察している。2004 年～ 2015 年の期間において NUTS3 レベルで，GDP の水準と伸び率，失業率などの指標を用いて地域格差の動向を追い，西欧と中東欧諸国の国家・地域間の格差は依然大きいものの収れんの方向にあるのに対し，南欧諸国全体の落ち込みは大きいというすう勢を導き出している。同時に南欧全体や西欧の特定地域での落ち込みは，必ずしも経済危機の要因だけで説明できるものではないことも指摘している。続いて，EMU は収れんをもたらすのか，あるいは格差を拡大するのかについての論点の整理をしたうえで，EU 統合の深化の中で生み出される格差には EU レベルの対応が必要であるとして，地域政策，あるいは社会的欧州の諸手段が不十分であると主張している。

以上，第 I 部はユーロ危機下の EMU の政策と経済の実態の収れんについて評価を加えているが，長期化した危機の局面の評価であるが故に，いずれも厳しいものとなっているが，ユーロシステムの欠陥以上に政策の運用に問題があったという評価がくだされている。また EMU の実態としては格差が拡大するすう勢が見られ，成長と競争力強化に偏った政策運用の問題が浮き彫りになっている。この地域格差に関する評価は第 II 部での考察と連動する。

第 II 部は社会的欧州という概念を軸に，単一市場の機能が重視される中で，EMU の社会的側面がどのような影響を受けたのかを論じている。第 5 章は社会的欧州の概念そのものについて考察している。基本的には経済統合が進められる中で個別的・断片的に提案され，採択されてきた社会的側面に対する EU の政策群が社会的欧州概念を構成する。それ故，この概念に関連して用いられる言葉が，社会的欧州以外に欧州社会モデル，欧州統合（EMU）の社会的側面など多様であり，それらが必ずしも明確な定義をともなわずに用いられていることがまずは，明らかにされている。

1980年代半ばの域内市場計画以降，社会的欧州に関連する考え方はEU政策の様々なポイントにちりばめられ，その内容も変転するが，それらを，マーストリヒト条約の社会的側面と雇用戦略，リスボン戦略における社会的欧州の新段階など，欧州統合の発展にともなって登場する概念・政策を通じて整理している。

　そうしたうえで，バローゾ欧州委員会委員長の時代（2005～2014年）に欧州統合の社会的側面は新自由主義的な構造改革の傾向を強め，EMUは社会的保護を奪うものと受けとられ，EU市民の中に反EU感情が高まる要因となったと指摘している。

　第6章は，EMUの市場主義的構造改革の結果としてもたらされた社会的欧州の危機を，社会的排除と社会的包摂という観点から分析を加えている。社会的欧州の理念に基づいて実行されてきた社会政策の中心に社会的排除の克服があるという問題意識に基づいて，1989年の社会憲章以降のEUの社会的排除に対する政策の展開をたどる。そのうえで，社会的排除と包摂の程度を測定する指標を用いて実態を分析している。結論的には2008年の危機以降に，特に南欧諸国において社会的排除が進み社会的包摂が弱体化していることを明らかにして，社会的欧州の理念の再認識とその実現が，加盟国における社会的分断がもたらすEUの危機を脱する鍵であることを主張している。

　第7章と第8章はEMUの中核である単一市場における労働市場改革の社会的インパクトに焦点を当てている。第7章が取り上げているのは1996年の国外送出労働者（posting of workers）指令による労働者の域内移動の増大が，受け入れ国の労働者雇用条件にどのような影響を与えているのかを論じている。送出労働者とは有期で国外に派遣される労働者であるが，雇用関係は派遣元の企業との間で結ばれており，送出国と受け入れ国の賃金格差が受け入れ国に持ち込まれることになる。これが受け入れ国での労働争議をひき起こしている事例を紹介し，国外送出労働者の存在が受け入れ国の労働条件を掘り崩している実態を指摘している。しかし，2016年の国外送出労働者指令の改正案は，この問題をめぐる経済的自由と社会的規制のバランスを後者の保護に向かって動かしたという。もっとも，改正はまだ実現したわけではなく，まだ十分なものではないが，一つの変化としてその影響が注目されるとしている。

第8章が取り上げているのは農村における移民労働者と季節労働者指令が社会的欧州の諸指標を悪化させるものであると，批判的に論じている。まず，社会的欧州に対するEUの立場を，失業率，就業率，職の創出，社会的保護への支出などの，社会的指標の総体によって表現されるものの改善としてとらえているとし，農業部門においてはCAPにおいて社会的欧州の実現がある程度保証されてきたことを確認している。そのうえで，季節労働者を構造的に必要としている農業や観光などの部門での労働需給ギャップを埋める効果をもつEUの季節労働者指令が，EUにおける社会的欧州の指標にどのような影響を与えるのかを考察している。指令に対する批判のポイントは，EU市民と同等の待遇を加盟国に義務付けていないことにおかれ，結論的にこの指令は農業部門と農村における社会的欧州の指標の改善を，EU市民の平等な待遇に一定の制限を加える形で追及することになったと批判している。

　第9章は危機の渦中でのラジカルな労働市場改革によって，ユーロ周辺国の団体交渉システムが社会的規制の脆弱なアングロ＝サクソン型のモデルに向かって再編成されたことを明らかにしている。このような変化はトロイカ（あるいはEU）の支援を受けたアイルランドと南欧3カ国の実態を分析することを通じて論証されている。アイルランドでは危機の中で政府主導の労働市場改革が推進され，団体交渉は崩壊し交渉の個別化が進む。南欧3カ国でも，それぞれに形態は異なるが，同様に団体交渉の崩壊・変容が起こる。EUが推進しようとするのは欧州社会モデルの「改革」「現代化」とされたが，現実に進行したのは社会契約の崩壊と労働組合の賃金設定能力の低減であった。欧州社会モデルが発展の道を進むには，構造改革の針路の全面的な転換，すなわち経済ガバナンスのあり方の再検討が必要であるとしている。

　以上のように，第Ⅱ部は社会的欧州の現実を様々な視点から明らかにしているが，そこにおける社会的欧州の概念は必ずしも一致しているわけではない。それは問題の複雑さの表れであると同時に，概念自体がEUにおいて具体的姿を明確にしていないことにも起因する。各章にほぼ共通しているのは，労働市場改革を軸とする単一市場の機能改善が社会的欧州として把握されるものの実態を悪化させているということであろう。それは，危機の結果という以上に成長と競争力に偏ったEMUの運用の結果と評価されている。

第Ⅲ部はBrexitの分析とEUの危機に関連するその他の問題をまとめている。まず第10章は，フランスのポピュリズムの動向を追う。イギリスの世論を離脱へと誘導した政治手法をポピュリズムと呼ぶ主張が一般的に受け入れられ，アメリカの大統領選挙もその視点からの議論が多くみられた。しかし，イギリスで話題となる以前から，欧州のポピュリズム的政治手法が最も注目されていたのがフランスの国民戦線であった。ここではフランスでの国民戦線の主張が多くのフランス国民に受け入れられていく過程をたどったうえで，その他のヨーロッパ諸国における類似の政治運動の特徴にも言及している。

　第11章はEUの危機の要因でもあったEUへの域外移民の劇的な増加に対するEUの対応であった「欧州移民政策の指針（アジェンダ）」を中心に据えて，EUの移民政策の目指したものと，移民・難民危機として露呈したそれら政策の現実を明らかにしている。「指針」をうけて2015年から実行されたEU政策のなかで，一定の強制力で，成果を残したものは暫定的手段に基づいている。EU政策の本体であるはずの「共通欧州庇護システム」は依然として加盟国に権限のある諸手段に対する共通の枠組みの提供にすぎない。Brexitやその他の加盟国でのポピュリズム運動で批判の矢面に立たされたEUによる移民政策であるが，実は強制力を持たない枠組みの提案にすぎないという現実がそこにある。世界的な注目をあびた危機的状況で，緊急対策は一定の前進を見せたが，それは加盟国がEUの枠組みを受け入れる姿勢をとったからである。EUの移民政策がその名にふさわしい内容となるかについては必ずしも展望は明るいものではないとしている。

　第12章はBrexitに到る背景をとりあげている。前半はEUを離脱するという選択に到った国民投票の結果を歴史的に振り返り，また，国民の選択に大きい影響を与えた英国の移民政策を英連邦にまでさかのぼって展望している。そこから導き出される視点は，一つには英国のEUに対する独特のスタンスがEUとの間に一線を引いた関係を築いてきたこと，そして移民政策については，次第に移民の権利制限の方向に進んできた政策が，1997年に労働政権下でEUの政策に同調するよう転換し，それが英国の権利を取りもどすという，ゆり戻しのモメントを生んだとされていることである。

　後半は国民投票の結果をイギリスの経済状況との関連で分析している。まず

はEU離脱という投票行動を高等教育，所得，雇用される産業などの要因から分析し，加えてEUに対する期待感を失業率，ジニ係数，政権党派指数の因子から分析してもいる。結論的には，移民政策に対する批判が大きく前面に現れていたが，Brexitという選択の背景には経済格差や地域的な失業率の高さといった経済的要因があったとしている。

　第13章はBrexitの背景を分析したうえで，離脱交渉の展望を試みている。まずは，Brexitを，多様な価値観や主張がEU離脱という一点で同期したものという観点で，その様々な論点を構成する離脱派，懐疑派，残留派の主張を整理する。そして，離脱交渉に関して，権利と義務の均衡を主張するEUと，独自の野心的なFTAを目指すイギリスの立場を対置して，暫定協定によってイギリスの事実上の加盟が継続し，離脱交渉がいずれ妥結すれば，そのとき初めて離脱が実現するという展望を与えている。

　第14章はメガFTAの帰趨がBrexit後のEUに，あるいは域外諸国にどのような影響を与えるのかを問題意識としている。WTOにおける多角的な合意形成が困難な状況が継続する中で，貿易・投資秩序形成の中心的舞台はFTAに移って久しいが，そのなかで近年注目を集めているのがメガFTAと呼ばれるEU–アメリカとEU–日本のFTA交渉であり，アメリカと日本を含むTPP交渉である。こうしたメガFTAの意義を新貿易戦略，「万人のための貿易」戦略という論点から評価したうえで，大枠合意に漕ぎつけたEU–日本EPAの課題を，中小企業の活用環境の整備，環境・労働分野での共同対話のあり方などとしている。

　第15章はBrexitによってイギリスの金融センター・シティがどのような影響を受けるのかを考察している。相対的にシティの国際金融センターとしての地位の高さは変わりがないが，国際金融市場からの評価は低下しており，実際に取引の低下傾向もみられることをふまえて，離脱交渉がソフトな決着をするのか，現在のEU単一市場へのイギリスのアクセス権が失われるハードな決着をするのかという可能性について比較検討している。結論として，市場の開放度を強みとしてきたシティにとってハードBrexitの代償は大きいかもしれないし，EUにとってもユーロ建て取引の分散という結果は得策ではないとして，ハードBrexitを回避することの合理性を主張している。

さて，2017年はEUにとって歴史的な年であった。ローマ条約60周年にあたり，状況が異なっていれば盛大な祝賀行事にひたっていたことであろう。はるか遠くに霞んでいる来し方を振り返り，その成果を誇らしく誇示していたかもしれない。しかし，1年前のBrexitが，ユーロ危機以降の危機からの脱出に手ごたえをつかみ，60周年に向けて一段の飛躍の基礎を固めようとしていたEUに冷水を浴びせた。一時はEUの高官から弱気の声が洩れてきたりもしたが，2017年をどのように振り返ったらいいのであろうか。

結論を先取りすれば，EUはBrexitの痛手を今後の展望に反映させることはなかったように思われる。流れを変えたのは2016年末のブラチスラヴァ欧州理事会であった。Brexitの波及が懸念され，一部の加盟国でEUの是非に関する国民投票の議論も起っていたが，この首脳会議での27か国の結束の確認がEUの自信を回復させ，フランスの総選挙の結果がEUの危機の終息を感じさせたのであろう。

2017年3月のローマでの60周年欧州理事会に向けて，委員会は"White Paper on Future of Europe"と題される今後の戦略を提案した。その中ではたしかに，①現状維持をする場合，②単一市場へむけて統合のウィングを閉じていく，③進みたい加盟国だけが前進する，④選択された政策分野を効率的に運用していく，⑤より多くのことを団結して推進する，という5つの選択肢を示して欧州市民の選択にゆだねるとしているが，それは明らかに第5の選択の優位性を誘導している。8月には危機以後の10年間についての総括が公表されているが，EUの断固とした行動が結果をもたらし，EMUは危機を脱したとしている。EUの危機は一過性の出来事で，EUはその危機を脱し，次なる飛躍の足固めをする時期と認識されているようである。しかし，この方向性は危機の本当の意味を認識し得ないEUの限界を示しているように思われる。

EMUを中心に組み立てられているEU諸政策の，社会的側面での不作為を含めたインパクトが各加盟国の実態においてどのようなものであるのかを認識せず，あるいは認識しているとしても具体的手立てをもたず，官僚主義的保守性がEMUを中核とする統合作業を既存の路線で前進させようとしているかのごとくに見える。そこには，統合の前進を受け入れる加盟国の経済社会条件の深刻さが反映されていない。反EUの嵐をもたらした欧州経済社会の現実には

さしたる変化はない。しかしいまのところ，欧州市民はとりあえず過激な制度変更を避ける選択をしているようだが，再び過激な変化を選択する政治的潮流がさらなる弾みをつけても不思議はない。とりあえず，反 EU の根底にある欧州社会の分断，欧州型社会モデルの破壊に対して EU は無力であるという事実だけが浮かび上がってくる。

最後に，本書の執筆陣は関西 EU 研究会のメンバーである。研究会についての詳細は補遺をご覧いただきたいが，研究会メンバーが担当した各章は，上記のような問題意識を持ち，個々のメンバーの専門領域から EU 統合の問題点と今後のあり方について議論を重ねた成果である。その意味で本書は関西 EU 研究会での活動の成果でもある。さらに，日本 EU 学会，日本国際経済学会などで報告した成果もこの中には含まれている。

また，出版事情の厳しい折，快く出版をお引き受けいただいた文眞堂，特に編集部の前野弘太氏には大変お世話になった。紙面を借りてお礼申し上げる。

執筆者を代表して
棚池康信

補遺 「関西 EU 研究会」について

　本書の執筆者は「関西 EU 研究会」のメンバーである。EU は 1958 年 EEC として発足し，様々な経過をへて，経済的，政治的，法的な統合のための整備をととのえてきた。「関西 EU 研究会」は関西の EU 研究者を結集して，これらの発展過程を研究してきた。本研究会は片山謙二先生先生（日本 EU 学会初代理事長）が中心になって 1959 年に「関西 EEC 研究会」という名称ではじまったが，これは EEC が 1958 年に発足した翌年にあたる。片山先生は早くから欧州統合に注目していた。EEC の原型ともいうべきであり，EEC 研究の必須の基礎的な資料となっている『スパーク報告』を翻訳し，日本関税協会から出版している。当時は，欧州統合がどこまで発展するか，世界における地位がどうなるのか，予想もつかない時期であったが，地道な研究を続けてきた片山先生の慧眼には感服する。

　「関西 EU 研究会」は今年で 60 年目を迎えた。最初は片山先生がリードされ，それに従って研究会は順調にすすめられた。例えば，会場である。当初は住友商事調査部長の小泉計太郎氏が研究会の会員であったので，住友商事の会館の中の部屋を借りていた。まもなく小泉さんが住友商事を退かれ会場探しに苦労したが，片山先生が大阪科学技術センターの会員になり，そこの部屋で開催した。その後は，近畿大学教授の棚池康信氏の力添えで近畿大学の大阪会館を借り，次いで関西大学教授の高屋定美氏のおかげで関西大学の会議室を借りた。現在は甲南大学の小西幸男准教授のあっせんで甲南大学で研究会を開催している。

　研究会の初代会長は片山謙二先生，二代に内田勝敏，三代に清水貞俊，現在の四代に棚池康信があたり 2 カ月に一回，研究会が続けられ，そこでの議論はきわめて自由かつ活発に行われている。

　研究会の成果としては，次のものがある。『自由化とブロック化』（河出書房，1964 年），『現代資本主義と EEC』（日本評論社，1968 年），『EEC の発展と欧州統合』（日本評論社，1977 年），『世界経済の常識』（日本評論社，1978

年)は片山謙二編著として,研究会メンバーが執筆した。また,内田勝敏・清水貞俊の編著書で『EC 経済論』(ミネルヴァ書房,1993 年),その改訂版として『EU 経済論』(ミネルヴァ書房,2001 年)がある。いずれも研究会メンバーの執筆によるものである。本書は,それに続く研究会の成果である。

内田　勝敏

＊内田勝敏先生は,この補遺を執筆後,2017 年 12 月にお亡くなりになりました。長年にわたる先生の研究会へのご貢献に心から感謝申し上げると同時にご冥福をお祈りいたします。

第Ⅰ部
経済通貨同盟の問題点と課題

第 1 章

EU 財政ガバナンスの問題と新たな展開
——緊縮財政は何をもたらし，何をもたらさなかったのか

はじめに

　EU は市場統合を構築し，各国財政運営に関しては財政均衡をめざすように共通化し，さらにはか共通通貨ユーロの導入をめざした経済通貨同盟（Economy and Monetary Union: 以下，EMU）を形成し，経済運営を進めてきた。財政運営に関してはユーロ導入前のマーストリヒト条約の収斂基準，そしてその後の安定成長協定（SGP）を締結し，加盟国に収支均衡をめざすための財政ルールを課してきた。

　本章では，EU の財政ガバナンスの特徴である緊縮的な財政政策がもたらした経済状況に関して，実証的に検討することを目的とする。ただし，EU は 2007 年以降，金融危機，債務危機を経験しており，財政支出政策がもたらす効果も，それ以前の時期とは異なる可能性がある。そこで，本章でも時期を危機前と危機後に分けて，財政政策の効果を検証する。その結果をもとに今後の EU 財政ガバナンスの課題と提言を行う。第 1 節では EU 財政ガバナンスの特徴を概観している。第 2 節では EMU での財政規律の経済効果を，ベイジアン VAR モデルを用いて実証的に検証している。第 3 節では，財政規律と社会的欧州への影響としてジニ係数に基づいて所得分配への財政規律の効果を検証している。第 4 節では，結論としてユーロ圏の維持のための財政ガバナンスの改革提案を行っている。

1. EU 財政ガバナンスの特徴

　まずユーロ導入前からの実質成長率，潜在成長率，全要素生産性（以下，TFP）の伸びをそれぞれ示したのが図表1-1である。これより，ユーロ導入以前より潜在成長率とTFPの低下が始まっている。また潜在成長率の底は，債務危機勃発後の2012年，TFPの底は，2009年である。さらにユーロが導入された後でもTFPは上昇していないことを考慮すると，市場統合の完成は，技術革新を生み出し，潜在成長率を高めたとはいえない。したがって，EUでの供給条件は低下傾向にあり，総需要を高めても実質成長率を高めるには限界があることを示唆する。この低成長あるいは停滞経済の下で財政ガバナンスをどのように構築すべきであったのだろうか。

　EMUを構成する経済政策レジームとして，欧州中央銀行（以下，ECB）による単一金融政策と，安定成長協定（Stability and Growth Pact：以下，SGP）によってルールに基づく運営を求められる各国財政政策があげられる。ユーロ圏の金融政策とは異なり，財政政策は各国に権限がある分権的な枠組みであるものの，ユーロ導入の準備段階にあるマーストリヒト条約締結から各国の裁量的な余地はほとんどない。マーストリヒト条約の収斂条件から引き続いてSGPによる財政ルールが設定され，財政赤字を対GDP比3％以内に，政府債務残高を対GDP比60％以内にすることが求められた。さらに，ある一定の猶予があるものの，もし違反すればペナルティが課されることになる[1]。このような緊縮的なEU財政ガバナンスの根拠の一つには，各国が秩序なく財政赤字を出すならばユーロ圏での統合された消費者物価指数（HICP）のコントロールが難しくなりECBの金融政策を攪乱することになる。また，緊縮財政（あるいは均衡財政）は財政支出拡大よりも経済成長を高める可能性もある。すなわち非ケインズ効果がEU加盟各国に働くとすれば，財政ルールを適用して財政赤字を拘束する合理性がある[2]。

　すなわち，総需要管理政策に関してEMUでは加盟国に裁量権をほとんど与えず，加盟各国の経済格差は市場統合したEU単一市場での調整にゆだねられ

た。EUは各国市場の統合を妨げる様々な障壁，すなわち関税，資本規制，課税の収れん，労働移動の規制等を撤廃し，自由な要素移動，財の移動を制度上は達成した。統合された市場による調整により，加盟各国間の経済格差や経済構造の相違が調整されることを期待された。

　しかし，ユーロ導入後，各国の経済構造の相違を埋めようと真っ先に，そして巨額に動いたのが資金であった。ドイツなどの欧州先進国から南欧の欧州途上国に向けて巨額の資金が移動し，その結果，南欧諸国の経済成長は高まったものの，それ以上に不動産価格などの資産価格が上昇し，バブルを形成した。その結果，バブルは破裂し，深刻な銀行危機と経済危機をもたらした。また，資本流入の機会を加盟国政府も得ることとなった。ギリシャでは急速に名目金利が低下し，安易に国債を発行することができるようになった。その結果，当初は隠蔽されていたものの巨額の政府債務を抱えることとなった。

　またSGPの違反も相次いだ。2002年にポルトガル，2005年にギリシャがSGPに違反しペナルティ措置発動の手続きが開始された。また同様にドイツ，フランスも財政赤字を拡大させSGPを違反したものの，制裁手続きを開始することはできなかった。SGPの違反手続きには欧州理事会の承認手続きが必要であるが，大国ドイツ，フランスの反対があれば手続きを進めることができなかった。さらには独仏主導の下，2005年3月にSGPの柔軟化のための改訂に合意された。すなわち，年金改革に伴う支出を協定の枠外とし，景気の動向を考慮した財政収支と債務残高ならびに景気後退の期間にはSGPの適用を猶予することも盛り込まれた。この柔軟化は，第2節で詳述するように景気後退に対処するために必要な措置であると考えられるものの，その背景にSGPに違反した独仏の二大国が関わったことで，SGPへの信頼の低下が問題となる。景気が良好な時でも後退時でも同じルールを適用しようとすることがかえって協定の信頼性を低下させる。そのような状況が，ギリシャをはじめとする債務危機国の財政運営を甘くさせたとも考えられる。ただし，2005年の改訂から2007年のパリバ危機までは比較的順調にEMU経済が運営されたことや，パリバ危機からの欧州金融危機が発生した当初には，政府債務危機は認識されておらず，深刻な財政ガバナンスの問題点も露呈されていなかった。

　しかし，2009年10月にギリシャ政府の政府債務残高の虚偽申告があり，巨

額の財政赤字と政府債務残高の存在が判明し，欧州委員会による財政ガバナンスの不備が露呈した。また金融危機の影響（金融市場の安定化のための銀行への資本注入や金融危機のための景気後退による税収低下など）によってアイルランド，スペイン，ポルトガル，さらにはイタリアも財政赤字が拡大することとなった。危機処理の最中に，欧州委員会はSGPを強化するため，一連の新たな財政ガバナンスを発表した。それらは欧州セメスター，シックスパック，財政協定，ツーパックと呼ばれるパッケージとなる。

まず，欧州セメスター（European Semester：以下，ES）は，2011年前半から実施されている加盟各国の予算策定のためのEMUでの財政調整の年間予定である。ESでは経済サーベイランスと経済政策の決定を同時に行うこととした。さらに，サーベイランスの対象分野に，新たにマクロ経済不均衡と金融部門を含めた。前期のESにおいて，財政政策・マクロ経済不均衡・金融問題・成長のための構造改革についてEU全体で議論する。後半のNS（national semester）で加盟国は前半の議論を参考に各国別の予算策定を行い，自国の

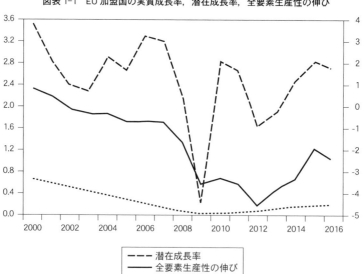

図表1-1　EU加盟国の実質成長率，潜在成長率，全要素生産性の伸び

出所：欧州委員会，AMECOデータベースより作成。

議会に提出する。この ES を通じて EU は加盟国の財政に介入できるようになり，財政収支のモニタリングを行えるようになった。

2011年12月に発効したシックスパックは SGP の強化とマクロ経済不均衡手続き（Macroeconomic Imbalance Procedure: 以下，MIP）によるサーベイランスを行うことを求めている[3]。MIP では経済不均衡の拡大を防ぐために欧州委員会と欧州理事会が予防的提案を採用して是正を勧告する。それでも是正されないと，過剰不均衡手続き（EIP）を開始し，是正のための計画を作成し，具体的な進捗状況を欧州委員会に報告する義務がある[4]。このパックを通じて EU は加盟国に経済不均衡を是正させる。さらに SGP の改定点としては加盟国の人口比で持ち票を分配する特定多数決ではなく，持ち票総数の75％が反対しない限り否決されない逆特定多数決を採用した。逆特定多数決では，経済財政理事会が欧州委員会の勧告から10日以内に特定多数決により否決されない限り，同理事会によって採択されたものとみなされる。これにより2004年に大国独仏に SGP 違反のペナルティを課すことができなかったことへの反省である。

2011年11月に欧州委員会から提案された2つのツーパック条約もある。これは正式に欧州理事会で承認されたのが，2013年3月と大幅に遅延した経緯があり，それだけ財政に関して加盟国に調整を求める内容であった。第1の条約はユーロ加盟国が予算案を自国の国会に提案する前に欧州委員会とユーログループに提出することを義務としている。さらに EIP のもとにある加盟国は欧州委員会に進捗状況を定期的に報告する義務を伴うものとする。

第2の条約は，経済危機に直面したユーロ加盟国のサーベイランスを強化することを目的に，加盟国は欧州委員会とユーログループに危機を招きかねない要因に関して報告する義務をおうものとする。この条約は，予算策定という加盟国特有と考えられていた権限の一部を EU に譲ることにもなり，抵抗が続いた。

ツーパックの正式承認が遅れたために，先のシックスパックの強化を目指した財政協定（Fiscal Compact：正式名称 Treaty on Stability, Coordination and Governance: TSCG）を2013年1月に発効させている。これにより，不均衡を解消するための構造改革が示され，国債発行の事前調整や EIP が始まった加

盟国の経済パートナーシッププログラムが盛り込まれている。この協定はEU枠外の政府間協定であり、5年以内にはEUの正式条約に取り込むことになっており、その一部がツーパックとして正式な条約となっている。

　以上のように、金融危機と政府債務危機の教訓をもとにEUは経済サーベイランスの強化を行い、マクロ経済不均衡の確認と早期是正を行おうとしている。さらには財政均衡が維持できるように予算策定段階からEUの介入も辞さないというガバナンス強化を行っている。

　これらの緊縮的財政ガバナンスに対する経済的な合理性に関しては財政支出の非ケインズ効果があげられる。すなわち緊縮的な財政運営が総需要を拡大させる効果のことである。ただし、設備投資を減少させるクラウディングアウト効果とは区別され、財政支出と総消費との間に負の関係があるかどうかを対象とし、財政赤字拡大は将来の増税を予想させるので、現在の消費を減少させる。もし財政への将来不安が発生すれば、現在の消費を低下させることになる。このような非ケインズ効果は、1980年代後半から欧州を中心に議論されてきた[5]。もしこのような非ケインズ効果がEMUでも観察されるならば、緊縮財政はEMU全体にプラスの経済効果を与えるならば一連の財政改革はEMU経済を強化することになる。したがって、EMUで行った財政ガバナンスの改革によって次に来たるべき経済危機に備えられるのであろうか。またより強化された緊縮的な財政ガバナンスはEU経済を強化できるのだろうか。それを検証するために、財政赤字の経済効果を次節では検証する。

2．財政規律は何をもたらしたのか：EMUでの財政規律の経済効果

　この節ではEU加盟国の財政赤字が経済成長にどのような影響を与えるのかを検証し、いわゆる非ケインズ効果がEU加盟国で働いたのかをユーロ導入後の加盟国を対象に検証する。ここではベイジアンパネル自己回帰（以下、PVAR）モデルを用いる。ユーロ導入後の15年間の年次データを用いることになるが、サンプル数が少ないため最良な推定量がえられない可能性がある。そこで、PVARモデルにベイズ推定を用いたベイジアンPVARモデルを用い

て財政赤字の経済成長への効果を検証する[6]。

　推定対象国は，オーストリア，ベルギー，オランダ，ルクセンブルク，ギリシャ，ポルトガル，アイルランド，フィンランド，ドイツ，フランス，イタリア，スペインのユーロ圏12カ国に加え，デンマーク，スウェーデン，英国の非ユーロ圏加盟国を加えて15カ国を対象とする。それらのデータをパネルデータに集計し，EMU全体での財政と成長，失業率との関係を，ベイジアンPVARモデルを利用して推計する。推計期間は2000年から2016年とするが2000年から2007年の金融危機前の平時と，2008年から2016年の危機後とに分割する。ただし，危機前の平時において南欧諸国でバブル経済が生成された点は留意せねばならない。また，ここで用いるデータはすべて欧州委員会AMECOデータベースから採集した。

　ベイジアンPVARモデルに関して，変数として失業率，成長率，財政赤字の3変数でVARモデルを構築した。ただし，実質成長率と潜在成長率の2つを代替的に用いた。また事前分布に関してはKadiyala and Karlson（1997）やBanbura et al.（2010）に基づいて the independent normal-inverse-Wishart prior を利用した。また，変数の順番としては失業率，成長率，財政赤字とし，ラグ次数に関してはBICを用いて次数1とした。

　ここでは，紙幅の関係で推定結果を省略し，またインパルス応答に関しても財政黒字ショックを初期に与えた時の成長率のインパルス応答の結果のみを図表1-2（1），図表1-2（2）に示す[7]。まず財政黒字ショックが実質成長率に与える影響を示したのが図表1-2（1）である。これより，図表1-2（1）の上図では，財政黒字ショックが発生すると危機前では実質成長率を上昇させている。これは，総需要が一定に維持されたもとでの平時においては，財政赤字をともなう財政支出によって成長を高めることは難しく財政を黒字化させ，成長を高め，それが税収を増加させて，さらに財政を黒字化させるというメカニズムが想起される。

　一方，危機後には財政黒字は成長率を低下させることを示唆している。総需要が落ち込んでいる経済危機時には，成長を高めるために財政赤字をともなってでも総需要を高める財政支出が必要であることを示している。したがって，EMUの危機時には，伝統的なケインズ効果が機能するケースであるといえる。

図表 1-2（1） 財政黒字ショックの成長率への累積インパルス応答の結果
実質成長率のケース

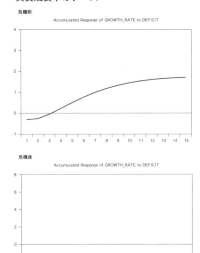

図表 1-2（2） 財政黒字ショックの成長率への累積インパルス応答の結果
潜在成長率のケース

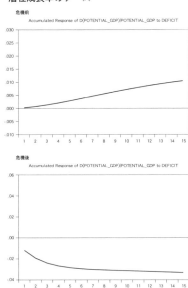

図表 1-2（3）　パネル・グレンジャー検定（スタックテスト）

	帰無仮説	サンプル数	F 値	P 値
危機前	GROWTH _RATE does not Granger Cause DEFICIT	120	0.00541	0.9415
	DEFICIT does not Granger Cause GROWTH_RATE		14.2992	0.0002
危機後	GROWTH_RATE does not Granger Cause DEFICIT	135	3.86968	0.0513
	DEFICIT does not Granger Cause GROWTH_RATE		4.00004	0.0476

　このことから危機前の平時には非ケインズ効果が働くものの，総需要が大きく落ち込んだと考えられる危機後では，財政黒字の方向は成長率を低下させる可能性があることを示す。平時では財政緊縮は公衆の将来の財政不安を低下させ，消費を増加させる誘因を引き上げるものの，危機後では総需要を高めるケインズ効果が強く働くものといえる。EUでは政府債務危機が表面化して以降，緊縮財政を強化する改革が行われてきたが，その実行は危機時にはかえって経済回復を遅らせるリスクがある。欧州安定メカニズム（ESM）による危機対応策は危機に陥った経済主体（金融機関，政府）への直接的な支援であり，経済全体の総需要を引き上げるものではない。危機時においてもEMU全体が緊縮財政のままであれば，危機からの回復軌道にはなかなか乗れないといえる。

　次に，成長率の変数を実質成長率から潜在成長率に変更したモデルを推定して，潜在成長率への財政黒字ショックの反応をしめしたのが図表1-3である。この図表1-3からも実質成長率を用いたモデルと同様の結果があることがわかる。ただし，危機前の平時での財政黒字ショックが潜在成長率に与える影響はわずかであり，しかも5年の経過があってプラスになる。したがって非ケインズ効果の潜在成長率への影響は小さいといえ，当初の想定通り，財政黒字は短期的に消費をプラスにする効果を与えることを示唆している。紙幅の関係上，結果を省略するものの財政黒字ショックが失業率に与える効果をみても，成長率のケースとほぼ同様の結果が得られた。

　また，パネル・グレンジャー検定の結果を図表1-2（3）に掲げたが，これより，危機前，危機後ともに財政赤字が実質経済成長率に影響を与えていることが確認される。

3．財政規律と社会的ヨーロッパへの影響：ジニ係数からみる所得分配への効果

　マーストリヒトの収斂条件と SGP での財政規律により，社会保障費への影響も避けられないできた。また年金も SGP 発効当初，財政問題としてとらえられ，年金改革も財政構造改革の一貫として EU ではとらえられてきた。ユーロ危機後にはギリシャ，アイルランド，ポルトガルでは年金給付切り下げや医療費削減，スペインでは年金支給開始年齢引き上げなどが実施された。

　さらに EU セメスターが始まった後，過剰財政赤字手続き（EDP）が強化され，予算計画の欧州委員会への提出や監視が強化された。例えば 2014 年 10 月にベルギーの債務残高が多く，再審査となった。そのため年金支給開始年齢引き上げ，賃金の物価スライド制を一時停止，医療費削減を予算に盛り込み EDP 適用を免れた。ただし，同国では 10 万に規模のデモや，ゼネストが発生し，緊縮策への抵抗があった。一連の欧州危機後には財政再建のために，財政緊縮政策が実行されたものの，人々の不満は高まったようにみえる。その時，経済格差を広げ，それが不満の根底あったのかを検証する。格差の拡大が緊縮財政によるのであれば，政府債務の削減が「社会的欧州（Social Europe）」が目指した平等な EU 市民社会への障害となっているといえる。

　まず，第 2 節と同様に，ジニ係数，財政収支を変数とした 2 変数パネル BVAR モデルを用いて財政黒字ショックがジニ係数に与える影響をインパルス応答によって検証した[8]。また推計期間については第 2 節と同様に 2000 年から 2007 年の危機前と，2008 年から 2016 年の危機後に分割して推定した。その結果を表したのが，図表 1-3 である。

　まず危機前のインパルス応答の結果をみると財政黒字がジニ係数を引き下げることが分かる。これは一種のパズルかもしれない。通常，財政黒字のために財政支出を引き下げると，同時に社会政策関連支出（社会保障費など）が削減され，財政の再分配機能が低下するためにジニ係数が上昇するものと考えられる。しかし，EU ではそれとは逆の結果が得られている。これは，危機前では，たとえ緊縮財政を実現したとしても経済成長が高まり，それが社会保障削

図図表 1-3　財政黒字ショックのジニ係数への累積インパルス応答の結果

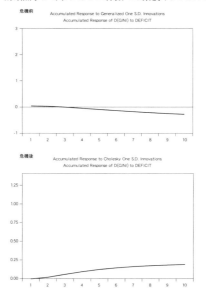

減効果よりも大きく分配の是正に機能したとも解釈できる。

　危機後には，財政黒字はジニ係数を引き上げている。なぜなら財政支出の削減が社会保障関連支出の削減にもつながり，貧困層と富裕層との経済格差を拡大させジニ係数を引き上げるものと考えられる。ジニ係数でみられる経済格差に関しても危機前と危機後とでは緊縮財政の反応が異なり，経済危機がない平時では緊縮財政は格差の面でも支持されるものの，経済危機が起きたのちに緊縮財政を実施することは，格差を拡大させ，社会不安を引き起こす可能性がある。危機前の緊縮財政政策は所得分配を悪化させることはないかもしれないものの，危機後の同政策は所得格差を悪化させた可能性のあることが示された。

　ギリシャ，スペインなどの債務危機に直面した諸国は，ESM や ECB による EU からの支援があったものの，それと引き換えに財政再建を求められ財政支出の抑制や新たな増税を求められた。その影響が格差拡大ということに現れ，それが反 EU を掲げる政治勢力への支持拡大につながったものと考えられる。

　また別の観点として，財政による所得調整効果を EU 加盟国別に確認しておこう。図表 1-4 は所得調整後のジニ係数である。これより，債務危機が深刻化

した GIIPS では危機をはさんでジニ係数は上昇傾向にある。GIIPS 諸国の値は危機前からユーロ圏平均よりも高く，危機後にも依然として高い傾向にあるが，アイルランド，ポルトガルでは危機前よりは改善されている。

さらに所得調整前の当初所得に基づくジニ係数と，社会保障，年金，租税の再分配による所得調整後のジニ係数の差を比較する。所得調整前と調整後の差を各国別に比較することで，再分配によるジニ係数の改善効果がどの程度見られるのかを検証するためである。ただし，マイナスの値が大きいほど改善効果があったことを示唆する。

図表 1-4 の中段には，年金を含む所得調整の効果を示している。これより年金を含む所得調整では，ユーロ圏全体では危機の間，2008 年から 2011 年には調整機能は落ち込んだが，2012 年以降には回復しており，2005 年時点よりも改善されている。この傾向は債務国も同様であり，特にギリシャでは 2005 年時点では低かった調整効果が，危機の最中でも若干，上昇しており，2013 年以降では 2000 年代前半よりも大きな効果が見られる。イタリア，スペインでもペースは緩やかであるが，危機後では調整効果が危機前に比べて改善されてきている。ただし，フランスが改善されているものの危機前の水準よりも低いままである。

ジニ係数の水準と，所得調整効果を考慮すると依然としてユーロ圏水準よりは高いジニ係数を記録するギリシャ，スペイン，イタリア，ポルトガルであるが，年金を含めた所得調整が機能しつつあるものと考えられる。

また年金を含まない所得移転による調整後ジニ係数から調整前ジニ係数を差し引いた値を図表 1-4 の下段に示している。それによれば，ギリシャ，スペイン，イタリア，ポルトガルでは，それ以外の加盟国に比べて相対的に年金以外の所得調整効果は低いことがわかる。したがって，それらの国では年金による所得移転効果の方が高く，リタイアした年金受取者との格差が是正されているといえる。所得調整において年金への依存が高いために，年金の支給年齢の引き上げや，支給額の削減などの財政支出削減は，財政改革には効果があるものの，それらの国民の不満を高めやすいものと考えられる。

以上より，平時での緊縮財政は格差を拡大させることはないものの，危機が発生したのちの緊縮財政は格差を拡大させ，そのことが EU への政治的不満へ

第1章 EU財政ガバナンスの問題と新たな展開　31

図表1-4　ジニ係数の推移と所得調整による効果

調整後ジニ係数（年金を含む）

年／国	ユーロ圏	ベルギー	デンマーク	ドイツ	アイルランド	ギリシャ	スペイン	フランス	イタリア	オランダ	オーストリア	ポルトガル	スウェーデン	英国
2004	30.7	26.1	23.9	:	31.5	33.0	31.0	28.2	32.9	:	25.8	37.8	23.0	:
2005	29.3	28.0	23.9	26.1	31.9	33.2	32.2	27.7	32.7	26.9	26.3	38.1	23.4	34.6
2006	29.3	27.8	23.7	26.8	31.9	34.3	31.9	27.3	32.1	26.4	25.3	37.7	24.0	32.5
2007	30.0	26.3	25.2	30.4	31.3	34.3	31.9	26.6	32.0	27.6	26.2	36.8	23.4	32.6
2008	30.5	27.5	25.1	30.2	29.9	33.4	32.4	29.8	31.2	27.6	27.7	35.8	24.0	33.9
2009	30.3	26.4	26.9	29.1	28.8	33.1	32.9	29.9	31.8	27.2	27.5	35.4	24.8	32.4
2010	30.3	26.6	26.9	29.3	30.7	32.9	33.5	29.8	31.7	25.5	28.3	33.7	24.1	32.9
2011	30.6	26.3	26.6	29.0	29.8	33.5	34.0	30.8	32.5	25.8	27.4	34.2	24.4	33.0
2012	30.4	26.5	26.5	28.3	30.5	34.3	34.2	30.5	32.4	25.4	27.6	34.5	24.8	31.3
2013	30.7	25.9	26.8	29.7	30.7	34.4	33.7	30.1	32.8	25.1	27.0	34.2	24.9	30.2
2014	30.9	25.9	27.7	30.7	31.1	34.5	34.7	29.2	32.4	26.2	27.6	34.5	25.4	31.6
2015	30.7	26.2	27.4	30.1	29.8	34.2	34.6	29.2	32.4	26.7	27.2	34.0	25.2	32.4
2016	:	26.3	:	:	:	34.3	34.5	:	:	:	27.2	:	:	:

所得移転による調整後ジニ係数－調整前ジニ係数（年金を含む）

年／国	ユーロ圏	ベルギー	デンマーク	ドイツ	アイルランド	ギリシャ	スペイン	フランス	イタリア	オランダ	オーストリア	ポルトガル	スウェーデン	英国
2004	:	-22.5	-21.6	:	-13.6	-14.3	:	:	:	:	-18.8	:	:	:
2005	-17.9	-22.5	-20.8	:	-15.3	-14.7	-16.7	-22.4	-15.1	:	-18.1	-13.0	-21.3	:
2006	-18.9	-22.6	-20.6	-23.0	-16.8	-14.9	-13.8	-21.9	-15.6	-18.0	-18.7	-13.1	-20.8	-19.1
2007	-20.4	-20.9	-20.5	-28.4	-16.6	-14.6	-13.7	-23.4	-15.8	-17.8	-19.7	-13.7	-19.2	-18.5
2008	-19.3	-20.4	-20.0	-24.0	-16.9	-15.1	-13.5	-23.3	-15.7	-17.8	-20.1	-14.2	-20.9	-17.8
2009	-18.5	-20.5	-21.3	-25.8	-18.3	-15.7	-11.0	-19.0	-15.5	-17.9	-18.6	-14.4	-28.2	-18.0
2010	-18.4	-20.2	-31.9	-25.3	-21.3	-16.3	-11.6	-18.8	-15.2	-18.1	-19.3	-15.3	-26.8	-20.6
2011	-19.3	-19.9	-24.4	-26.1	-23.2	-16.2	-13.3	-19.4	-15.8	-18.7	-19.6	-16.3	-28.6	-20.7
2012	-19.8	-20.8	-24.2	-26.5	-24.3	-18.4	-14.8	-18.9	-16.2	-20.0	-20.2	-16.1	-30.4	-20.4
2013	-20.0	-21.2	-24.7	-26.1	-22.9	-22.6	-14.5	-19.3	-15.9	-20.7	-19.5	-21.4	-27.6	-24.0
2014	-20.6	-21.2	-24.6	-26.7	-23.6	-27.2	-15.6	-19.9	-16.6	-19.8	-20.0	-21.7	-28.5	-24.3
2015	-21.0	-21.7	-25.4	-27.0	-22.4	-26.5	-16.2	-20.5	-16.7	-19.6	-20.2	-25.9	-29.6	-22.6
2016	-21	-21.8	-24.3	-26.3	-21.3	-26.5	-16.2	-21	-16.2	-19.4	-20.4	-30.1	-28.3	-23.1

所得移転による調整後ジニ係数－調整前ジニ係数（年金を含まない）

年／国	ユーロ圏	ベルギー	デンマーク	ドイツ	アイルランド	ギリシャ	スペイン	フランス	イタリア	オランダ	オーストリア	ポルトガル	スウェーデン	英国
2004	:	-8.7	-11.5	:	-7.9	-1.5	:	:	:	:	-5.6	:	:	:
2005	-4.2	-9.1	-11.9	:	-9.0	-1.2	-3.0	-6.9	-1.3	:	-6.2	-3.1	-10.3	:
2006	-5.0	-9.7	-11.9	-7.0	-9.9	-1.5	-2.2	-6.6	-1.4	-6.8	-6.2	-3.2	-9.9	-8.3
2007	-5.3	-8.2	-10.7	-8.5	-10.1	-1.6	-2.0	-6.5	-1.5	-6.4	-6.3	-3.6	-8.9	-8.1
2008	-5.0	-8.3	-10.2	-6.9	-10.6	-1.8	-2.2	-7.2	-1.7	-5.8	-6.3	-3.6	-8.7	-7.6
2009	-4.5	-8.1	-10.5	-6.5	-11.9	-1.8	-2.6	-5.7	-1.5	-5.5	-5.7	-3.1	-9.5	-7.3
2010	-4.7	-7.9	-13.9	-6.4	-14.6	-1.7	-3.1	-5.7	-1.8	-5.7	-5.8	-3.7	-8.1	-9.0
2011	-5.3	-8.2	-11.1	-6.6	-16.1	-2.0	-4.2	-6.5	-2.0	-6.3	-6.1	-4.6	-8.3	-9.1
2012	-5.4	-8.5	-11.1	-6.8	-16.6	-2.1	-4.9	-6.1	-2.1	-6.6	-6.6	-4.3	-8.6	-9.0
2013	-5.1	-8.6	-10.6	-6.2	-15.7	-2.4	-5.5	-6.6	-2.4	-6.0	-6.0	-4.2	-7.7	-9.4
2014	-5.2	-8.1	-10.8	-6.5	-15.8	-2.6	-5.1	-5.7	-2.4	-6.3	-6.3	-4.2	-8.0	-9.6
2015	-5.4	-8.6	-10.5	-6.4	-14.3	-2.5	-5.2	-5.9	-2.4	-6.1	-6.3	-4.2	-8.0	-8.6
2016	-5.2	-8.4	-9.8	-6.2	-13	-2.3	-4.8	-6.1	-2.4	-6.1	-6.4	-3.8	-7.3	-8.5

出所：EUROSTATのデータより作成。

のつながった可能性が高い。政府債務危機に陥った国に政府債務履行の可能性を維持するために財政再建が求められるのは当然ではあるものの，債務危機による経済状況が改善しない状況下で緊縮財政を実施するのは，景気後退をもたらしかえって返済不能に陥るかもしれない。さらに政府の経済運営に対する政治的不満が高まり，欧州統合を瓦解させる政治的圧力を加えかねない。

　したがって，平時と危機時とでは経済運営，特に財政運営のあり方を変える必要があると考える。すなわち，緊縮財政を原則とする平時での財政協定を，経済危機が発生した際にはモードを変更するような財政ガバナンスの導入が必要であると考える。では，どのようなガバナンスが必要なのだろうか。次節ではそれを検討する。

4．ユーロ圏の維持のための財政ガバナンスの改革提案

　以上の分析より，欧州の EMU では財政規律を堅持すべき平時の状況と，財政規律を緩めて思い切った財政支出を行うべき危機の状況とがあることが確認された。しかし，第1節で述べたように，欧州債務危機後の一連の財政改革は均衡財政の近傍で運営するような枠組みとなっている[9]。この枠組みの下で，再び金融危機・経済危機が訪れると，景気後退を悪化させ，危機からの脱却を遅らせることになろう[10]。したがって，次のような財政ガバナンスの改革が EMU の維持のためには必要と考える。まず，危機のない平時には現行の財政協定を維持することとする。平時では財政収支の均衡をめざすのが長期的な成長を維持するには必要となる。ただし，それに加え，高屋（2009），高屋（2015）においてすでに提言している，危機時のための汎 EU の緊急支援基金の創設し，加盟各国に財政から拠出することを求める。

　危機が発生したと認知される時には，安定成長協定をいったん緩和することを欧州理事会において協議する[11]。ただし，協議には時間がかかると想定できるので，危機への緊急対応として前述した緊急支援基金から危機に陥っている政府に対して拠出する。

　この提言の特徴は，現行の財政ガバナンスを平時には維持するものの，危機

時には思い切った財政支出を実施しやすくするもので，そのためにEU加盟国は共同で緊急基金を平時に積み上げておくものとする点である。危機であるとの認定は最終的には欧州理事会で行うが，事務的には当該国政府が欧州委員会経済総局に申請し，両者の協議をまず行う。その際，マクロ経済変数の早期警戒指標を用いて，実質成長率の低下，インフレ率の低下が一定期間，顕著に表れた場合に景気後退を判断することとなろう。その後，過剰財政手続きに基づく手続きの中断期間の合意と支援額の決定が必要となる。

　安定成長協定が改訂されている現在でも，財政均衡が重視されており，明確に平時と危機時とを分けてルール化されていない。本稿の分析では危機のない平時には財政均衡をめざす財政運営は妥当する。平時では経済成長や経済格差にプラスの効果をもたらす可能性もある。

　しかし，危機が訪れた時に平時と同様，あるいは若干緩和した財政ルールを適用すれば，EU経済全体，そして加盟国の経済危機をさらに悪化させ，経済格差を拡大させてゆくであろう。さらに拡大してゆく経済格差は，中低所得者層の国民の政治的な不満を高めてゆく。その結果，現在のようなEUに反発する支持層を拡大することにもなろう。現在，EMUではECBが危機モードの対応として非標準的金融緩和政策を持続してきたため，インフレ率も2％近辺にまで回復し，景気も浮揚しつつある。ドイツと，その他の加盟国との対外不均衡の拡大が示すように，加盟国間の不均衡は是正されてはいないものの，EMU全体として景気は改善しつつある。しかし，2007，8年の欧州危機から，これまでの間，多くの年月がかかってしまい，その間，南欧での高い失業率，労働者の移動，ポピュリズムの台頭といった，欧州統合の危機とまで呼ばれるような経済，政治，そして社会問題を生み出してしまった。

　したがって，このような危機を早期に沈静化させる必要があると考え，そのためには本章で主張したような財政ガバナンスによって，危機が発生したと認知されれば，できるだけ早くに財政支出拡大で対応することが必要だと考える。それがEUという欧州統合の枠組みを強固なものにするといえる。

（高屋定美）

注

1 SGPの詳細については，欧州委員会の次のサイトが有用である。https://ec.europa.eu/info/business-economy-euro/economic-and-fiscal-policy-coordination/eu-economic-governance-monitoring-prevention-correction/stability-and-growth-pact_en。またSGPの実行に関しては European Commission（2016）を参照。
2 非ケインズ効果の実証分析に関しては，本章第2節で詳説する。
3 MIPでは，10の経済指標によって構成されるスコアボードに基づき，加盟国経済の評価を行う。またMIPには早期警戒システムも備わっており，潜在的不均衡に早期に気づき，その不均衡が持続するのかどうかを欧州委員会は判断する。
4 EIPでも是正されない場合には，ペナルティが課される。一度目はGDP比0.1%上限とする利子付きの預金を預託する。それでも是正されないと判断されると二度目には預託金が罰金になる。
5 Giavazzi and Pagano（1990）によるデンマークとアイルランドに関する実証研究によりこの効果が広く知られるようになったが，その後，Giavazzi and Pagano（1996）, Giavazzi, Jappelli, and Pagano（1998, 2000）, Perotti（1999）, Hjelm（2002）, Alesina et al.（2002）, Giavazzi, et al.（2005）等がパネルデータによる実証研究を行っている。
6 BVARモデルによるマクロ経済ショックの効果の推定に関しては，Doan et al.（1984）, Litterman（1986）, Ritschi and Woitek（2000）Caldara and Kamps（2008）, Afonso and Sousa（2009）などがある。
7 失業率に関する効果としては，危機前では財政黒字ショックに対して失業率下落の効果が示し，危機後には失業率上昇の効果がそれぞれ示された。
8 事前分布に関しては第2節と同じくthe independent normal-inverse-Wishart priorを利用した。またラグ次数に関してはBICを用いて1とした。
9 現行の安定成長協定でも循環的な景気後退に対しては，財政赤字に猶予を与えている。しかし，本稿では，それではまだ不十分であると考える。
10 経済危機が再来しないように強靭にEMUを制度設計することも考えられる。しかし，本稿では，それは難しい，あるいは無理であろうと考える。したがって，危機の再来を所与とした財政ガバナンスを検討する。
11 改訂後の安定成長協定においては注8のとおりであるが，ここではいったん財政安定協定の適用自体を猶予することもオプションとして考える。

参考文献

嘉治佐保子（2013）「ユーロ危機とガヴァナンス改革」日本EU学会年報，第33号。
庄司克宏（2016）『欧州の危機　Brexitショック』東洋経済新報社。
髙屋定美（2009）『欧州通貨統合とマクロ経済政策』ミネルヴァ書房。
髙屋定美（2012）『欧州危機の真実』東洋経済新報社。
髙屋定美（2015）『検証　欧州債務危機』中央経済社。
田中素香（2016）『ユーロ危機とギリシャの反乱』岩波書店。
星野郁（2015）『EU経済・通貨統合とユーロ危機』日本経済評論社。
Afonso, A. and R.M.Sousa（2009）," The Macroeconomic Effects of Fiscal Policy," *ECB Working paper* no. 911, European Central Bank.
Alesina, P., S.Ardagna, R. Perotti, and F. Schiantarelli（2002）, "Fiscal Policy, Profits, and Investment," *The American Economic Review*, Vol.92 No.3, 571-589.
Alesina, A. and R. Perotti,（1995）, "Fiscal Expansion and Fiscal Adjustments in OECD Countries," *NBER Working Paper* No.5214.

Alesina, A. and R. Perotti, (1996), "Fiscal Adjustments in OECD Countries: Composition and Macroeconomic Effects," *NBER Working Paper* No.5730.Banbura, M. D.

Caldara, D. and C. Kamps (2008)" What are the Effects of Fiscal Policy Shocks? A VAR Based Comparative Analysis," *ECB Working paper no. 877*, European Central Bank.

Doan.T., R. Litterman, and C.Sims (1984)," Forecasting and Conditional Projection Using Realistic Prior Distributions," *Econometric Reviews*, 3, 1-100.

European Commission (2016)" Specifications on the implementation of the Stability and Growth Pact and Guidelines on the format and content of Stability and Convergence Programme (http://ec.europa.eu/economy_finance/economic_governance/sgp/pdf/coc/code_of_conduct_en.pdf (2017年4月15日閲覧)

Giannone, A. and L. Reichlin (2010), "Large Bayesian Vector Autoregressions," *Journal of Applied Econometrics*, 25, 71-92.

Giavazzi, F. and Pagano, M. (1990), "Can Severe Fiscal Contraction be Expansionary? Tales of Two Small European Countries," In: Blanchard, O.J., Fischer, S. (Eds.) *NBER Macroeconomics Annual*.

Giavazzi, F. and Pagano, M. (1996), "Non-Keynesian Effects of Fiscal Policy Changes: International Evidence and the Swedish Experience," *Swedish Economic Policy Review*, 3, 67-103.

Giavazzi, F., T. Jappelli and M. Pagano (1998), "Searching for Non-Keynesian Effects of Fiscal Policy," *IGIER Working Paper* 136.

Giavazzi, F., T. Jappelli,, and M. Pagano (2000), "Searching for Non-Keynesian Effects of Fiscal Policy: Evidence from Industrial and Developing Countries," *European Economic Review*, 44, 1259-1289.

Kadiyala, K.R. and S. Karlson (1977), "Numerical Methods for Estimation and Inference in Bayesian VAR Models," *Journal of Applied Econometrics*, 12, 99-132.

Kickert, Alter J.M. and T. Randma-Liiv (2015), *Europe Managing the Crisis: The Politics of Fiscal Consolidation*, Routledge.

Litterman, R. (1986)" Forecasting with Bayesian Vector Autogiressions – Five Years of Experience," *Journal of Business and Economic Statistics*, 4, 25-38.

Perotti, R. (1999), "Fiscal policy in good times and bad," *Quarterly Journal of Economics*, 114, No.4, 1399-1439.

Ritschi, A. and U. Woitek (2000), "Did Monetary Forces Cause the Great Depression? A Bayesian VAR Analysis for the U.S. Economy," *Working Paper* No.50, Institute for Empirical Research in Economics, University of Zurich.

(付記)
　本研究はJSPS研究費 16K03761, 15H03370 の助成を受けたものである。

第 2 章

ECB の金融政策と企業の資金調達
―― 金融政策は成長の基盤となりえたのか

はじめに：問題設定と対象期間

　ECB は，金融政策の基本目的を「物価の安定を維持すること」であると言明している（ECB, 2011）。この目的を達成するために，物価水準が参照値（現在は 2% 近辺）を超えると懸念された場合に金融引締め政策手段を講じ，参照値を下回る水準が続くと予想された場合には金融緩和政策手段を継続・強化させる。したがって，「物価の安定」とは，インフレ抑制のみならず，適正な水準への物価水準の引き上げも含んでおり，実際，2014 年 6 月以降に強化された「非標準的金融政策」では，銀行による貸出促進が中間目標に設定されている。これは，企業への資金供給の増大によって物価水準の引き上げを ECB が直接的に目論んでいるとともに，客観的には経済の成長軌道への復帰を ECB が視野に入れていることを意味する。

　こうした視点に立って，ECB の「金融政策は成長の基盤となりえたのか？」と問題を設定した場合，政策の重点がインフレ抑制よりも経済の成長軌道への復帰へ移される金融緩和期が検討対象となる。金融緩和期間の指標を，政策金利の引き下げへの転換時点から引き上げへの転換時点までとすると，2001 年 5 月～05 年 12 月までの第 I 金融緩和期と，2008 年 10 月～17 年 10 月（本章執筆時）までの第 II 金融緩和期が本章の対象となる。（図表 2-1 参照）

　しかし，これら両期間において問題の焦点が異なってくる。後者の第 II 金融緩和期においては，「非標準的金融政策」の効果と影響が盛んに論じられているように，ECB の金融政策がユーロ圏経済の成長軌道への復帰に効果があったのか，が焦点になるのに対し，前者の第 I 金融緩和期においては，金融危機

図表 2-1　ECB の政策金利（1999 〜 2017 年第 I 四半期）

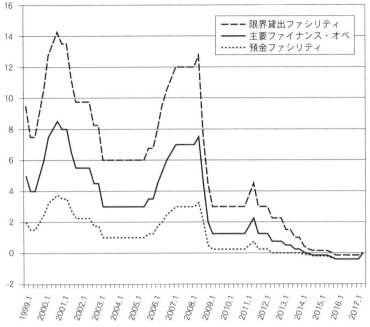

出所：*ECB, Statiscal Data Warehouse.*

の一誘因となる「バブル経済」（本章では，「機械設備等と比較しての建造物の設備投資の不均衡な増大」と定義する）の膨張に対してECBの金融緩和政策がどのように影響したのか，さらに，成長の基盤となる設備投資が十分に行われていたのか，が焦点となる。

1．第 I 金融緩和期（2001 年 5 月〜 05 年 12 月）

1.1　「世界金融危機」（2008 〜 09 年）勃発と ECB

(1) ECB 関与説

　Natalia Bialek（2015）は，「世界の二つの最も重要な金融機関である ECB

とアメリカのFRBの金融緩和政策が，2008～09年の世界金融危機の勃発に対して究極的な責任を有したのか」（p.47）と問題を設定して，それぞれの金融政策の「世界金融危機」勃発への影響を検証していく。

その検証の結果，「問題の主要原因は，財政政策の運営方法にあることが明らかになったが，ECBによる決定もある種の誘因（some kind of inducement）となった」（p.62）と主張する。各国の個別原因を指摘したのち，「危機の主要原因は，様々なプランにおける明白な内的首尾一貫性（inner coherence）が欠落していたことにある」（p.62）として，危機の一般的原因を具体的に挙げていく。「加盟国は，財政政策（その役割と経済自動安定装置の機能方法）に関してだけでなく，金融政策（金融システムの相違）に関しても異なっている。したがって，いわゆる『一つの寸法をすべてに着せる（one size fits all）』という問題，つまり，金利と加盟国の経済状況との間にミスマッチが生じる。……危機を導いた重要要因は，FRBとECBによって実施された融資を受けやすくした金融緩和政策である。……ECBが適切な時点で商業銀行にもっと高い準備を維持させるよう努力していたならば，このような大規模に貸出を供与する可能性はなかったであろう」（ibid.）と，ユーロ圏ではECBによる低金利政策と緩和的な準備率政策が貸出を異常に膨張させたとして，「危機を導いた重要要因」とされている。

しかし，この論文ではECBの金融緩和政策と貸出増加の事実が並列して指摘されるのみであり，両者の因果関係は十分に説明されておらず，また，金融緩和政策と設備投資との関連についての検証も欠けている。

(2) 各国固有原因説

実際，ECBの政策理事会の理事のJörg Asmussenは，ECBの立場からアイルランドの危機を分析した"The Irish case from an ECB perspective"と題する講演（Jörg Asmussen, 2012）を行い，ECBの金融緩和政策とアイルランド危機との関連を否定している。氏によれば，アイルランドの危機の第一の原因は，競争力の欠如である。この原因として特に強調するのは，ユーロ圏各国と比較して高い賃金上昇率である。第二の原因は，不適切な経済政策と監督政策である。このため経常収支不均衡が拡大して，危機が勃発したときに十分に

対処できなかった。第三の原因は，信用膨張と政府の過大支出である。「信用膨張と過大支出が経済を過熱させ，資源の配分を誤らせた。2007年には，アイルランドは，経済成長と税収の源泉として建設と住宅に危険すぎるほど依存する経済になった。民間部門でも公的部門でも異常に楽観的な期待が主要な役割を果たした。「過度に大きくなり，かつ，規制の緩やかな金融システムが，これらの過剰を支えたばかりでなく，積極的に助長した」(p.2)。政府支出も明らかに持続不可能な経路を辿った。つまり，ブームの住宅部門から生じる異常に高い税収と例外的に高い成長がアイルランド経済の永久像とする誤解に基づいて，政府支出が異常に増大した。

　上記に見られるように，前述のNatalia Bialek (2015) と同様に，異常な貸出増加つまり信用膨張がアイルランド危機の一因となったことも認めながらも，その原因としてECBの金融緩和政策には触れられず，「過大に大きくなり，かつ，規制の緩やかな金融システム」が挙げられていた。これに対して，Natalia Bialek (2015) は，ECBの金融緩和政策（低金利政策と緩和的な準備率政策）が貸出増加を導いたため，「危機を導いた重要な要因」と指摘されていた。

　はたして，ECBの金融緩和政策が「バブル経済」の膨張を助長し，結果的に「バブル経済」の崩壊の遠因になったかどうか。この問題の解明には，金融緩和期における銀行貸出動向と設備投資動向を各国別，さらに部門別に検証することが不可欠であるが，本章では紙幅の関係上，以下設備投資動向を検証していく。

1.2　設備投資動向

(1) ユーロ圏全体 (19カ国)

　図表2-2は，ECBの統計に基づき，ユーロ圏企業の設備投資動向を，全建造物，機械・設備・武器システム，ICT設備，合計に分けて表している。

　設備投資合計は，第Ⅰ金融緩和期間中一貫して増大しており，その増大は2008年のピークまで続く。しかし，09年以降減少し，16年でも08年のピーク時の水準に回復していない。ここから，05年12月の金融引締めへの転換以

図表 2-2　ユーロ圏企業の設備投資動向（1999 ～ 2016 年）

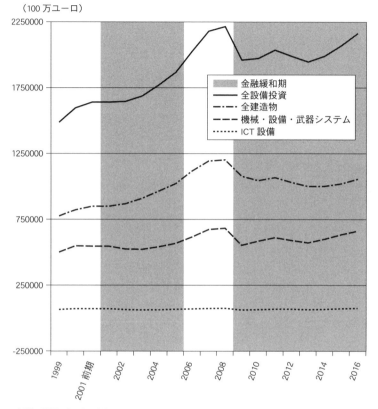

出所：ECB, *Statiscal Data Warehouse*.

降も設備投資が増大するばかりか加速し，設備投資が減少に転じるのは 08 年の「世界金融危機」の発生以降だということが読み取れる。これは，金融緩和，金融引締め如何にかかわらず設備投資が増大していたことを意味する。つまり，第Ⅰ金融緩和期間中に ECB の金融緩和政策が設備投資増大に寄与したことは否定できないものの，05 年 12 月～ 08 年の経済の過熱期間では，金融引締めへの転換にもかかわらず設備投資が増大を続けた。つまり，「ECB が金融緩和政策を継続したから設備投資が増大した」のではなく，金融政策以外の要因が設備投資増大を促した。とりわけ全建造物の設備投資の増大が，05 年

12月の金融引締めへの転換以降も2年余り続いているという事実は，ECBの金融政策は同期間においてはユーロ圏全体では「バブル経済」膨張の主因ではなかったことが確認できる。したがって，05年12月～08年の期間では「バブル経済」膨張の主因はECBの金融政策以外に求められなければならない。

次に，ECBの金融緩和政策が将来の成長の基盤となる機械設備やICT設備の設備投資を促したのかという視点で見ると，金融緩和期にこれらの設備投資が横ばいないし減少していたという事実から，金融緩和政策はこれらの設備投資増大への有効性はなかったことが確認できる。

(2) ドイツ

図表2-3は，ECBの統計に基づき，ドイツの企業の設備投資動向を，ユーロ圏企業におけるのと同様の方法で作成したものである。ただし，原資料の制約により，ICT設備は未記載である。

設備投資合計は，第I金融緩和期間中に減少傾向を辿り，2005年末においても01年5月の金融緩和開始以前の水準に達していない。逆に，05年12月の政策金利の引き上げへの転換以降増大し，その増大は2008年のピークまで続く。08年のピーク後09年には一時的に減少するが，10年以降再び増加傾向に転じ16年まで続いている。その結果，11年には早くも08年のピーク時の水準を超え，以降最高水準を超え続けている。つまり，金融緩和期に設備投資が減少する一方，金融引締めへの転換以降になってからすべての設備投資が増大しているという意味で，金融緩和政策は設備投資増大に全く関連しなかった。

以上の動向を，「バブル経済」を金融緩和政策が促したのかという視点で見ると，金融緩和期に逆に全建造物の設備投資が減少していることから，ドイツでは，全建造物の設備投資の不均衡な増大という意味での「バブル経済」自体が発生しなかった，と言える。また，ECBの金融緩和政策が将来の成長の基盤となる機械設備の設備投資を促したのかという視点で見ると，金融緩和期にこれらの設備投資も減少していたという事実から，金融緩和政策はこれらの設備投資増大への有効性はなかったことが確認できる。

42　第 I 部　経済通貨同盟の問題点と課題

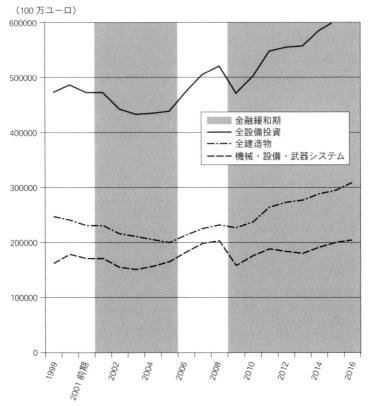

図表 2-3　ドイツ企業の設備投資動向（1999 ～ 2016 年）

出所：図表 2-2 と同じ。

(3) アイルランド

　図表 2-4 は，ECB の統計に基づき，アイルランドの企業の設備投資動向を前述のように全建造物，機械・設備・武器システム，ICT 設備，合計に分けて表している。

　設備投資合計は，第 I 金融緩和期間中一貫して増大しており，その増大は 05 年 12 月の政策金利の引き上げ以降もしばらく続き，06 年にピークに達する。しかし，07 年以降減少を開始し始め，減少傾向は金融引締め期間中から第 II 金融緩和期に入った 10 年まで続く。この 10 年を底にして 11 年から増加

図表 2-4　アイルランド企業の設備投資動向（1999～2016 年）

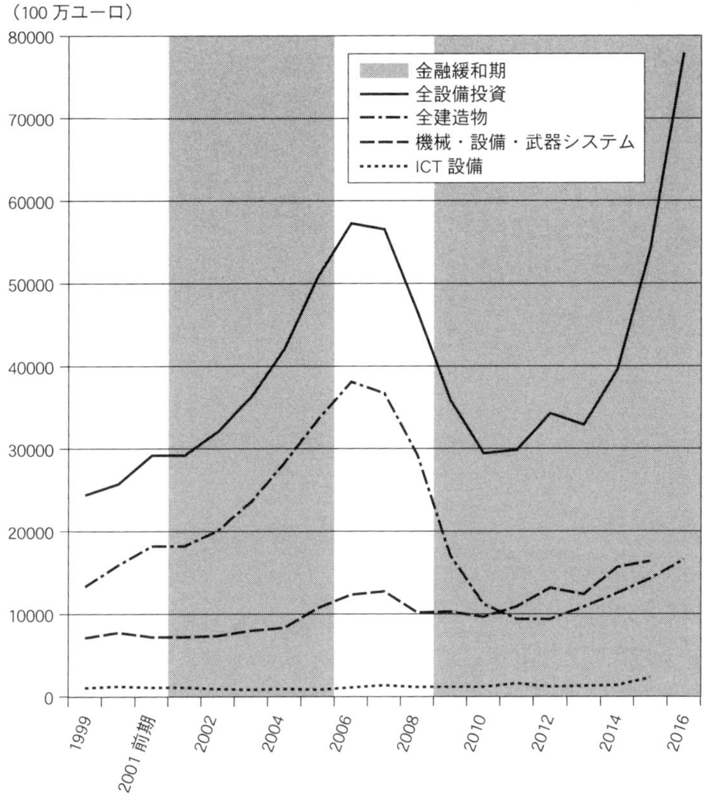

(100 万ユーロ)

凡例：
- 金融緩和期
- 全設備投資
- 全建造物
- 機械・設備・武器システム
- ICT 設備

出所：図表 2-2 と同じ。

傾向に転じ，16 年には 06 年のピーク時の水準を大きく上回るに至っている。したがって，タイムラグがあるものの，金融緩和期に設備投資増加，金融引締め期に設備投資減少というほぼ通念どおりの展開を辿っている。したがって，01 年 5 月に始まる第 I 金融緩和期においては，緩和開始以降設備投資が急増し，しかも引締めへの転換の 1 年後に設備投資が減少していることから，金融緩和政策が設備投資急増の主因だったということが読み取れる。したがって，ユーロ圏全体，ドイツとは異なり，アイルランドでは 08 年の「世界金融危機」に至る設備投資の急増を ECB の金融緩和政策が大きく促したことになる。

以上のアイルランド企業の設備投資動向を，ECBの金融緩和政策が全建造物の設備投資の不均衡な増大という意味での「バブル経済」を膨張させたのかという視点で見ると，第Ⅰ金融緩和期に全建造物の設備投資が突出して増大し，金融引締めへの転換1年後にその設備投資が減少しているという事実から，ECBの金融緩和政策は「バブル経済」膨張の重要な要因であったことが分かる。次に，ECBの金融緩和政策が将来の成長の基盤となる機械設備やICT設備の設備投資を促したのかという視点で見ると，金融緩和期にこれらの設備投資増加額が僅かないし減少していたという事実から，金融緩和政策のこれらの設備投資増大への有効性はきわめて小さかったことが確認できる。

(4) スペイン

図表2-5は，ECBの統計に基づき，スペインの企業の設備投資動向を，ドイツ，アイルランドのケースと同様に分けて表している。

設備投資合計は，アイルランドと同様に，第Ⅰ金融緩和期間中一貫して増大しており，その増大は05年12月の政策金利の引き上げ以降もしばらく続き，07年にピークに達する。しかし，08年以降減少を開始し始め，減少傾向は金融引締め期間中から第Ⅱ金融緩和期に入ってからも長く続き，底を打つのはようやく14年になってからである。15年から増加傾向に転じているが，回復のペースは遅く，16年でも07年のピーク時の水準の約2/3までしか回復していない。前述のように，アイルランドでは16年にはピーク時の水準を大きく上回っており，回復速度に関してアイルランドとスペインは対照的である。さらに，設備投資の減少傾向への転換が，アイルランドより1年遅れ，「世界金融危機」の勃発の08年という点でも異なっている。すなわち，01年5月に始まる第Ⅰ金融緩和期において，緩和開始以降設備投資が急増しているという事実から，ECBの金融緩和政策が設備投資急増の主因だったということが読み取れる一方，05年12月の政策金利の引き上げ以降も約2年間も設備投資が増大し続けていることから，ピークに至るこの2年間は金融緩和政策以外の要因が設備投資の増大を促したことになる。これが，前述のユーロ圏全体の動向に影響したと考えられる。この点を措けば，スペインでは，アイルランドと同様に，ECBの金融緩和政策が08年の「世界金融危機」に至る設備投資の急増の

図表 2-5 スペイン企業の設備投資動向（1999 〜 2016 年）

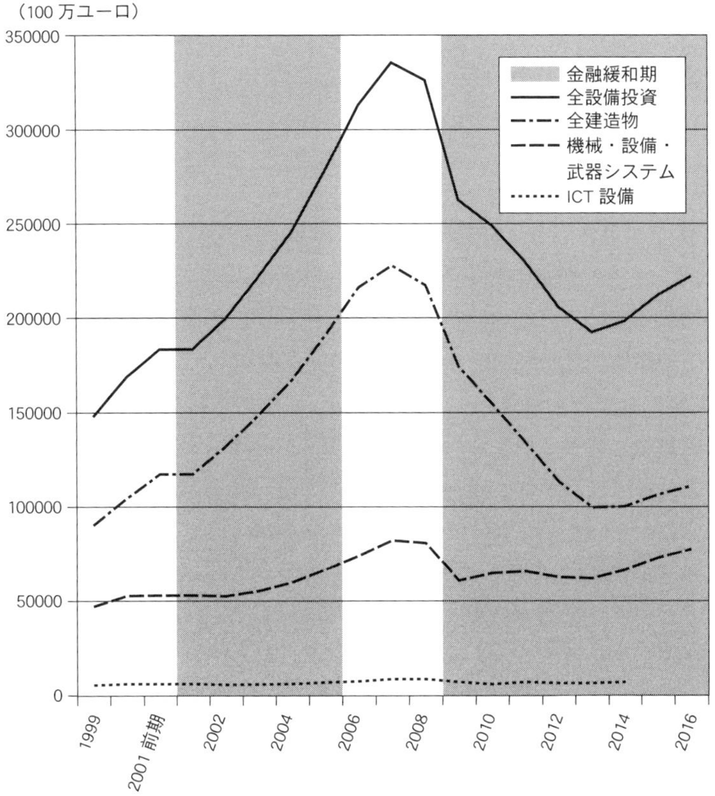

（100 万ユーロ）

凡例：
- 金融緩和期
- 全設備投資
- 全建造物
- 機械・設備・武器システム
- ICT 設備

出所：図表 2-2 と同じ。

一因であったことになる。

　以上のスペイン企業の設備投資動向を，ECB の金融緩和政策が全建造物の設備投資の不均衡な増大という意味での「バブル経済」を膨張させたのかという視点で見ると，第 I 金融緩和期に全建造物の設備投資が突出して増大しているという事実から，ECB の金融緩和政策は「バブル経済」膨張の重要な一因であったことが分かる。ただし，08 年のピーク直前には金融緩和政策以外の要因が設備投資増大を促したことに留意しておく必要がある。次に，ECB の金融緩和政策が将来の成長の基盤となる機械設備や ICT 設備の設備投資を促

したのかという視点で見ると，金融緩和期にこれらの設備投資増加額が僅かないし減少していたという事実から，金融緩和政策のこれらの設備投資増大への有効性はきわめて小さかったことが確認できる。

1.3 小括

2008年の「世界金融危機」に至るユーロ圏の一部，特にアイルランドにおけるバブル経済の膨張に対するECBの金融緩和政策の影響の有無に関して，見解が対立していた。この問題に対して，本章では，金融緩和期に全建造物を中心として設備投資が急増していることから，アイルランドとスペインにおいてはECBの金融緩和政策が「バブル経済」膨張の一因になったことが確認できた。ただし，スペインにおいて05年12月の金融引締めへの転換以降も約2年間設備投資（とりわけ全建造物）の増大が続いており，これがユーロ圏全体の動向も規定した。したがって，この約2年間の「バブル経済」膨張の主因はECBの金融政策以外の要因に求められなければならない。それ以外の国，例えばドイツでは金融緩和政策による影響云々を問う以前に，「バブル経済」の膨張が存在しなかった。

次に，ECBの金融緩和政策が将来の成長の基盤となる機械設備やICT設備の設備投資を促したのか，という問題に対しては，「バブル経済」発生の有無を問わず，本稿が検討したドイツ，アイルランド，スペインとも，さらに，ユーロ圏全体においても効果の存在が確認できなかった。

2．第Ⅱ金融緩和期（2008年10月〜17年10月）

2.1 成長率，消費者物価上昇率，企業向け貸出残高

この期間内に「非標準的金融政策」とECBが自称する大胆な金融緩和政策を深化させているにもかかわらず，本書第3章で詳述されているように，表題の3指標に関して目立った成果は挙がっていない。

ユーロ圏の成長率は，金融危機直後の 2008 年後半〜 09 年前半にマイナス成長に陥ったのち，以降 10 年〜 11 年第Ⅲ四半期までプラス成長を維持し続ける。しかし，11 年第Ⅳ四半期〜 13 年第Ⅰ四半期に再びマイナス成長に陥り，13 年第Ⅱ四半期以降プラス成長に回復するものの，17 年第Ⅱ四半期においても 2008 年の金融危機直前の 3%台に回復していない。

　ユーロ圏の消費者物価上昇率は，金融危機直後にマイナスに転じて以降，成長率と同様に 2012 年かけて上昇を続け同年には一時 3%にも達する。しかし，それ以降 2015 年にかけて下落傾向が続き，15 年には年率 0%まで低下する。上昇傾向に転じるのは 2016 年に入ってからであり，それでも 16 年は年率 0.2%にすぎない。

　ユーロ圏の非金融企業向け貸出残高は，2008 年の金融危機まで急増していたが，それ以降 2008 年後半〜 10 年前半に横ばい傾向に陥る。しかし，10 年後半〜 11 年に増加に転じ，11 年後半にはピークに達する。ところが，成長率，消費者物価上昇率の場合と同様に回復の勢いは弱く，ピーク以降減少に転じ 17 年前半においてもピーク時の水準に回復していない（統計数値は，ECB,statistics warehouse による）。

　以上，成長率，消費者物価上昇率，非金融企業向け貸出残高のいずれも，2008 年の金融危機直後の低下ないし横ばいからいったん回復するが，その回復の勢いが弱く，金融危機前の水準まで回復していない。この意味で，この 2008 年 10 月以降の ECB の金融緩和政策は十分な成果を挙げていない。

2.2　設備投資動向

(1) 欧州議会主催シンポジウム（2016 年 6 月）

　ECB の金融政策の上述のような一般的効果だけでなく，特に設備投資活性化への効果に関しても研究が深められ，その研究成果報告のシンポジウム（「なぜ ECB の超緩和的な金融政策が投資を回復させないのか？」）が 2016 年 6 月に欧州議会主催で行われ，記録が公表されている（European Parliament, 2016）。

　このシンポジウムの共通前提は，以下の 2 点である。第一に，需要の最もダ

イナミックな構成要素として，投資の復活は持続的ユーロ圏にとって回復の鍵となる。第二に，ECB の超緩和的な金融政策による魅力的な資金調達条件にもかかわらず，また，大きい投資ギャップにもかかわらず，企業は投資増大活動にきわめて慎重である。この共通認識にもとづいて，ユーロ圏の投資の持続的弱さの背後にある重要要因を深く分析し，投資を促進するための政策手段を議論することが，シンポジウムの目的となる。ECB の金融政策の効果の有無の議論に関して，持続的成長のための核である設備投資が低調であるのは事実という共通の認識に立ち，設備投資を活性化するには具体的にどうすればよいのか，ときわめて実践的な議論を展開している。実際，図表 2-1 で見られるように，ユーロ圏企業の設備投資水準は，2016 年現在でも 2008 年の金融危機以前の水準に達しておらず，前提の正しさは実証的に確認できる。

　以下，シンポジウムでの5人（グループ）（1. Christophe Blot, Jérôme Creel, Paul Hubelt, Fabien Labondance, 2. Christopher Hartwell, 3. Nils Jannsen, Martin Plödt, 4. Jacob Kirkegaard, 5. Karl Whelan）の主張を，金融政策の設備投資活性化効果，金融政策の非有効性の原因，設備投資活性化のための対案という項目毎に要約していく。

〈金融政策の設備投資活性化効果〉

　この設備投資活性化効果に関しては5論文とも否定している。特に，Christopher Hartwell は緩和的な金融政策「こそが」設備投資の活性化を阻害するとして，理由を列挙していく。ユーロ安の進行による中間財のコスト上昇と将来不安がそれであり，「現行の政策の継続は経済にダメージを与えていくので，ECB をますます袋小路に追い込んでいく」(p.36) として，ECB の金融緩和政策を最も厳しく批判する。

　Nils Jannsen et al. は，金融政策の設備投資活性化効果を金融危機の経過時期に分けて評価する。すなわち，危機の頂点の時期では，金融緩和政策は不安を和らげ信頼を回復させるから非常に有効である。しかし，危機の後では一般的に金融政策の効果の有効性は薄れる。というのは，この時期では，資金，労働力，設備といった供給要因の不足よりも，需要の不足が設備投資を抑制している最大要因であるため，供給要因の一つである資金を増やす金融政策は設備

投資活性化が消滅していく。したがって,「いったん金融逼迫要因が消滅したのちは,拡張的な金融政策による資金調達条件の一層の改善は,民間設備投資を追加的に刺激することはできなくなる」(p.51) として,金融政策の設備投資活性化効果を否定している。

Christophe Blot et al. は,ECB の「金融政策は実体経済に強く影響を及ぼした」(p.21) と,5 人(グループ)のなかでは ECB の金融政策に最も好意的な評価を示している。しかし,「もし政策金利が 2008 年の水準のままであったなら,投資は実際の水準より 5.5 ポイント下回った」(ibid.) と,投資水準の一層の低下を阻止したという歯止め効果を指摘するにとどまっている。したがって,「緩和的な金融政策にもかかわらず,非金融企業の投資の増大は限定的だった」(ibid.) と,金融政策が実際に投資を回復させる効果に関しては,他の論者と同様に否定的である。

〈金融政策の設備投資活性化への非有効性の原因〉

以上,濃淡の差はあれ,シンポジウムの報告者は ECB の金融緩和政策の設備投資活性化効果を否定しているが,その非有効性の原因に関しては様々な要因が挙げられている。大別すると,資金供給側の銀行サイドの要因と,資金需要側の企業サイド・国民経済サイドの要因に分けられる。

銀行サイドの要因として Christopher Hartwell et al. が挙げるのが,不良債権の存在と重圧である。さらに,Jacob Kirkegaard は金融監督制度の不備を強調する。銀行同盟は危機後にようやく検討され始めたにすぎず,それ以前は基本的に各国別の監督制度にとどまっていた。「この結果,ユーロ圏の危機国では銀行からの借入れコストが上昇し,銀行に依存している借り手の新規投資をファイナンスすることにマイナスの影響を及ぼした」(p.79) として,金融政策は金融監督制度の整備と一体となって初めて借り入れコスト削減効果を発揮すると主張する。

企業サイドの要因として各論者が共通して挙げるのが信用需要の弱さである。さらに,この信用需要の弱さをもたらしている原因として,Nils Jannsen et al. は,「経済の調整過程(デ・レバリッジ過程)」を指摘する。具体的には,民間債務の増大,バランスシート調整,投資のブーム―崩壊サイクルによっ

て，企業側が資金を借り入れる状況に回復しておらず，この意味で金融政策の波及経路が毀損しているから，これが金融緩和政策の有効性を薄める一因となっていると主張する。Jacob Kirkegaardは，信用需要が弱くなった要因を国民経済レベルまで視野を拡げ，グローバル経済要因とユーロ圏特有の財政政策要因を挙げる。すなわち，世界経済全体の将来の需要が不安なため，企業は投資を延期してきた。このため，潜在生産力が低下してきており，これはユーロ圏の各国政府のみが労働供給とイノベーションを促進するプログラムを実行することによってのみ解決できる問題である。財政政策要因とは，経済支援の条件とすることに現れているように，財政赤字削減を優先する政策である。この弊害は特に2011～13年において顕著であり，経済収縮期にもかかわらず政府の最終消費と固定投資はフラットないし縮小していた。しかし，「政府が不況に対して投資を増大しようとする意欲を示さなければ，民間企業も投資意欲が低下する」(p.79) ことになるから，この財政緊縮政策は誤りであった。さらに，企業レベルの要因も挙げ，企業利潤の低水準も信用需要の弱さの一因となっている。Karl Whelanは，国民経済レベルでの人口増大速度の弱さと生産性増大速度の低さ，企業レベルでの過重な民間債務の存在が信用需要を弱めることになっていると強調する。

〈設備投資活性化対策〉

　ECBの金融緩和政策に代わる設備投資活性化の対案は，上記の原因分析に関わってくる。しかし，資金供給側の銀行サイドの要因として，不良債権の存在と金融監督制度の不備が挙げられていたが，これらに対する対策，つまり不良債権の処理方法と新たな金融監督制度の具体像は明確には示されていない。一方，資金需要側の企業サイド・国民経済サイドの要因に関しては様々な対案が提示されており，これらは構造政策と国家ないしユーロ圏レベルでの財政拡大政策とに大別できる。論者によっては両政策とも提示されている。

　財政拡大政策を提唱するのは，Christophe Blot et al., Jacob Kirkegaard, Karl Whelanである。このうち，Christophe Blot et al. は，ユーロ圏各国とECBの緊密な連携による投資刺激，具体的には公共投資計画の拡大を主張する。Karl Whelanは，さらに以下のようにEUの財政ルールの改正まで踏み込

む。「公共投資はユーロ圏経済を活性化させるのに貢献し，失業率を低下させる。……多くの国で政府債務の金利がきわめて低く，インフラの不足が明らかな今こそ，公的インフラ支出の大規模かつ協調的な増加をさせる絶好の時期である。EU 委員会は，この公的資本投資の有効な役割を認識して，EU の財政ルールの改正をすべきであり，改正されたルールに基づく計画を援助することができる」(p.97)。

一方，構造政策を提唱するのは，Christopher Hartwell, Nils Jannsen, Jacob Kirkegaard であり，Jacob Kirkegaard は財政拡大政策と構造政策の両者を提唱している。前項の〈金融政策の〜非有効性の原因〉で見たように，Nils Jannsen は民間債務の増大等の金融政策の波及経路の毀損を問題にしていたが，それに対応して，「潜在的算出力の改善を目指す構造政策こそが，将来の投資活動の持続的加速を達成するための最も確実な方法となる」(p.62)。Jacob Kirkegaard もグローバル経済要因による潜在生産力の低下を設備投資停滞の重要な原因としていたが，それに対応して「広範な政府政策に一層依存した持続的な利潤の増大こそが，中央銀行の行動よりも，ユーロ圏の自己金融の民間投資を確実に促進させる」(p.79) として，中央銀行の金融政策よりも，政府の広範な政策を強く求めている。Jacob Kirkegaard の場合，財政拡大政策も提唱しているから，この政府の広範な政策は，財政拡大政策と構造政策の両者を意味している。

以上，シンポジウムでの 5 人（グループ）の議論に関して，第 II 金融緩和期における金融政策の設備投資活性化効果の否定という点では共通しており，議論が分かれるのは，その非有効性の原因と設備投資活性化のための対案である，と要約できる。対案の代表的なものは財政拡大政策と構造政策であるが，シンポジウムではそれらの是非について議論が深められていない。

(2) ECB の見解

上述のシンポジウムとは異なり，ECB はもちろん金融緩和政策の有効性を主張する。その立場を最も端的に表現したのが，政策理事会のメンバーである Peter Praet の 2017 年 3 月の講演（「The ECB's Monetary policy: past and present.」）での以下の一節である。

「永続性のある消費が最近復活しており，特に金融がタイトであった国では，ECB の統計の Bank Lending Survey（BLS）が示しているように，資金調達条件の改善と消費の増大が密接に関連している。低金利に対応しての投資の復活はこれよりも遅い。しかし，金融政策は，経済への全体的影響を通じて投資の力強い復活のための条件の創出に役立っている。これは，『加速効果（accelerator effect）』とも呼ばれる。生産と期待販売価格は，需要全体の増大とともに上昇している。企業の利潤も増大しており，資金調達条件もきわめて良好である」（Peter Praet, 2017, p.5）。

　見られるように，金融政策との関連で効果が強調されているのは消費であり，それに付随して生産，「期待販売価格」，企業利潤である。シンポジウムが停滞を問題にした肝心の設備投資活動に関しては，氏自身が，「低金利に対応しての投資の復活はこれより遅い」として復活速度の遅さを指摘しており，この意味でシンポジウムでの各論者と共通認識に立っている。しかし，他方で，金融政策は「投資の力強い復活のための条件の創出」に役立っているとして，可能性としての投資の復活への効果も強調している。氏が主張する投資復活のための条件は，消費，資金調達条件，生産，期待販売価格，企業利潤を通じた「経済への全体的影響」によって形成されることになる。このうち，資金調達条件に関しては，銀行の流動性状況の改善によって銀行の貸出規準・条件が緩和され，企業側から見ると資金調達条件はたしかに改善されている。しかし，2.1 で指摘したように，これが貸出残高の増大に連動せず，設備投資増大への連携が形成されていない。生産に関しても，GDP の低成長状況から力強さに欠けている。販売価格に関しても，2.1 で指摘した消費者物価状況から，設備投資を活性化させる誘因になっていない。企業利潤に関しては，たしかに一部で利潤が増大している業種・企業があるものの，その利潤を投資に向けていないので，設備投資が低迷している。消費は，たしかに GDP の構成要因のうちで最も伸びているが，企業自身がその先行きに不安をもっているため，設備投資に連動していない。

2.3　実態

　第Ⅱ金融緩和期の設備投資動向を，まずユーロ圏全体に関して図表2-2で見ると，前述したように，設備投資合計は16年においても08年のピーク時の水準に回復していない。この意味において，シンポジウムの参加者の共通前提は正しい。個別に見ても，全建造物，「機械・設備・武器システム」，ICT設備，いずれの設備投資も08年の水準に回復していない。しかし，ドイツにおいては事情が異なる。図表2-3で見られるように，全建造物の設備投資が増大を加速させ，その増大を核に設備投資合計も増大し，16年には08年のピーク時の水準を大きく上回っている。「機械・設備・武器システム」の設備投資も08年のピーク時の水準にほぼ回復している。

　アイルランドにおいては，図表2-4で見られるように，15年から設備投資合計が飛躍的に回復し，16年には08年のピーク時の水準をはるかに超えるに至っている。しかし，個別に見ると，全建造物，「機械・設備・武器システム」の回復速度は極めて緩やかであり，ICT設備の設備投資も微増にすぎない。したがって，これら以外が設備投資を領導していることになる。

　スペインにおいては，図表2-5で見られるように，設備投資合計も，個別の全建造物，「機械・設備・武器システム」も，16年において08年のピーク時を大きく下回っている。ICT設備の設備投資に関しては時期を問わずほとんど変動は認められない。

　したがって，第Ⅱ金融緩和期においては，アイルランド，ドイツをはじめ設備投資を回復させている国と，スペインのように低迷している国との不均衡が際立っている。しかし，ユーロ圏全体では設備投資が08年のピーク時の水準に回復していないことから，回復させている国の回復分を相殺するほど，設備投資を低迷させている国が多いことが分かる。この意味でもシンポジウムの参加者の共通前提は正しく，金融緩和政策はユーロ圏全体の設備投資を活性化するに至っていない。ただ，アイルランドやドイツなどの国の設備投資の回復が金融緩和政策の効果によるものかどうかの問題は残る。この検討には，回復させている国の部門別設備投資動向と部門別貸出動向の分析が不可欠であるが，

本章では課題として残されている。

2.4 小括

このように，ユーロ圏全体では，設備投資の実際の回復速度が遅いうえ，その回復加速の諸条件が不安要因を抱えていることを勘案すると，ECB の金融緩和政策の設備投資活性化効果はシンポジウムでの各論者が指摘するように有効性がきわめて低いと確認できる。

しかし，金融緩和政策の代案としての設備投資活性化策になると，シンポジウムの論者の間においても，意見が分かれる。それは，需要側の財政拡大政策と供給側の構造政策に大別でき，論者によっては両政策を提案しているが，金融政策の有効性如何というテーマの制約から，いずれの政策においても論議が深められていない。財政拡大政策に関しては，各国の現在の厳しい財政状況のなか財源をどこに求めるか等の問題があり，構造政策に関しては，具体的にどの市場のどの分野をどのように改革すべきかが問題になってくる。したがって，議論はまだ緒についたばかりである。

3. 結論

本章では，ECB の金融緩和政策の2つの時期（第 I 金融緩和期：2001 年5月～05 年12月，第 II 金融緩和期：2008 年10月～直近17 年8月）において，「金融緩和政策は成長の基盤となりえたのか？」と問題を設定し，以下の結論に達した。

第 I 金融緩和期においては，「バブル経済」膨張への寄与の問題に関して，たしかにユーロ圏内の一部の国——アイルランド，スペイン——の建造物の設備投資が金融緩和期に急増したという意味で，ECB の金融緩和政策が「バブル経済」膨張の一因になった。ただし，この点に関して，第一に，全建造物の設備投資の過熱が金融引締め政策への転換以降も続いた事実から，金融緩和政策以外の要因も「バブル経済」膨張に寄与していたこと，第二に，ドイツのよ

うに，ECBの金融緩和政策にもかかわらず「バブル経済」が膨張しなかった国もあったという事実から，「バブル経済」膨張に関しては，金融緩和政策以外の各国の個別要因が作用していたこと，したがって，これらの個別要因の分析が本章に残された課題であることが留意されねばならない。

次に，ECBの金融緩和政策が将来の成長の基盤となる機械設備やICT設備の設備投資を促したのかという問題に関して，「バブル経済」の膨張の有無にかかわらず，個別においてもユーロ圏全体においても効果の存在が確認できなかった。

第II金融緩和期においては，成長率，消費者物価上昇率，企業向け貸出残高に関して十分な成果が挙げられていないばかりか，設備投資活動もユーロ圏全体ではピーク時の水準に回復していないという意味で，ECBの金融政策は成長の基盤となりえていない。したがって，論議の焦点は金融緩和政策の効果の有無から，金融政策以外にどのような政策手段で設備投資を活性化させうるか，という次元に移ってきている。しかし，この点に関しては，まだ財政拡大政策と構造政策が対置されるにとどまっており，政策内容・具体的政策手段の議論は深められていない。

以上のように，ECBの金融緩和政策は，一部の国の「バブル経済」膨張の一因となったものの，今までのところ，建造物以外の設備投資の目立った活性化効果は確認できていない。しかし，設備投資活性化に関して，この事実が金融緩和政策の非有効性を意味するものなのか，あるいは，他の政策手段——例えば，財政政策・構造政策——と有機的に連携されれば効果を有するものかは，今後に残された課題である。

(岩見昭三)

参考文献
川野祐司（2016）『ヨーロッパ経済とユーロ』文眞堂。
河村小百合（2015）『欧州中央銀行の金融政策』金融財政事情研究会。
高屋定美（2015）『検証 欧州債務危機』中央経済社。
岩見昭三（2016(a)）「ECBの『非伝統的金融政策』(1)—企業向け銀行貸出増加効果の検証—」，『社会科学雑誌』（奈良学園大学社会科学学会），第14巻，2016年6月。
——（2016(b)）「ECBの『非伝統的金融政策』(2)—BLSによる特別アンケートの分析—」，『社会科学雑誌』，第15巻，2016年12月。

Asmussen, Jörg (2012), "The Irish case from an ECB perspective", Speech at the Institute of International and European Affairs, Dublin, 12 April 2012. ECB (2011), The monetary Policy of the ECB.
Bialek, Natalia (2015), "Causes of the Outbreak of the Eurozone Crises: The Role of the USA and the European Central Bank Monetary Policy", *e-Finance*, vol.11. 47-63.
Christophe BLOT,Jérôme Creel,Paul Hubelt,Fabien Labondance (2016), "The impact of ECB Policies on Euro Area Investment" (European Parliament〈2016〉).
Christopher Hartwell (2016), "Uncertainty Abounds:Why Accommodative Monetary Policy has not triggered a Rebound of Investment in the Euro Area" (European Parliament〈2016〉).
European Central Bank (2011),The Monetary Policy of the ECB (the third edition).
European Parliament (2016), "Why has ECB's very Accommodative monetary policy not yet triggered a Rebound of investment?" *Policy Department A: Economic and Scientific Policy*, Monetary Dialogue 21 June 2016.
Jacob Kirkegaard (2016), "Why the ECB's very Accomodative Monetary Policy has not yet triggered a Rebound in investment" (European Parliament〈2016〉).
Karl Whelan (2016), "Monetary Policy and Business investment in the Euro Area" (European Parliament〈2016〉).
Nils Jannsen,Martin Plödt (2016), "Business Investment after the Crisis and the Impact of Monetary Policy" (European Parliament〈2016〉).
Praet, Peter (2017), "The ECB's monetary policy:past and present", Speech at the Febelfin Connect event, Brussels/Londerzeel, 16 March 2017.

第 3 章

ECB の非標準的金融政策の効果と副作用
―― 量的緩和政策は実体経済にどのような効果をもたらしたか

はじめに

　ユーロ圏は 2008 年の第 I 四半期にリセッションに入り，金融危機が欧州全体を襲いかかると，2009 年の第 I 四半期に経済成長率は総崩れとなった。ポルトガル，アイルランドとギリシャでソブリン危機が発生し，ギリシャでは 2010 年，2012 年と 2015 年と断続的に発生した。

　欧州を襲ったソブリン危機は，銀行危機と流動性危機を伴う金融危機としての特徴を有する。ソブリン債の利回り高騰は市場金利を引き上げ，銀行の貸付を低下させることにより信用市場を収縮させた。また，バランスシートに多額の政府債を保有する銀行は，政府債の流通価格の下落による資産価値の劣化に直面した。国債利回りの上昇は民間部門の債券利回りに影響を及ぼし，民間債券価格の下落はまた，銀行資産を劣化させる。こうして資産リスクが高まると，銀行は将来の貸出を手控えるようになる。しかも，投資家はソブリン危機に陥る国から資金を引き揚げたため，貨幣市場からの資金流失により銀行は流動性危機に陥った。

　こうしたソブリン危機のドミノ現象を食い止めることを目的とし，また，物価の安定と金融システムの安定の維持を目的として，欧州中央銀行（ECB）は公開市場操作改革，債券購入プログラム，マイナス金利政策などの非標準的金融政策を行ってきた。さらに，ユーロシステム（ユーロ加盟国の中央銀行と ECB）は 2015 年 3 月から拡大債券購入プログラム（The expanded asset purchase programme: expanded APP）の下で公債の購入を拡大しながら未曽有の資金供給を始めた。この政策は，図表 3-2 で示すように証券購入によるマ

ネタリーベースを大規模に増加させる点で，アメリカの連邦準備制度（Fed）の量的緩和政策（The quantitative easing monetary policy:，以下 QE と略す）と共通した特徴をもつ．本章では，2015 年 3 月以降の ECB の expanded APP を通じた金融政策を量的緩和政策（QE）と定義しておく．

本章の目的は，欧州金融危機後の ECB の金融政策について QE を中心に考察し，QE の効果と副作用を評価することである．第 1 節では，非標準的金融政策の手段と政策の実際を紹介する．第 2 節では，QE の貨幣サイドと実体経済サイドに対する影響を考察する．金融波及経路の金融的側面に与える影響は，各国の金融構造の違いによりユーロ圏では異なるため，本来は各国別の検証が必要とされる．しかし，本章ではユーロ圏全体のマクロデータを考察することによって，ユーロ圏に与える影響を実証的に論じたい．第 3 節では，ユーロシステムの QE の副作用に焦点を当てて考察する．一方で，QE の目的はデフレ下のユーロ圏で物価水準を引き上げることある．しかし他方で，QE の狙いは，ソブリン債務の削減に取り組む債務国を支援し，不良資産の処理に苦慮する民間銀行を救済することにある．QE は 2 つの目的をもって実施された結果として，実体経済には負の影響をもたらしたことを論じる．

1．ECB の非標準的金融政策の実際

ユーロ圏の周辺国を襲った金融危機が実体経済への影響を深める中で，ECB は新しい金融政策の手段を次々に実行していった．その手法は公開市場操作改革，債券購入計画，およびマイナス金利政策によって構成される．これらの ECB の政策手段は ECB のウエッブサイトで詳細に説明されている．政策手段の要点を以下述べておこう．

最初に，公開市場操作改革をみておこう．2008 年 11 月に ECB の政策理事会は，①長期リファイナンス操作を頻度と規模を増加すること（対象とする国債満期を 6 カ月までとする），②全額を固定金利の入札を通じて，すべての流動性供給操作を実行することを決定した[1]．

2008 年 11 月，ECB は追加的な非標準的金融政策の実施を決定した．そこ

で合意された措置は，オペの対象を満期3年物とし，早期償還のオプションを有する2つの長期リファイナンス操作を含んでいた。第1回目のオペは2011年11月に実施され，第2回目は2012年2月に実施され，その時，南欧諸国は金融市場で緊張が高まる最中にあった。固定金利の入札で全額を買い入れる操作を通じて，ユーロシステムは，銀行がより長期の満期で安定的な資金調達へのアクセスを維持できることを保証しようとした[2]。

2012年8月2日，ECBは，適切な金融政策の波及経路を保証し，金融政策に対する強い意志を明確にすることを目的として，流通国債市場でユーロシステムによる国債買い切り操作に関する数多くの技術的特徴を発表した。これが，ドラギマジックと呼ばれるアウトライト債券取引（Outright Monetary Transaction: OMT）である。ECBは債務国の適切な条件下で満期1年から3年までの国債を無制限で購入すると発表した[3]。ただし，OMTは無制限であっても，無条件ではない。対象国の支援要請に基づき，欧州安定メカニズム（European Stability Mechanism: ESM）が発行条件で国債を購入することを前提にしており，その結果，対象国は厳しい緊縮財政や構造改革などの条件を課されることになる。しかし，最終的にはECBによる救済的金融支援が保証されるというアナウンス効果は，劇的に市場心理を転換させた。

2014年に，満期を4年までとし，用途を明確にする融資を金融機関に行うThe targeted longer-term refinancing operations（以下，TLTROs）が発表された。TLTROsは，民間部門の信用状況をさらに緩和し，実体経済への銀行の貸し出しを刺激するために，魅力的な条件で銀行融資を提供することを意図したものである。2014年6月5日に第1回目の一連のTLTROsが発表され，2016年3月10日に第2回目の一連のTLTROsが発表された[4]。

次に，債券購入計画をみておこう。2010年5月10日，ECBの政策理事会は，金融政策の波及経路機能を妨げているセグメント化した市場の深刻な緊張を改善するために，幾つかの措置を決定した。その処置の一つが証券市場プログラム（Securities Markets Programme: SMP）であり，それは，機能不全に陥った債券市場の深さと流動性を保証するために，ユーロ圏の民間債券市場および公債市場にECBが介入する措置である[5]。

その決定に基づき，2014年10月にユーロシステムは，第3回目のカバード

図表 3-1　ECB の政策金利

	預金ファシリティ	主要リファイナンス操作	限界貸付ファシリティ
2013 年 11 月 13 日	0	0.25	0.75
2014 年 6 月 11 日	-0.1	0.15	0.4
2014 年 9 月 10 日	-0.2	0.05	0.3
2015 年 12 月 9 日	-0.3	0.05	0.3
2016 年 3 月 16 日	-0.4	0	0.3

出所：ECB, Key ECB interest rates（https://www.ecb.europa.eu/stats/policy_and_exchange_rates/key_ecb_interest_rates/html/index.en.html,11-Aug-2017access）より作成。

債購入プログラム（a third covered bond purchase programme: CBPP3）の下で，カバード債券の購入を開始した。さらに，2014 年 11 月に，債券保証付き証券購入プログラム（the asset-backed securities purchase programme,: ABSPP）と続く。ABSPP は銀行の資金源を多様化し，新規債券の発行に刺激を与えることに役立つと予想された。

さらに，2015 年 1 月に ECB は拡大債券購入プログラム（The expanded asset purchase programme: APP）を発表した。その計画は，既存の CBPP3 と ABSPP に加えて，公共部門債券購入プログラム（public-sector purchase programme: PSPP）を導入するものである。この計画の背景には，低インフレ・リスクのユーロ圏全体における長期化，およびギリシャのソブリンリスクの他のユーロ圏周辺国への波及を食い止めたいという考えがあった。こうして，APP は，CBPP3，ABSPP および PSPP の 3 つによって構成されることとなる。

2015 年 3 月に，PSPP の下でユーロシステムが公共債を購入し始めることで，量的緩和政策（QE）はスタートした。PSPP によってカバーされる証券は，(a) 名目・インフレ連動政府債，(b) 認証された機関，地域・地方政府，国際機関またはユーロ圏に存在する多国間開発銀行によって発行された債券が含まれる。ユーロシステムの購入債の 90％は政府債とユーロ圏の認証機関の債券に対し，10％は国際機関と多国間開発銀行の債券に対し割り当てられた（2015 年 3 月から 2016 年 3 月まで，これらの数字はそれぞれ 88％と 12％であった）。

図表 3-2　ユーロシステムによる流動性の供給

(単位) 100万ユーロ

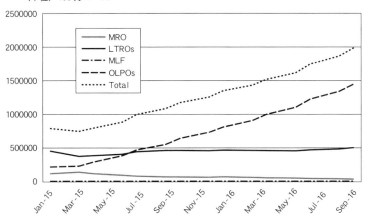

注：MRO; Main Refinancing Operation, LTROs; Long Term Refinancing Operations, MLF; Marginal Lending Facility, OLPOs; Other Liquidity Providing Operations.
出所：ECB, Statistical Data Warehouse, ECB/Eurosystem policy and exchange rates, Eurosystem balance sheet, 25-March-2017 access.

　最後に，マイナス金利政策を述べておこう。2014年6月12日にECBはマイナス金利政策を実施した。これは，ユーロ圏のインフレ率は長期にわたり2％をかなり下回ると予想されたため，ECBの政策理事会は政策利子率を引き下げることが必要であると判断したためである。2014年6月時点でECBの預金ファシリティの金利はすでに0％へ下げられており，リファイナンス操作金利は0.25％であった（図表3-1を参照）。リファイナンス操作金利が0.15％だけ引き下げられることにより，両金利のコリドーを維持するために，預金ファシリティ金利はマイナス0.1％まで引き下げられた。さらに，この政策金利は，2014年6月の0.1％から2016年3月の0.4％まで連続して引き下げられた。

　ECBの声明によれば，この金利引き下げは，中期にわたり物価安定の保証を意図した政策の組み合わせの一つであった[6]。ECBの預金口座に置かれる市中銀行の預金残高に対し手数料を課すことにより，市中銀行に貸付けの増加を喚起することが政策の意図である。では，マイナス金利政策により，銀行の貸付が増加し実体経済に影響を及ぼし，物価水準の引き上げる効果はあったのだろうか。この点については後述する。

中央銀行による国債購入は，マネタリーベースの増加をもたらす。ユーロシステムが2015年3月から債券購入計画に基づき，巨額の国債購入を始めると，ユーロシステムのマネタリーベースは劇的に増加した。図表3-2が示すように，マネタリーベースは2015年の1兆2,600億ユーロから2017年の2兆4,100億ユーロへと約2倍に増加した[7]。マネタリーベースの増加の主な項目は，ユーロシステムの債券購入計画の下で実施される「その他流動性供給操作」(Other Liquidity Providing Operations) である。

では，expanded APPを通じたユーロシステムのQEは金融市場と実体経済にどのような影響を及ぼしたのか。次節でこの点を述べていこう。

2．QEの金融的側面と実体経済的側面に与える影響

ECBの公式声明の中で，金融政策の波及経路の機能は政策の中心として繰り返し述べられてきた。波及経路が示していることは，QEがユーロシステムの国債購入を通じてどのように消費者物価の上昇を引き起こせるのかである。その波及経路は，長期的，多様な経路，かつ不確かなタイムラグによって特徴付けられる。ドイツ連銀報告書は，ユーロシステムによるQEの波及メカニズムの経路と理論を詳細に述べている[8]。報告書によれば，ポートフォリオ・リバランス・チャネルとシグナル・チャネルを通じた資産価格と利回りの変化は，QEがバランスシート・チャネルなどのチャンネルを通じて波及する条件を作り出す。金融の波及経路の理論的評価は本章では行わず，金融政策の波及経路はどのように機能しているのか。QEの効果を実証的にみてみよう。

最初に，市場利子率（名目利子率）への効果を述べておこう。10年物長期国債利子率の変化の要素を分解すれば，期待利子率とターム・プレミアムに分けられる。10年物利子率の低下は，低水準のターム・プレミアムと利子率期待の低下の両方によるものであるが，特に，2015年7月以降はターム・プレミアムの低下が重要な要素であった[9]。

ユーロ圏の政府債利回りは，2012年1月から2015年7月までギリシャを除いて収斂した。2015年7月の第3次ギリシャ金融危機を背景に一時的な利回

りの高騰が生じた後，2015年7月以降，ほとんどのユーロ圏国の政府債の利回りは低下していったが，ギリシャとポルトガルの利回りは高止まりしたままである。つまり，ユーロ圏内の各国の信用リスクの違いにより，政府債の利回りには大きな開きが生じている（図表3-3）。

政府債利回りの低下を受けて，銀行貸付金利はどのように変化したのか。非金融機関に対する銀行貸付金利は2011年末から次第に低下した。2014年6月にECBの金融緩和政策が発表された後，非金融機関と家計に対する融資の金利は，市場の参照金利よりかなり大きく低下した。このことは，銀行貸付金利への金融政策手段のパススルーの点で政策効果を示している，とECBは評価している[10]。

しかし，2015年以降のQEの効果に関して，ドイツ連銀は銀行の貸付金利が不安定であることを報告している。ドイツ連銀によれば，企業向け貸付の金利は相対的に不安定であり，2015年以降，多くの国では大きく変化しておらず，また，いくつかの国では金利の大きな変動が見られる[11]。このようにユーロシステムの政策当局の内部でもQEの市場金利への効果に関して評価は分かれている。銀行の貸付金利の低下は各国において異なり，しかも安定的に低下

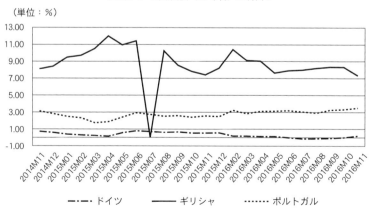

図表3-3　長期国債（10年物）の利回り

注：On the secondary markete with a residual maturity of around 10 years
（source）Eurosta,database（http://ec.europa.eu/eurostat/tgm/table.do?tab=table&init=1&language=en&pcode=teimf050&plugin=1, 2016年12月8日閲覧

しているわけではない。これは、ユーロ圏構成国の金融市場がそれぞれ異なった特徴をもっており、金融市場の分断化という現象は解消されていないからであろう。

次に、貨幣ストックと信用市場への影響をみてみよう。ユーロシステムによる政府債の購入は、先述したように、マネタリーベースを増加させる。ただし、マネタリーベースの増加が自動的にマネーストックを増加させるのではない。実体経済をベースにして貨幣需要が存在し、銀行の貸付取引によりマネーストックは増加する。

M1とM3の年間成長率は、2013年の間は減少し、2014年4月から増加し始めた。M3の成長率は2014年4月から2015年4月まで増加し、2015年4月から2017年2月まで5％を維持した。一方、M1の成長率は2015年4月（5.2％）から2015年7月（11.4％）まで増加し続け、2015年8月以降は8％と11％の間で推移した[12]。

M3増加の要因として、ユーロシステムの一般政府債の購入が挙げられる。これは、主として公共部門債券購入計画に基づいた購入によるものであり、M3の増加に積極的に貢献した（ECBのEconomic Bulletin（issue 21/2017））。しかし、中央銀行による政府債購入は、中央銀行のマネタリーベースを増加させるが、自動的にマネーストックを増やさないので、この報告書の内容は正確ではない。正確に言えば、ユーロ圏構成国の赤字国債発行による財政支出が民間部門の所得を増やし、銀行に預金されることにより、マネーストックが増加したのである。

ECBの報告書によれば、ユーロシステムの公共部門債券購入に加えて、M3の成長は一般政府への与信以外にも国内部門への与信によって支えられ続けている。これは、貨幣金融機関（Monetary Financial Institutions: MFIs）の長期金融負債の収縮が継続することと合わせて、民間部門への与信の回復によってもたらされていることを意味する[13]。

ここで、2015年からの信用創造による銀行融資の増加について言及しておこう。このことは、QEがいくつかのチャネルを通じたマネーストックの増加に貢献したことを示唆している。MFIによるユーロ圏居住者への信用成長率は2014年にマイナス0.4％、2015年0.6％、2016年に2.2％であった[14]。

貨幣需要はMFIsの貸借対照表における資金の借り手の項目から知ることができる。それによれば，ユーロ圏居住者への貸付の項目において，MFIsと保険会社及び年金基金を除く金融会社への貸付と債券投資の伸びが目立つ[15]。証券投資は資金を仲介するだけで新たな通貨を供給するのではないが，金融会社への貸付は信用創造による貨幣が新たに供給され，証券投資，不動産投資あるいは投機的商品への投資に向かうこととなる。

　では，GDP成長率と消費者物価はどのように推移しているのか。GDPの年間成長率は2014年に1.2%であり，2015年2%，2016年1.7%であった。GDPの動向は，2014年以降，緩やかな総固定資本形成の相対的な上昇と民間消費の弱い回復に特徴がみられた[16]。粗固定資本形成の増加率は，図表3-4が示すように，2015年第Ⅲ四半期から3%前後の足踏み状態であったが，2016年第Ⅳ四半期から上昇が目立つ。緩やかなGDP成長にも関わらず，消費者物価上昇率は2016年5月までマイナスか，ゼロのに近いレベルで推移した。HICPは2016年夏から次第に上昇し始めて，2017年2月には2%へ増加した。しかしながら，この期間の増加は主にエネルギー価格の上昇と，少ない程度であるが，食料品価格の上昇によって引き起こされた[17]。

　そこで，QEの実体経済に及ぼす影響を評価しておこう。まず，コーポレートファイナンスに関して，ミクロ視点からQEの効果は，加重平均資本コスト

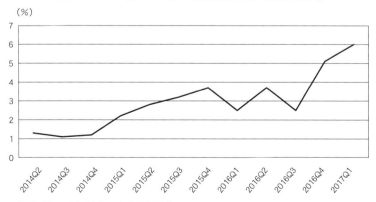

図表3-4　ユーロ圏（19カ国）の総固定資本形成（対前年同期比）

出所：Eurostat, databaeより筆者作成。

の引き上げが企業の設備投資を抑制したことである。企業は投資を決定する際に，事業からの期待収益率と資本コストを比較する。資本コストは，負債の資本コスト（金利）と株式の資本コスト（投資家が株式投資に期待する収益率）の合計である。負債の資本コストと株式の資本コストが分かれば，負債比率と株式比率をウエイトとして加重平均したものが加重平均資本コスト（weighted average cost of capital: WACC）である。グロスは，2016年時点で，株式リスク・プレミアムの上昇がWACCを上昇させた結果として，企業の設備投資への魅力を低下させたと述べた[18]。また，グロスによれば，株式リスク・プレミアムは，欧米経済がリーマンショックから回復してから，大幅な変動を伴いながら上昇傾向した。実際に，図表3-4が示すように，2015年第1四半期と第3四半期にユーロ圏の総固定資本形成が低下しているのは，こうした要因が作用した結果といえるのではないか。ただし，株式リスク・プレミアムが上昇する理由は明らかにされていない。

　次の視点は，QEのマクロ視点での実体経済への影響である。QEによりマネーストックは増加し，コア諸国の市場金利は低下していった。実際の設備投資は，図表3-4が示すように，ユーロ圏において2015年以降，緩やかに上昇した。GDP成長率は2015年以降プラス1.5%以上を記録している。これはQEの効果と評価してよいのか[19]。

　ここで，櫻川（2017）の議論を援用しつつ，ユーロシステムのQEの効果を述べておこう。フィッシャーの方程式を用いれば，利子率と物価の関係は以下の等式として表される。

　　　　名目利子率　=　実質利子率　+　期待物価上昇率

　名目利子率は実質利子率に期待物価上昇率を加えた値となる。実質利子率は長期的には経済成長率に近い値になるといえるであろう。2015年以降のユーロ圏は，実質GDP成長率は2015年2%，2016年1.8%とプラスであり，実質利子率もまた長期的にはプラスである。名目利子率がゼロ，実質利子率が2%ならば，期待物価上昇率はマイナス2%とならなければならない。つまり，QEと物価目標は両立しないで，デフレが生じる[20]。櫻川は日本におけるQEを批判的に論じているが，ECBのQEにも共通していえる。ユーロ圏でのQE

は政策当局の意図とは逆に，期待物価上昇率を引き下げる作用として働くであろう。

名目利子率がプラスの世界では，名目利子率を引き下げていけば，債券から実物資産へのシフトが起きて，消費や投資が活性化して景気を刺激する。しかし，名目利子率がゼロの世界では実物資産の収益を示す実質利子率と貨幣の収益率は等しくなる。実質利子率が1%であれば，物価上昇率はマイナス1%となり，デフレによるキャピタルゲインを表す貨幣の収益率もまた1%となる。もはや貨幣と実物資産の保有の差はなくなり，人々は貨幣を財の取引動機だけではなく資産としても保有しようとする。実物資産への資産シフトが起きるどころか，むしろ逆に実物資産を手放して貨幣を保有しようという力が働く。すなわち，「流動性のわな」が働く[21]。

先述したが，銀行貸付の貨幣需要は，企業の設備投資の他に，証券投資，不動産投資あるいは投機を目的とする商品購入がある。「流動性のわな」が働く市場では人々は取引需要としてではなく，資産需要として貨幣を保有する。こうした貨幣が投機を目的に金融資産へ投資すれば，資産価格のボラティリティーが高まる。

先に触れたQEの実体経済への効果について，QEの実施以降のGDP成長率の上昇および設備投資の増加は，QEの効果によるのではなく，不況から景気が調整される局面にあることによるものと考えられる。

3．QEの副作用

3.1　政府債市場の歪みと市場リスク

ドイツ連邦銀行総裁，バイトマンはユーロシステムによる政府債購入が金融政策と財政政策の境界を曖昧にしていると批判した。彼はECBの政府債購入に関して3点を指摘する。

第一に，ユーロシステムによる政府債の購入は政府債市場の秩序を歪めることにより，QEからの退出を困難にする点である[22]。2014年6月からユーロシ

ステムはマイナス金利政策を導入した。ユーロシステムはマイナス金利をカバーするために，国債の購入価格を額面価格より高くするまで国債購入を余儀なくさせる。これはますます国債市場における価格形成の歪みを大きくする。

　第二は，政府債の市場リスクの影響である。ユーロシステムによる政府債の購入は，中央銀行の貸借対照表を通じて財務リスクの再分配を引き起こすだろう。なぜならば，加盟国の納税者は，最終的に潜在的な中央銀行の債務を負うからである。財政リスクの再分配は，通貨同盟は個々の国家の責任に基づくので，通貨同盟の既存の規制枠組みとは相いれない概念であり，逆効果を招くだろう[23]。

　もしユーロシステムが購入した政府債が償還時期を迎えたとき，保有する政府債価格が額面価格を下回れば，損失を被る。ユーロ加盟国中央銀行の資本の損失は政府が補填する必要があり，最終的には政府債務を清算するために，国民は課税される必要がある。将来，ユーロ加盟国中央銀行の資産の損失を引き起こすような政府債利回りの高騰の可能性は否定できない。

　第三に，バイトマンは民間銀行における収益の低下に言及している。多くの銀行はマイナス金利の費用を預金者に転嫁することが困難である。それに加えて，ユーロシステムの政府債購入は市場金利を抑圧しているため，銀行は政府債保有によって生じていた収益の低下に直面している。収益率が低下する銀行にとって資本ベースを強化することは困難であろう。

　銀行の収益率に関して，Demartzis and Wolff によれば，ユーロ圏の銀行の収益率（2016年第Ⅱ四半期までの四半期ごとのファイル）は，2015年第Ⅳ四半期以降改善しているが[24]，そのレベルは，依然として2015年第Ⅰ四半期の水準以下である。

　以上のバイトマンの指摘した論点に加えて，QE の副作用の別の論点は，銀行の証券投資や不動産投資への傾斜である。消費者物価上昇率がマイナスのとき，実質利子率の負担は借り手にとって増加する。その結果，買入需要が低下するにつれ，銀行貸付量は低下する。それに加えて，銀行は ECB 預金のマイナス金利から生じる損失を民間預金者へ転嫁することができないので，銀行の収益は減少する。こうした中で収益をカバーしようとすれば，銀行はリスキーな業務へ走る傾向がある。

3.2 資産バブルの潜在的リスクの拡大

　QE の最終的目標は，消費者物価の上昇であり，ひいては名目 GDP の上昇である。実際に，超 QE の実施後（2015 年 3 月から），HICP と GDP 成長率は次第に増加し始めた。しかし，その一方で，QE は資産バブルの潜在的リスクを高めているのではないだろうか。ユーロシステムによる政府債の購入は，ユーロシステムのマネタリーベースを増加させる。先述したが，市中銀行にとっては政府債の売却により余剰準備が増加し，余剰資金は証券取引を仲介し，あるいは，証券投資や不動産投資を行う金融機関へ貸し付ける原資となる。

　貨幣の社会的需要は，投資や消費の実物の世界からの貨幣需要と，金融流通からの貨幣需要がある。後者は，債券流通の世界においては，有価証券の流通を媒介する貨幣の需要である。債券と価格と取引量が増加すれば，そこで求められる貨幣の分量も増加しよう。もう一つ，金融市場からの貨幣需要には，「金融市場における保蔵貨幣」と呼ぶべきものがある。投資家は債券価格の下落を待って，貨幣の形で保有するであろう。こうした金融流通からの貨幣需要に応じて，余剰資金は充用される。

　他方，貨幣ストックの増加とマイナス金利の状況で，投資家は証券投資を増加させている。Financial Stability Review によれば，債務証券の利回りが全体的に低下している環境で，2016 年時点で投資家はポートフォリオのより高いリスクと期間のリスクを次第に取ろうとしている。この行動は，投資適格債ばかりでなく，よりリスクのある分断化されたグローバルな確定利付債市場にも当てはまった。このことは，ユーロ圏の債券と株式の価格は高い浮動性を伴いゆっくり上昇し続けることが示している[25]。

　ユーロシステムの政府債購入は，マネタリーベースの創出により市中銀行の余剰準備を生みだし，余剰準備は信用創造の資金源となり，銀行の証券投資へ充用され，あるいは金融会社へ貸し付けられて証券投資あるいは不動産投資等へ向かう。こうして生じる資産価格の上昇の背景には，付加価値の裏付けのない政府債を ECB が購入することによる資金供給があるという実態を踏まえる

必要があろう。

結びに代えて

　以上，ECBの非標準的金融政策のQEを中心に考察し，QEの効果と副作用を述べてきた。アメリカのQEの副作用に関して，アメリカ連邦準備理事会（FRB）での議論を紹介しておこう。

　FRBの理事SteinはFRBの報告書の中でQEの副作用に関して，中央銀行のインフレ・ターゲットの欠点を次のように述べている。すなわち，中央銀行によって注入された余剰準備は，民間部門への貸付を通じてだけでなく，資産投資と金融技術を通じても流通する。いったん金融資産価格と不動産価格が陶酔感の拡大とともに上昇し始めると，中央銀行が市中銀行の信用拡大を規制することは困難である。こうして資産バブルは繰り返される[26]。SteinはFedのQEについて議論しているが，ECBについても当てはまる。

　最後に，QEの副作用として触れたユーロシステムの国債保有に伴う国民の納税について述べておこう。政府債の利回りがマイナス金利であることは，政府債保有者が実質的に課税されることに等しい。歴史を遡れば，1920年代後半にドイツでハイパー・インフレが発生したとき，政府債保有者に損失を負わせることによって，つまり，債券保有者から国家への資産の収奪という犠牲を払って，短期的に政府債務は削減された。しかし，マイナス金利政策が意味することは，金融資産は課税され，それによって長期的に政府は納税者の犠牲によって政府債務を削減していることにはならないだろうか。QE全体の評価をする上で，国民による納税の発生という副作用は留意すべきポイントであろう。

（松浦一悦）

注
1　ECB, Monthly Bulletin, June 2009, p.9.
2　ECB, Monthly Bulletin January 2012, Box 4, p.30.
3　ECB, Press Release, Technical features of Outright Monetary Transactions, 6 September 2012.

4 ECB, Press Release, ECB announces monetary policy measures to enhance the functioning of the monetary policy transmission mechanism, 5-June-2014.
5 ECB, Press Release, ECB decides on measures to address severe tensions in financial markets, 10 May 2010.
6 ECB, HP, statistics, ECB/Eurosystem Policy and exchange rates, key ECB interest rates, 2017年4月12日閲覧
7 European Central Bank Statistical Data Warehouse, http://sdw.ecb.europa.eu/browseChart.do?node=1497&SERIES_KEY=123.ILM.M.U2.C.LT00001.Z5.EUR, 2017年3月1日閲覧
8 Deutchebank, Monthly Report, June 2016, pp29-53.
9 Deutsche Bundesbank, Monthly Report, June 2016, pp.39-40.
10 ECB Economic Bulletin, issue 2, 2017, p.30.
11 Deutche Bundesbank, Monthly Report, June 2016, p.41のグラフが示すように，ドイツ，イタリア，スペインにおける企業向け貸付金利は2015年3月からのQE実施後，不安定に変動しているのが読み取れる。ポルトガルとスペインにおける同様の傾向は，以下のデータから見ることができる。Banco Portugal, Statistical Bulletien-February 2017, p38, A9 Banking and deposit, BAOCO DE ESPANIA, Statistical Bulletin, Deccmber, p.318.
12 ECB, Statistical Data Warehouse, Money, Credit and banking, 2017年3月1日閲覧
13 ECB, Economic Bulletin, issue 2/2017, p.27.
14 ECB, Economic Bulletin, issue 2/2017, Money and credit, Statistics 20.
15 ECB Economic Bulletin, issue 2/2017, Money and credit, Statistics 20.
16 ECB Economic Bulletin, Chat11, issue 2/2017, p.16.
17 ECB, Economic Bulletin, Chart 16, p.21, Eurostat, HICP (2015 = 100) - monthly data (annual rate of change) Last update: 31-03-2017, 2017年4月7日閲覧
18 Gros, Daniel, No.426, September 2016, pp.8-9.
19 ドイツ連銀の報告書で示される金融政策の波及経路には，「資産価格の上昇と利子率の下落→貨幣需要と信用供給の増加→インフレ率の上昇」という貨幣数量説に基づく因果関係が述べられているが，利子率の低下が貨幣供給量を増やすという点には注意を要する。なぜならば，貨幣ストックの増加は利子率の下落によるものというより，QEによる国債の大量購入による部分が大きいからである。利子率の低下は，貯蓄と投資にどのような効果を与えたのかという視点から見る必要がある。
20 櫻川 (2017), 61-62頁。
21 櫻川，2016年2月9日，日本経済新聞。
22 Jens Weidmann, 15.09.2016.
23 Ibid, Jens Weidmann, 15.09.2016.
24 Demertzis, M.and Wolff, G. B., Brugel Policy Contribution, Issue No.20, 2016, Figure 6, p.7..
25 ECB, Financial Stability Review, November 2016, p.7.
26 Jeremy C. Stain, February 07, 2013.

参考文献

Cinzia Alcidi, Matthias Busse and Daniel Gros (2016),'Is there a need for additional monetary stimulus? Insights from the original Taylor Rule', *Center European Policy Studies*, No.342, April 2016.
Daniel Gros (2016),'Ultra-low or Negative Yields on Euro-Area Long-term Bonds:Causes and Implications for Monetary Policy', *Center for European Policy Studies*, No.426/September 2016.

Deutsche Bundesbank Monthly Report (2016), The macroeconomic impact of Quantitative easing in the euro area, June 2016 29.
Diego Valiante (2015), The visible hand of the ECB's Quantitative Easing,No.407/May 2015.
European Central Bank Statistical Data Warehouse,http://sdw.ecb.europa.eu/browseChart.
ECB (2012), Press Release, Technical features of Outright Monetary Transactions,6 September 2012.
ECB (2014), Press Release, ECB announces monetary policy measures to enhance the functioning of the monetary policy transmission mechanism,5-June-2014.
ECB (2016), *Financial Stability Review*, November 2016.
ECB (2017), *Economic Bulletin*, issue2/2017.
ECB (2010), Press Release, ECB decides on measures to address severe tensions in financial markets,10 May 2010.
Jeremy C. Stain (2013), Overheating in Credit Markets: Origins, Measurement, and Policy Responses, Board of Governors of the Federal Reserve System,February 07, 2013, https://www.federalreserve.gov/newsevents/speech/stein20130207a.htm
Jens Weidmann President of the Deutsche Bundesbank (2012), Lessons from the crisis for monetary policy and financial market regulation, Keynote speech given at the Frankfurt Finance Summit, Frankfurt am Main, 20.03.2012.
Jens Weidmann President of the Deutsche Bundesbank (2016), Aspiration and reality: the situation in the European monetary union Speech at the Institut Ökonomie der Zukunft in Karlsruhe, 15.09.2016.
Maria Demertzis and Guntram B. Wolff (2016), "What impact does the ECB's quantitative easing policy have on bank profitability?", *Policy Contribution,Issue* No.20, 2016, brugel.
岩見昭三（2016）「ECBの『非伝統的金融政策』（1）―企業向け銀行貸出効果の検証―」『社会科学雑誌 14 巻（2016 年 6 月），85-121 頁。
奥田宏司（2017）「『『リフレ派』の『理論』と QEE の時期の為替相場の諸規定要因―『リフレ派』の主張の変化，マネーストックの把握，原油・天然ガス輸入―」『立命館国際研究』30 号 113-139 頁。
翁邦雄（2016）「金融政策の総括検証の評価③」『日本経済新聞』2016 年 10 月 3 日朝刊。
櫻川昌哉（2017）「長期的な名目ゼロ金利の経済分析」『金融経済研究』第 39 号，2017 年 3 月，57-66 頁。
高屋定美（2015）『検証 欧州債務危機』中央経済社。
水野和夫（2016）「資本主義の終焉 マイナス金利の真実 国民の金融資産を目減りさせる国の借金を減らす恐ろしい時代の突入」毎日新聞『週刊エコノミスト』2016 年 4 月 12 日号，第 94 巻第 16 号，80-83 頁。

第 4 章

EU における産業集積と地域間格差
—— 「同盟の地域的結束」は実現できるのか

はじめに

　2016 年 6 月に実施されたイギリスの EU 離脱を問う国民投票では，離脱賛成が 52％，残留賛成が 48％であり，両者は比較的接近していたが，地域によって投票結果は大きく異なっていた。イングランドやウエールズでは，おおむね，大都市では残留が多数派で，農村部や地方都市では離脱が多数派となった。この地理的相違には，後に見るように，経済的な理由が大きく関わっている。

　こうした傾向は 2017 年 5 月に実施されたフランス大統領選決選投票でも現れた。EU 統合推進派のマクロン候補の得票率はおよそ全体の 2/3 で，反 EU を掲げるルペン氏の得票率はおよそ 1/3 であったが，フランス北西部などの製造業の衰退地域や農業地域ではルペン氏支持が比較的多く，いっぽう大都市ではマクロン氏支持が多数を占めており，パリでは 90％であった。

　このように，欧州統合を推進する自国の与党への反発や，欧州統合そのものへの反発が広がり，主要国を中心に欧州統合に懐疑的な世論が特定地域や階層で強まりつつある背景には，域内の地域間格差の問題がある。この章では，まず第 1 節において，EU 統合が深化する中で加盟国の多様性が高まった結果，EU 域内で地域間格差が進展している現状を統計によって分析する。第 2 節では，ユーロが導入される前に，通貨統合に伴う域内格差拡大の可能性を指摘していた研究を検証し，統合の進展と格差拡大との関連を考察する。第 3 節では格差拡大に対する EU の政策の現状を概観し，最後に，今後必要となる政策を考察する。

1．EU 域内における地域間の経済格差の現状

　EU 統合が加盟国間の経済格差に及ぼした影響についての研究は数多いが，既存の研究は，国家を分析単位として，脆弱で不安定な南欧などの周辺地域と，強靭で安定した北欧や西欧の中核地域という両極への分裂が深まっているとする結論が多い[1]。しかし，域内市場統合が完成し，多くの加盟国にユーロが導入されて，域内の経済活動の一体化が進んだ結果，北欧や西欧の国内の各地域に一様にプラスの影響が及んでいるのであろうか。また，南欧や中東欧の国内の各地域には，マイナスの影響が一様に広がっているのであろうか。本節では全体的な検証を，EU が公表している地域別のデータを用いて行う[2]。

　まず，EU が公表している一人当たり地域 GDP を地域ごとの購買力平価で調整したデータ[3]を用いて検証する。EU28 の平均値に対する比率で見ると，2015 年の最低はブルガリア北西部の地域で平均値の 29％，最高はロンドン中心部西地区[4]の 580％である。50％未満は 18 地域で，ブルガリアが 5，ハンガリーとポーランドがそれぞれ 4，ルーマニアが 3，ギリシャが 2 であり，下位は中東欧や南欧[5]の各地域で占められている。いっぽう 150％以上は 20 地域で，ドイツが 5，イギリスが 4，オーストリアとオランダが 2，ベルギー，チェコ，デンマーク，フランス，スロバキア，スウェーデン，ルクセンブルクが 1 である。100％以上の地域は，各国の首都圏，旧西独・オランダ・ベルギーの多くの地域，イタリア北部やイギリス南西部で占められている。このように現時点での一人当たりの地域 GDP の格差は大きく，また豊かな地域は，製造業やサービス業において競争力の高い地域に集中しており，中東欧や南欧の周辺部は多くが相対的に貧しい地域となっている。

　いっぽうで，2004 年と 2015 年の EU28 の平均値に対する比率を比較してみると，中東欧地域の伸びが大きくなっている。この期間の伸びの大きさの 1 位から 39 位までが中東欧諸国の各地域で占められており，1 位はルーマニアの首都圏で，2004 年には EU28 平均の 72％であったのが 2015 年には 136％に伸びている。また，ルーマニアの全 8 地域のうち 7 地域が上位 10 位以内に入っ

ている。次に同じ期間で比率が低下した地域を見ると，1位から13位まですべてギリシャの地域で占められており，1位は2004年にはEU28平均の91％であったのが2015年には58％に落ちている。ただ，比率が低下したのは，経済危機の影響を強く受けたギリシャにとどまらず，スペインやイタリアのほか，イギリスやフランスなどの西欧諸国の地域も多く含まれている。

　ここで，2004年の値がEU平均以上の地域と平均未満の地域を，2015年に変化した方向で分類すると，国ごとに明瞭な傾向が現れる。各地域は，①2004年に平均以上で2015年に伸びた地域，②2004年に平均未満で2015年に伸びた地域，③2004年に平均以上で2015年に低下した地域，④2004年に平均未満で2015年に低下した地域に分かれる。EU全体から見ると，①と④は地域間格差拡大，②と③は地域間格差縮小の方向に変化していることになる。

　まず，中東欧諸国は全56地域のうち，②が52地域を占める。2015年に低下したのはスロベニア[6]の2地域のみである。いっぽう，南欧諸国は全62地域のうち，③が23，④が37となっており，2015年に伸びたのは2地域のみである。そして北欧と西欧では，全153地域のうち，①が41，②が14，③が60，④が38であり，格差拡大と格差縮小の方向に変化している地域がほぼ同数であるが，国ごとの違いが大きい。イギリス，フランス，オランダではほとんどの地域が2015年に低下しており，④の地域がイギリスでは全40地域のうち15地域，フランスでは全22地域のうち15地域に及んでいる。いっぽうドイツでは全38地域のうち，①が23，②が9，③が6，④が0である。旧東独の地域はすべて②に含まれていて，格差縮小を示しているが，いっぽう旧西独の産業集積が進んだ地域の多くが①に含まれていて，こちらはEU全体にとっては格差拡大を意味する。オーストリアとデンマークも同様の傾向を示しており，①が最も多い。EUの全271地域のうち，①は43地域であるが，ドイツおよび近隣のオーストリア，デンマーク，ルクセンブルク，ベルギーで38地域を占めている。

　このように，EU域内の各地域の格差拡大と縮小は，地理的な相違が明瞭である。中東欧ではほとんどの地域が格差縮小の方向に上昇している。いっぽう南欧では6割の地域が格差拡大の方向に低下している。また北欧と西欧では，格差拡大の方向に上昇している地域と格差拡大の方向に低下している地域がそ

れぞれ1/4ほどであり，そして前者はドイツとその近隣の国に集中し，後者はイギリスとフランスに集中している。

　以上から，一人当たりGDPの地域間格差は依然として大きく，中東欧は西欧の水準を大きく下回っているものの，中東欧の各地域の伸びは全体の平均と比べて高く，また特定地域にとどまらず全体的に伸びていることがわかる。いっぽう，西欧や南欧の地域の多くの伸びは全体の平均を下回っている。これは，中東欧の各地域の伸びが高くなっていることの反映でもあるが，それでも，西欧や南欧には，特に伸びが全体平均を大きく下回る地域が目立つ国がある。その反面，西欧の中でも，ドイツとその近隣の一部の国には，伸びが全体を上回る地域が集中している。したがって，地域ごとのGDPでみると，中東欧の各地域は依然として西欧との格差が大きいものの徐々に収斂が進んでいるが，南欧は落ち込みが大きく，また西欧では，伸びが全体平均を下回る多くの地域と，上回る一部の地域との差が大きくなっている。すなわち中東欧諸国の収斂が徐々に進むいっぽうで，西欧諸国内での格差が拡大している。

　労働生産性も同様の傾向を示している。各地域の粗付加価値額を総労働時間で除して得られる労働時間1時間当たりの粗付加価値額[7]をみると，2014年の中央値は34.65ユーロであるが，最大はロンドン中心部西地区の179.25ユーロで，この数字は2位のルクセンブルクの73.4ユーロと比べても突出した高さになっている。最小はブルガリア南部の地域の4.69ユーロであり，低い順で見ると，1位から41位まではすべて中東欧の各地域で，また75位まではすべて中東欧またはギリシャとポルトガルの地域である。中東欧・ギリシャ・ポルトガルの全地域がこの75位までの中に入っており，極端な地域間格差が明瞭に現れている。高い順で見ると，上位82位までが北欧と西欧で占められている。

　また，2008年と2014年の値を比較すると，ここでも西欧や北欧の中での地域間格差が顕著になっている。それぞれの年での全地域での順位をとって，その間の順位の変動を見ると，ドイツの上昇とイギリスの下落が目立つ。15位以上順位が上昇したのは18地域で，ドイツが8，オーストリアが5，イギリスが2，エストニアとマルタとフィンランドが1地域である。いっぽう15位以上順位が下落したのは17地域で，イギリスが7，オランダが4，イタリアが

3，ドイツとスペインとギリシャが1地域である。

　ここでイギリスのデータをみると，2014年に1位のロンドン中心部西地区は2008年でも1位で，またこの間の上昇率は25.6%とイギリスで最大になっている。また全40地域のうち，10%以上上昇したのは12地域で，いっぽう5%以下となったのは11地域で，そのうちマイナスが4地域[8]である。このようにイギリスでは地域による労働生産性の変化の違いが大きく，生産性が高い地域でも，伸びが停滞し，マイナスになっている地域も見られる。以上のように，労働生産性の変化については，西欧の各地域で上昇と停滞の違いが大きくなっている。

　次に，各地域の総労働時間の2008年から2014年の変化を見てみると，減少率が−15%を超えるのは31地域で，スペインが12，ギリシャが11，ブルガリアとポルトガルが3，アイルランドとラトビアが1であり，経済危機が南欧地域の雇用に深刻な打撃を与えたことがわかる。いっぽう，全227地域のうち151地域がマイナスとなる中で，5%以上増加した地域が19で，そのうちイギリスが12，ドイツが3，ルクセンブルグ，マルタ，ポーランド，スウェーデンが1である。このうち1位はロンドン中心部東地区[9]で増加率は23.9%，2位はロンドン周辺部東・北東地区で18.1%であり，EUのほとんどの地域が減少か横ばいであるのと比べて，両地区は突出した値になっている。前述のように，両地区は労働生産性の伸びがマイナスとなっており，この地区の総労働時間が伸びたのは生産性の低い労働に携わる移民の増大が大きく影響していると考えられる。このように総労働時間は，南欧が著しく減少し，ほかにも減少した地域が多いが，西欧を中心とした特定の地域では伸びており，格差が拡大している。

　そして各地域の失業率のデータ[10]を見ると，2016年では，EU28の平均の8.6%に対して，20%を超えた地域が19あり，そのうちギリシャが9，スペインが7，イタリアが3である。また15%以上20%未満の地域は13で，スペインが6，ギリシャが4，イタリアが2，ベルギーが1であり，ギリシャはすべての地域が，スペインは全19地域のうち13地域が15%以上である。いっぽう，4%未満の地域は45で，ドイツが17，イギリスが13，チェコが5，ハンガリーとオーストリアが3，イタリア，ベルギー，オランダ，ルーマニアが1

である．次に，経済危機が進行する前で多くの国のデータが揃う2007年の数字を見ると，EU28の平均は7.2%で，20%を超えたのはスペインの1地域のみである．15%以上20%未満は7地域で，ドイツが4，スペイン，ベルギー，スロバキアが1である[11]．ドイツの4地域はいずれも旧東独であり，旧東独の全8地域が失業率上位の13位以内に入っている．いっぽう，4%未満は38地域で，オランダが10，イギリスが9，イタリアが7，チェコ，デンマーク，オーストリアが3，ベルギーが2，キプロスが1である．

　2007年と2016年を比較すると，EU平均の数字はさほど変わらないが，失業率が高い地域と低い地域の構成が大きく異なっている．2016年では，経済危機の打撃が大きい南欧が著しく高く，ドイツとイギリスの低さが目立つ．いっぽう2007年では，低失業率の上位にドイツが含まれておらず，高失業率の上位に旧東独地域が並んでいる．この期間の変化を検証するために，2016年と2007年の数字の差をとると明らかな傾向が現れる．失業率が10ポイント以上高くなったのは19地域で，ギリシャが11，スペインが7，イタリアが1である．また失業率の上昇幅が5ポイント以上10ポイント未満は29地域で，スペインとイタリアが11，ギリシャとポルトガルが2，フランス，クロアチア，キプロスが1である．いっぽう，失業率の下落幅が5ポイントを上回ったのは12地域で，ドイツが9，ポーランドが2，ハンガリーが1である．また下落幅が3ポイント以上5ポイント未満となったのは30地域で，ドイツが17，ポーランドが9，チェコ，ハンガリー，スロバキア，ルーマニアが1となっている．このように，ドイツと一部の中東欧地域で，経済危機を挟んだ期間にも関わらず，失業率が大幅に改善している．とりわけ旧東独は，全8地域が下落幅の大きい上位8位を占めており，また旧東独だけでなく旧西独も下落した地域が多くなっている．いっぽうで，南欧の地域でこの期間に失業率が大きく上昇したことが確認できる．

　次節で検討するように，地域間格差が大きいときに調整の役割を果たすと想定されるのが労働力移動である．特に単一通貨を導入しているか，または自国通貨と単一通貨の為替相場の変動を一定以内に抑えている場合，為替相場による調整ができないため，労働力移動が重要な役割を果たすことが最適通貨圏の理論により指摘されてきた．いっぽうで，EU域内で国境を超える労働力移動

が自由になっても，言語や文化の違いにより，労働力移動は限定されるという指摘も多い。ここで，地域別の統計[12]により，人口移動の現状とその地域ごとの違いを検証する。まず2014年では，変動幅が−0.5%〜+0.5%の地域が全271地域中の184地域に上っており，全体のおよそ三分の二の地域では人口流出入による変動は小幅である。流出率上位10地域は，スペインが4，ポルトガルが2，ギリシャ，ハンガリー，キプロス，アイルランドが1であり，南欧地域が多くなっているが，流出率は1位のキプロスで−1.74%，10位のスペインのリオハ地域で−0.51%である。また，流入率上位10地域は，ドイツが4，イギリス，フランス，スウェーデン，チェコ，オーストリア，ルクセンブルクが1とほとんどが西欧であるが，流入率は1位のルクセンブルクで+1.99%，10位のイギリスのコーンウォル地域で+0.95%にとどまる。このように上位の地域を見ても，大幅な流出入超過は起きていない。

　次に，経済危機の影響が出る前の2007年では，変動幅が−0.5%〜+0.5%の地域が全265地域中の165地域であり，2014年と比べて若干少なくなるものの，全体の6割以上の地域で，人口流出入による変動は小幅である。ただ，流出入が多い地域の分布は，2014年と異なる。流出率上位10地域は，ドイツが3[13]，ハンガリーとブルガリアが2，フランスとリトアニアとスロベニアが1であり，流出率は1位のブルガリア北西部の地域で−0.88%，10位のフランス北部のカレー地域で−0.44%である。いっぽう流入率上位10地域は，スペインが8，チェコとキプロスが1で南欧地域への流入が多くなっており，流入率は1位のスペインのバレアレス諸島地域[14]で+3.22%，10位のキプロスで+1.99%である。特にスペインは，データが得られる2000年から経済危機が本格化する直前の2008年まで+1〜2%以上の流入超過が続いたものの，2009年以降は流出超過に転じた地域が多くなっている。

　ここで2007年と2014年の増減率の値の差をみると，大きく変化した地域が明瞭に現れている。1ポイント以上減少したのは28地域で，スペインが17，イタリアが4，アイルランドとポルトガルが2，キプロス，チェコ，ギリシャが1である。スペインをはじめとする南欧地域は，2007年の増加率が高く，2014年には大きく低下したことから，減少幅が大きくなっている。いっぽう，0.5ポイント以上増大したのは36地域で，このうちドイツが30地域を占める

という極端な状況になっており，このほかは，オーストリアが3，ルクセンブルク，スウェーデン，スロバキアが1である。2007年ではドイツの各地域の増加率は低く，減少している地域もあったが，2014年では増加率が高くなったため，増大幅が大きくなっている。旧東独8地域のうち，データが得られる6地域は，いずれも増大幅上位12位以内に入っている。このように，EUの各地域では，人口流出入による人口増減は概して小幅にとどまっており，地域間の経済格差を調整するような大規模な労働力移動は見られないが，地域間格差の拡大が人口移動にも反映しており，経済危機の前後で人口流出入の変化が大きかったのは，流入が大きく落ち込んで流出も増えたスペインと，流入が増えたドイツである。

　以上のように，一人当たりGDP，労働生産性，総労働時間，失業率，人口移動について，地域ごとの統計を検証して，現状および経済危機前から現在までの変化を分析すると，現状では西欧と中東欧の格差は依然として大きいが，一部の中東欧地域は収斂の傾向を見せている。そのいっぽうで，経済危機による打撃が大きい南欧の落ち込みが大きくなり，格差が拡大している。また西欧の中でも，ドイツとその近隣国の地域や，ロンドンのように成長極となっている地域の伸びが目立ついっぽうで，停滞し落ち込みが目立つ地域も多い。欧州の経済危機は，こうした急激でしばしば極端な変化をもたらした要因の一つであるが，経済危機を挟んだ期間に大きく好転している地域がドイツとその近隣や一部の中東欧にあること，そして，一国内に好転している地域と停滞や悪化を示している地域がともに存在することは，経済危機だけでは説明できない。次節では，欧州統合にこうした変化をもたらすメカニズムが内在していることが，EMUの開始前から一部で指摘されていたことを検証し，このメカニズムを再考する。

2．EMUと域内の地域間格差拡大

　欧州委員会は，EMU第一段階が始まった1990年に『一つの市場，一つの通貨』と題する報告書を発表した。副題は「経済通貨同盟の結成にあたって生

じる潜在的な便益と費用の評価」であり，EMU 完成にあたっての事前評価である。しかし，この主要な執筆者であった Daniel Gros がのちに述懐するところでは，この報告書の主張は，タイトルを見ると「単一市場は単一通貨を必要とする」のように見えるが，結論は「単一通貨は単一市場を創出する」であった（Gros, 2017, p.5）。その後も，通貨統合に参加すれば，各国は事後的に通貨統合参加条件をクリアし，ユーロ圏はユーロ導入によって内生的に最適通貨圏になるだろうという主張が注目された（Frankel and Rose, 1997）。通貨統合参加条件と最適通貨圏の条件は異なるものの，こうした条件を満たせば通貨統合は成功し，しかも，条件が整っていなくても単一通貨を導入すれば次第に各国が収斂して条件は満たされるであろうという楽観論が，当初は広まっていた。

　『一つの市場，一つの通貨』のもう一人の主要な執筆者であった Jean Pisani-Ferry によると，EMU の問題点は，以前から問題が指摘されていたにも関わらず広く認識されていなかった点と，以前は問題があることも気づいていなかった点に分かれる（Pisani-Ferry 2013）。彼が前者の一つとして挙げているのは，EMU の進展が単純に域内の収斂をもたらすわけではないという Krugman の批判である。Krugman は 1993 年の論文において，『一つの市場，一つの通貨』の問題点を分析しており，経済統合によって域内の各地域での特化が深化すると，商品への選好や技術変化による特定地域への打撃が深刻になることが，非対称的なショックの影響を扱う箇所でも看過されていると批判している（Krugman, 1993, p.260）[15]。この批判は，Blanchard と Katz がアメリカ国内の地域間格差を分析した論文（Blanchard and Katz, 1992）で，統合後の欧州にも同様の可能性を指摘したことに触発されている。また，こうした地域間格差の拡大は，かつて Myrdal や Kaldor も指摘していた点であった（Myrdal, 1957: Kaldor, 1970）。

　Krugman などの指摘のように，通貨統合は，域内での貿易と投資の拡大を通じて，域内全体の中での各地域の特化を促し，各地域の産業が再編され，特定地域での産業集積が外部経済効果も相まって進展する。通貨統合に参加する国の数や多様性の増大は，この再編の程度を大きくする。域内の各地域で特定産業の集積が進展し，そこで生産された商品の取引が域内全体で拡大すると，域内分業の拡大による効果と集積がもたらす効果を通じて，域内全体に利益を

もたらす。
　しかし，各地域の産業が再編されて成長産業と衰退産業に二極化する中で，一時的にせよ多大な調整コストが生じる。衰退産業の労働者が成長産業に移動するには相応の時間とコストが必要となる。通貨統合がもたらす利益は域内全体に及ぶのとは対照的に，こうしたコストは特定地域に集中する。また，産業が再編されてからも，特定地域に集積した産業が，商品への選好や技術変化などの一時的ではない要因で経済的な打撃を被っても，通貨統合に参加してしまうと，その調整を為替相場の変動や為替取引の制限に頼ることはできない。また特化が進展して地域の産業の多様性が失われると，特化した産業への打撃が生じた場合，地域への影響は大きくなる。
　EMUの下では，資本や労働は国境を超えて域内を自由に移動できる。しかしこの自由な移動が地域間の格差を縮小させずに，逆に拡大させる側面も存在する。資本移動は，制度的な障壁の撤廃と通貨統合による為替変動リスクの消滅に伴って活発になる。域内で特定地域の産業への需要が高まって，当該産業への投資による利益が見込まれると，域内からの資本流入が活発になり，当該産業はさらに成長する。しかし，この種の資本移動は景気変動を増幅させる効果をもつ。リーマンショック後に南欧諸国の観光産業に顕著にあらわれたように，過大な投資の流入は，需要の減少がもたらす打撃を高める。
　また，労働力移動による人口減少は消費需要を縮小させて，地域の経済活動をさらに減退させて，地域間格差拡大を拡大する。もっとも，国境を超える移動は，制度的な障壁が撤廃されても，言語や文化，習慣の違いなどの社会的な要因が制約となって，すでに前節で検証したように，活発にならない場合が多い。こうすると失業率が高まっても高水準の失業率が持続する恐れが生じる。したがって，EMUが加盟国内の各地域にもたらす問題は構造的である。
　一国内で地域間格差が拡大した場合は，国内での所得移転により是正される仕組みが存在する。カルドアは，一国内では地域間の成長率の差が大きくても，一人当たりの実質所得の差はそれほど大きくないことを指摘し，その理由として，労働力移動が起きやすいことのほか，労働組合が一国単位で組織されて団体交渉を行うため，地域が違っても概して実質所得が同じような歩調で動く傾向があること，失業給付などの公的支出や税制が共通であるためビルトイ

ンスタビライザーが自動的に働き，地域間の商品の移出入額の差も財政支出で相殺されることを挙げている（Kaldor, 1970）。労使交渉による賃金決定や財政政策は，戦後の西欧諸国内の格差を是正する柱となってきた。しかしこの2つの柱は，統合が進展した現在でも，基本的に一国単位で運営されており，域内全体での格差是正の役割は果たさない。さらに，一国内での格差是正に果たす役割も低下している。ユーロ圏では各国の財政政策に対する厳格な規則が強化されている。また近年は労働組合が弱体化して団体交渉による賃金決定のカバー率が低下している。

　財政政策や社会政策，それに労使交渉は加盟国が単位となって決定されて実行される一方で，域内での経済活動の統合が深化するという齟齬は，EUで様々な問題を生み出しているが，EUの地域政策にとっても新たな課題をもたらしている。次節ではその現状を概観し，今後必要となる政策を考察する。

3．EUの地域政策の課題

　通貨統合後の調整の手段としてたびたび挙げられるのは，当該地域の物価や賃金水準の変動，労働力移動の円滑化や労働市場の弾力化と，財政移転であるが，EUでは，政治的決定を必要とし，財政規模の制約がある財政移転よりも，市場による調整が重視されていった。かつて欧州諸国の特徴であった労働者の雇用や賃金の保障の強固さは，労働市場硬直化を招いて労働市場不均衡を持続させているという批判をもたらし，各国で労働市場の弾力化を進める改革が進められた。しかしこの改革によって，通貨統合に伴う産業再編や，再編後の特定地域への経済的打撃に対処するには，失業者への給付や職業訓練が必要となる。

　かつては，地域の重要な産業が危機に陥ると国家が様々な支援策をとってきた。しかしEUは競争政策を厳格化して，加盟国政府による産業縮小対策を制限または禁止するようになり，加盟国は，衰退産業への補助金や債務保証，税制優遇措置といった公的支援や，支援の見返りとしての国内生産や雇用の継続要求，自国企業買収の制限といった措置を取りにくくなった。このため，地域

の雇用を長年支えてきた産業が再編の対象になるケースが多くなっている。

EU 統合の深化の中で生み出された問題ならば，EU レベルでの対応が必要になる。いうまでもなく，リスボン条約 174 条[16] に明記されているように，統合に参加した国の内部の各地域に対して適切な政策をとる必要性は EU においても認識されている。ここで重要となるのは，EU 域内の各地域への EU を単位とした財政移転の仕組みである。この主要な仕組みとして，欧州構造投資基金（ESIF）[17] が存在する。ESIF に含まれる基金のうち，域内の各地域を対象とする基金には，欧州地域開発基金（ERDF）と欧州社会基金（ESF）のほか，農業や農村部対象の基金（EAFRD）がある。対象となる地域は，一人当たり GDP の EU 平均との比率によって三分類され，平均の 75％を下回る地域は「発展が進んでない地域」[18]，75％から 90％の地域は「移行中の地域」[19]，90％を上回る地域は「発展が進んだ地域」[20] に区分されている。2014 ～ 2020 年の予算額は，ERDF が 1874 億ユーロ，ESF が 864 億ユーロ，EAFRD が 956 億ユーロである。

このうち ERDF は，欧州の各地域の発展の格差を是正し，また山間部や島嶼部など自然環境や地理的に不利な条件にある地域の開発を支援することを目的としている。ただ重点項目は，イノベーション，デジタル技術，中小企業対策，低炭素経済への対応となっており，相対的に豊かな地域ほど，これらの重点項目を中心に予算が充てられて，それ以外には利用が制限される仕組みになっている。ESF は，ローマ条約の下で導入され，すべての地域が利用できる。支援対象は，雇用促進，転職の支援，社会的包摂の促進と貧困対策，教育や技能向上と再訓練への投資などである。このほか ESIF に含まれる結束基金は，一人当たり GNI が EU 平均の 90％以下の加盟国が対象である[21]。

以上のように，これらの基金の主な対象は中東欧諸国内の各地域と南欧諸国内の周辺部，および西欧諸国内の産炭地や重厚長大産業が立地する地域であり，EU 加盟時から経済発展が遅れた地域や，以前から衰退産業を抱えた地域の産業構造の転換やキャッチアップが主な目的である。したがって，前節で指摘したような新たな地域間格差の拡大には制度上，十分に対応できない。結局のところ，こうした問題への対応は加盟国に任されているものの，加盟国の財政規律が強化されている現状では，各国は必要な財政政策をとりにくくなって

いる。

　本章で分析したように，EU 統合の深化と経済危機の影響によって，雇用が激減して失業率が増大し，一人当たり実質 GDP や労働生産性が低下する地域が増大する一方で，雇用が増大して失業率も低下し，一人当たりの実質 GDP や労働生産性が上昇して反映を享受しながらも，イギリスの一部の地域のように，域内外からの人口流入により，公共サービスに負担がかかって地域の財政が逼迫し，住宅価格や家賃の上昇に直面する地域も現れている。このような地域の急激な変化と EU 統合の深化との関連に人々がますます敏感になっているにもかかわらず，発生した問題はもっぱら地域や自国の資源で解決するように迫られれば，人々の EU への不満が高まる。EU による地域への財政移転の制度は各種存在するが，EU が掲げた優先課題への対処を優先する現状では，喫緊の課題への対応には不十分であり，そして官僚による裁量が必須となって意思決定に関する批判を招く。いっぽうで政治的な裁量を必要とするような EU 規模での財政移転が現実的ではないとすれば，域内市場がもたらす利益の一部を，Kaldor などが早くから指摘したように，EU の枠組みで自動的に再配分する仕組みの検討も必要となるであろう。

（松永　達）

注
1　例えば（Fingleton et al., 2015）。
2　EU の統計では，加盟国国内の各地域は NUTS という単位で分類されている。最も広範囲の地域分類は NUTS1，それより狭い地域分類は NUTS2，さらに狭い地域分類は NUTS3 である。ルクセンブルク・バルト三国・キプロス・マルタといった小国は，一国全体が NUTS2 に分類されている。
3　NUTS2 に基づく全加盟国の 269 地域のデータを用いた。フランスの海外県 5 地域と，2015 年のデータが得られないアイルランド 2 地域は分析から除外している。
4　官庁街や金融街のシティ，主要な繁華街が含まれる。
5　この章では，2004 年以降に加盟した旧社会主義国を中東欧，ギリシャ・イタリア・スペイン・ポルトガルを南欧，デンマーク・スウェーデン・フィンランドを北欧，それ以外の 2003 年以前からの加盟国を西欧と表記する。ドイツは旧東独も含めて西欧とする。
6　ユーロを 2007 年に導入した。中東欧諸国の中では最も早い。
7　雇用形態が多様化して，一人あたりの労働時間の違いが大きくなっているため，分母として，労働者数ではなく，より実態を反映すると考えられる総労働時間を用いた。データは NUTS2 の地域のデータを抽出し，最も多くの地域のデータが揃う 2008 年と 2014 年の数値を分析した。NUTS2 に含まれるフランスの海外県 5 地域は，分析から除外している。また，労働時間のデータの欠落に

より，ベルギー，クロアチア，キプロスは両年とも除外し，フランスとルーマニアは 2014 年のみ対象としている。2014 年のデータは全部で 257 地域，2008 年のデータは全部で 227 地域である。

8　この中に，ロンドン中心部東地区とロンドン周辺部東・北東地区が含まれており，近接するロンドン中心部西地区と著しく対照的な値となっている。ロンドン中心部東地区の実質粗付加価値額の伸び率は高いが，総労働時間で割った値が低いのは，後述のようにこの地域の総労働時間が急激に伸びているためである。

なお，EU 全体で伸び率がマイナスとなったのは 22 地域で，内訳は，イギリス 4 地域のほか，ギリシャが 12 地域，チェコが 5 地域，スペインが 1 地域となっている。

9　ロンドン中心部東地区は，テムズ川沿いのドックの閉鎖などにより，長らく衰退が続いた地域であったが，一部の地域は，再開発により超高層ビルが林立する金融街に変貌した。また，ロンドンオリンピックがこの地域で開催され，関連施設が多数この地区に建設されている。

10　NUTS2 に基づく全加盟国の 276 地域における 15 歳から 74 歳の失業率のデータのうち，2016 年については，フランスの海外県 5 地域のほか，データが得られないフィンランドの 1 地域を除外した 270 地域を検証した。また 2007 年については，データが得られないスロベニア 2 地域とロンドン 5 地区を除外し，ロンドン全体の値を含んだ 264 地域を検証した。

11　15％以上となったスペインの 2 地域はいずれもアフリカの地中海沿岸にある特殊な地域である。したがって実質的に上位のほとんどが旧東独の地域となる。

12　利用したのは NUTS2 の各地域の人口流出入による人口増減の統計である。データは人口流入と流出の差の各地域の人口に対する比率である。したがって流出も流入も同程度ならば，移動が活発でも数字が低くなる。また EU 域外と域内との人口流出入の区別はできない。そして労働力人口ではなく，全人口の統計であり，年金生活者の移住なども含まれるため，地中海沿岸の保養地なども流入が多くなる場合がある。検証の対象とした年は，経済危機が進行する直前で多くの地域のデータが揃う 2007 年と，難民流入に伴う大きな変化が現れる前の 2014 年である。2015 年以降は，EU への難民の流入が激増し，一部の難民が人口流入に計上されているため，人口増大が経済格差の指標にならない。

いずれの年もフランスの海外県 5 地域は除外している。2014 年は NUTS2 の 271 地域のデータを対象とした。2007 年についてはイギリスのロンドン 5 地区のデータが得られないため，ロンドン全体の NUTS1 のデータを利用した。また旧東独 2 地域のデータが得られないため除外した。したがって対象は 265 地域である。2007 年と 2014 年を比較する際は，2014 年のデータを 2007 年の対象地域に調整している。

13　いずれも旧東独の地域である。

14　地中海に浮かぶ諸島からなる地域で，マジョルカ島やイビサ島などの欧州屈指のリゾート地があり，リゾート開発関連の巨額の投資が流入している。

15　『一つの市場，一つの通貨』では，統一された市場では，単一通貨の存在が欠かせないという文脈で，アメリカでは石油価格が上昇してもテキサスのドルが切り上がったり，デトロイトの自動車産業が日本車に価格で負けてもミシガンのドルが切り下がったりしないと述べているが，このような打撃が特定地域で発生するメカニズムと帰結は分析されていない（Commission of the European Communities 1990 p.45）。

16　ニース条約 158 条では「共同体の経済的および社会的結束」となっていた条文が，リスボン条約では「同盟の経済的，社会的および地域的（territorial）結束」に修正され，国境を超えた地域間協力地域の促進が明記された。また新たに「該当する地域の中でも，産業転換の影響を受ける地域」などは特に重視されるとの文言が付け加わった。

17　地域政策に関わる 5 つの基金から構成される。以前から存在していたそれぞれの基金に，2014 年から共通の規則が導入されるようになり，この名称が総称として用いられるようになった

(Regulation (EU) No 1303/2013)。
18　中東欧諸国とポルトガルのほとんどの地域と，ギリシャ・イタリア・スペイン・イギリスの一部地域とフランス海外県などが該当する。
19　旧東独地域，イギリス・フランス・スペイン・ベルギーなどの一部地域などが該当する。西欧では，産炭地や重厚長大産業の立地する地域が多い。
20　北欧・旧西独・オランダ・オーストリア・アイルランドのほとんどの地域と，イギリス・フランス・スペイン・ベルギーなどの一部地域，中東南欧諸国の首都圏が該当する。
21　2014〜2020年の対象国は，ブルガリア，ルーマニア，ポーランド，ハンガリー，チェコ，スロバキア，スロベニア，クロアチア，ラトビア，リトアニア，エストニア，ギリシャ，キプロス，マルタであり，いずれも加盟当初から所得が相対的に低い中東欧・南欧諸国である。重点項目は，輸送ネットワークの整備，エネルギー効率性向上，再生可能利用エネルギーの利用促進である。2014〜2020年の予算額は634億ユーロである。

参考文献

Blanchard, O. and L. Katz (1992), "Regional Evolutions", *Brookings Papers in Economic Activity*, 1, pp.1-75.
Commission of the European Communities (1990), "One market, one money", *European Economy* 44.
Fingleton, B., Garretsen, H., & Martin, R. (2015), "Shocking aspects of monetary union: the vulnerability of regions in Euroland", *Journal of Economic Geography*, 15 (5), pp.907-934.
Frankel, J.A. and Andrew K. Rose (1997), "Is EMU more justifiable ex-post than ex-ante", *European Economic Review* 41, pp.753-760.
Gros, Daniel (2017), "One Market, One Money ? A Mistaken Argument (post factum)?", *CEPS Policy Insights*, No 2017/05, pp.1-14.
Kaldor, Nicholas (1970), "The case for regional policies", *Scottish Journal of Political Economy*, Vol. 17, pp.337-348.
Krugman, Paul (1993), "Lessons of Massachusetts for EMU", in Francesco Giavazzi and Francisco Torres (eds.), *Adjustment and Growth in the European Monetary Union*, Cambridge University Press, pp.241-261.
Myrdal, Gunnar (1957), *Economic Theory and Underdeveloped Regions*, Duckworth.
Pisani-Ferry, Jean (2013), "The known unknowns and unknown unknowns of European Monetary Union", *Journal of International Money and Finance*, 34, pp.6-14.

参考資料

Eurostat (2015), *Regions in the European Union -Nomenclature of territorial units for statistics NUTS 2013/EU-28*.
Eurostat Database,
　"Regional statistics by NUTS classification", (http://ec.europa.eu/eurostat/data/database) (アクセス：2017.9.16)
　　'Employment (thousand hours worked) by NUTS 2 regions'
　　'Gross domestic product (GDP) at current market prices by NUTS 2 regions'
　　'Gross value added at basic prices by NUTS 3 regions'
　　'Population change - Demographic balance and crude rates at regional level (NUTS 3)'
　　'Real growth rate of regional gross value added (GVA) at basic prices by NUTS 2 regions -

percentage change on previous year'
'Regional gross domestic product (PPS per inhabitant in % of the EU28 average) by NUTS 2 regions'
'Unemployment rates by sex, age and NUTS 2 regions (%)'

第II部
社会的欧州の現実と課題

第 5 章

社会的欧州の理念と現実
── 社会的欧州は存在しているのか

はじめに

　財政緊縮政策は欧州市民の生活に深刻な影響を及ぼし，社会的排除が深刻化している[1]。疲弊した生活に苦しむ欧州市民の不満は，政府の緊縮政策や，それをもたらした EU の政策・制度への抗議デモ，ストライキとなって噴出している。このような中，欧州難民危機に対する EU の難民受け入れ割り当て策への批判が高まったことも影響して反 EU を掲げる極右勢力やポピュリスト政党が欧州各地で伸張し，反緊縮を掲げる急進左派勢力も支持を得ている[2]。その他の要因も大きいとはいえ，2016 年 6 月のイギリス国民投票で EU 離脱票が過半数を獲得したのも，この流れと全く無縁とはいえない。

　このような中，「もっと社会的な」欧州を求める声が欧州各地で大きくなっている。ところで，「社会的な欧州」とは何だろうか。それは EU に存在しているのだろうか。本章では EU レベルでの社会的側面が欧州経済統合のもとでどのように展開されてきたのかを概観することを通して，この問題を考察したい。

1．「社会的欧州」とは

　「社会的欧州（Social Europe）」という用語が欧州で頻繁に登場するようになったのは，ドロール欧州委員会が発足し，域内市場統合計画に着手した 1980 年代後半以降のことである[3]。1988 年以降，欧州理事会の決議では，欧

州の「社会的側面（Social Dimension）」の重要性に触れられるようになった。社会的欧州は，欧州経済統合の持続的な発展と欧州市民の生活水準や労働条件の改善を結びつける役割や，経済成長と社会的公正を両立させるという役割を期待され登場した理念であった。

　それにもかかわらず，社会的欧州とは何を指すのか，明確な定義は存在しない[4]。例えば，ローマ条約調印60周年にあたり採択された「ローマ宣言」（2017年3月25日採択）の中で，「社会的欧州（a Social Europe）」が掲げられている。そこでは，「域内市場の統合性を保持しつつ，持続可能な成長に基づいて，結束や収斂と同様に，経済的・社会的進歩を促進する同盟。各国制度の多様性と社会的パートナーの重要な役割を考慮に入れている同盟。すべての人にとっての権利と機会均等と同様に，男女平等を促す同盟。失業，差別，社会的排除，貧困と闘う同盟。若者が欧州大陸中で最善の教育と訓練を得て，学び仕事を見つけることができる同盟。我々の文化的遺産を保持し，文化的多様性を促す同盟」と，6つの面から社会的欧州が説明されている（Council of the EU, 2017, p.1）。しかしこれも，今後10年のうちにEUが取り組む社会的側面の課題を示したものにすぎないともいえる。

　欧州における社会政策は，基本的には加盟各国の政策権限の分野であった。しかし，社会的分野におけるEUレベルの諸政策手段（財政支援，EU法，各国政策の協調制度など）は1990年代半ばから発展している。これら諸政策の束や，社会的分野で実施されてきたEU法体系の積み重ね（social acquis）が，社会的欧州に当てはまる分野である（Fernandes and Rinaldi, 2016, p.1）。

　社会的欧州は欧州のアイデンティティを規定する存在でもあると，社会民主主義勢力には位置づけられてきた。新自由主義的な米国型の経済や，経済面では市場ファンダメンタリズムを優先する中国のような経済モデルと欧州とを峻別するものが，社会的欧州であるとされてきた（例えばAlbers, Hanseler and Meyereds, 2006, pp.2-3など）。

　「社会的欧州」についての初の具体的言及は，ミッテラン政権がフランス初の社共政権として誕生した直後，1981年6月の欧州理事会で「欧州社会領域（Espace social européen）」を提唱したことにあるといわれる。同政権は，同年10月から数カ月の間に「共同体の活性化に関するフランス政府覚書（1981

年10月13日)」⁵を欧州委員会と加盟各国に送付した。『覚書』の「Ⅲ　行動提案　B　採択政策」に，「欧州社会領域」についての記述があった。その目的として，①共同体の社会政策の中心に雇用問題を置く，②労使対話の強化，③社会保護の協力・協議，が挙げられていた（Union Européenne, 1981, pp.5-7）。この覚書はほとんど議論されなかったが，「社会的欧州（l'Europe sociale）」に言及した最初のものであった（恒川，1992，36-37頁）。

「社会的欧州」の語は，1990年代以降は「欧州社会モデル（ESM; European Social Model）」という語に置き換えられて使用されることも増えている（中野，2004，4-5頁）。欧州委員会は1994年の『社会政策白書』において，ESMの基盤は多数の共有された価値であり，それらは民主主義と個人の権利，自由な団体交渉，市場経済，全員にとっての機会均等，社会保護，連帯を含む価値であるとした。さらに，経済的進歩と社会的進歩は不可分で並行して進めねばならないとした（European Commission, 1994, p.2）。しかし，ESMについても明確な定義が存在しているとはいえない。

ESMの構成要素は論者により様々であるが，例えばILO（国際労働機関）のVaughan-Whitehead（2015）は，構成要素の主要な柱として，①増大した労働者の権利・改善された労働条件，②普遍的で持続可能な社会保護制度，③包摂的な労働市場政策，④強く良く機能する社会的対話，⑤公共サービスと一般利益サービス⁶，⑥社会的包摂と社会的結束の6つを挙げている（Ibid, pp.3-6）。『欧州の労使関係2014』（European Commission, 2015）の中で，欧州委員会は金融危機・債務危機の期間である2008-2014年期について，この6つの柱を用いてESMの変容を簡潔に分析しており（Ibid.,p.34），この内容は欧州委員会にも実質的に承認されている。本書第Ⅱ部も，労働条件の改善，社会的保護，社会的結束，社会的包摂，社会的パートナーの役割の強化などを社会的欧州やESMの対象として扱う。

2. 社会的欧州の浮上

2.1 域内市場計画と社会的欧州の登場

　石油危機以後の長期不況に悩むEC（欧州共同体）では，1980年代前半にミッテラン政権下でフランス財務相をつとめた経験をもつドロールが委員長となり，1985年1月に新しい欧州委員会が発足した。1985年6月，委員会は『域内市場完成白書』を発表した。関税同盟により財の自由移動は実現したものの，1958年発効のローマ条約でうたわれた人・サービス・資本の域内自由移動は未だ実現しておらず，逆に不況の中で非関税障壁が高まり域内貿易が停滞しているとの認識が，その背景にあった。

　ローマ条約は共同市場の実現を使命と明記する一方，その内容の明確な定義を欠いていた。また残存する非関税障壁の除去を実現するには，閣僚理事会における意思決定方式を，これまでの全会一致制度にかわり迅速なものにする必要があった。そこで，ローマ条約の初の改正が行われ，1987年7月に単一欧州議定書が発効した。

　単一欧州議定書はまた，単一欧州市場に対して財・サービス・資本・人の自由移動が保障される領域という明確な定義を与えた。1992年末までに域内に残存する約270項目の非関税障壁の除去が第8条（a）で，閣僚理事会での意思決定方式に特定多数決制度を導入することが第100条（a）1項で定められた。

　ローマ条約には欧州レベルの社会的側面に関する取り組みはごくわずかしかなく，法的拘束力も極めて小さかった。欧州の社会的側面は，実質的には各加盟国が加盟する，EECとは別組織である欧州評議会の『欧州社会憲章』（1965年2月発効）の遵守に任せられてきた。EEC各国は1950年代後半からの経済成長のもと，国民国家単位でケインズ主義的経済政策を実施し，福祉国家を形成してきたのであった。

　単一欧州議定書の第100条（a）2項は，特定多数決を財政，人の自由移動，

被雇用者の権利及び利益に関する規定には適用しないと規定した。つまり、欧州の社会政策に関するほぼ全ての決定については、従来の全会一致原則が継続することになった。このように単一欧州議定書においても、欧州レベルの社会的側面は弱いものにすぎなかった。

2.2　単一欧州議定書と社会的側面

とはいえ、単一欧州議定書には2点の注目される点があったとされる[7]。第一点は、第118条（a）である。労働者の健康と安全に関する分野という限られた分野ではあるが、特定多数決制度が適用されることになった。第二点は、欧州レベルでの労使間対話や労働協約に法的根拠を与える第118条（b）である。この条項は具体的方法に言及しておらず、現実的な欧州社会政策につながる内容ではなかった。しかし、欧州レベルの労働者と経営者の代表による社会的対話（Social Dialogue）の法的基礎を提供したという点で、大きな意義を持った（荒木, 1997, 300頁）。

単一欧州議定書で、この2点が導入された背景には、次のような背景があった。EEC発足時点から1960年代まで、欧州レベルの社会政策にはほとんど進展は見られなかった。1972年のパリ首脳会議（欧州理事会の前身）において、初めてECの社会的側面における積極的な行動の重要性が強調され、1974年に社会行動計画が採択された。行動計画は、ECの社会的側面、特に労働・雇用政策の方針を示した点で画期的であり、一定の成果があった。

しかし、1979年にイギリスで保守党のサッチャー政権が誕生したことで状況は一変した。新自由主義経済政策を追求し、労働組合や社会民主主義的傾向を経済停滞の元凶とみなし徹底して排除しようとするイギリスは、ECレベルの社会政策についても強く反対した。その結果、イギリスの反対により全会一致が成立せず、1980年代前半になると欧州社会政策の採択は停滞し、全会一致という法的枠組みの限界が強く認識されるようになっていた。

加えて、第二次石油危機を経てECの失業率はさらに悪化した。その最中の1985年1月に誕生したドロール委員会は、ミッテランが1981年に提出した「共同体の活性化に関する覚書」に沿って欧州政策を展開し、社会的欧州を実

現する手段として欧州レベルの労使対話の再開を重視した。

1970年代には欧州で数度開かれた政労使の会合は，1978年11月を最後に開催が途絶えていた。委員会発足直後の1985年1月末にドロールの呼びかけで，ベルギーのヴァル・デュシェス（Val Duchesse）で欧州産業連盟（当時のUNICE。現在のBusinessEurope），欧州労連（ETUC），欧州公共企業センター（CEEP）の3組織代表が会談し，ドロール委員長と数名の欧州委員も参加した。これが欧州の第1回の社会的対話であり，対話は翌年以降も継続された。このような経緯をもつ社会的対話は，単一欧州議定書の118条（b）により法的根拠を与えられることになった（荒木，1997：中野，2002：小島，2016：Anderson, 2015）。

2.3 EC社会憲章

域内市場形成により欧州で激しい競争がおこり，産業間や地域間の格差が拡大し競争力の劣る地域の雇用や労働条件に大きな影響が及ぶことが懸念された。しかし，域内市場形成のための約270項目の措置のうち，社会的側面にかかわるとみなせるものはわずかしかなく，それもすべて労働および職業の自由移動のためのものでしかなかった。そのため，域内市場の社会的側面を求める議論が大きくなった。

1988年9月，欧州委員会は『域内市場の社会的側面』を発表した。その中で『労働者の基本的社会権に関する憲章』（通称『EC社会憲章』）の策定の方向が示された[8]。これに対し，イギリス政府は，社会政策面への欧州の関与は規制緩和により増加した雇用に脅威を与えるとして反対した。そこでイギリスを除く11カ国は，1989年12月の欧州理事会において，『社会憲章』を政治宣言の形で採択した。EC社会憲章そのものは政治宣言にすぎず，法的拘束力はなかった。しかし，域内市場の完成は社会的側面の考慮ぬきに達成されないという認識がイギリス以外の加盟国に承認された点で，大きな意義を持った。

3．EMU と社会的欧州

3.1　マーストリヒト条約と社会的側面

　冷戦体制が崩壊し欧州をめぐる情勢は一変した。1980年代後半に高度成長を記録した欧州経済は，1990年7月の東西ドイツ統一ブームが終了した1991年以後は不況に転じ，失業率も再上昇した。このような中，1991年12月の欧州理事会は，共通・外交安全保障政策や，司法・内務協力といった政治面の統合も扱うマーストリヒト条約に合意した[9]。

　社会政策分野では当初，ローマ条約を大きく改定し，同時に閣僚理事会での特定多数決の対象分野拡大が考えられた。これは『社会憲章』の内容を新条約に継承し，社会条項として強化しようとするものであった。ところが，イギリスがローマ条約の枠を超える社会条項の改正を拒否し，改正社会条項はマーストリヒト条約に盛り込まれないことになった。

　こうしてイギリスを除く11カ国は，改正社会条項を条約本文には入れずに条約に付属する「社会政策に関する議定書」，およびそれに付属する「社会政策協定」とした。これにより，欧州の社会政策の根拠が，全加盟国に適用される従来のローマ条約と，イギリスには適用除外（opt-out）され他の11カ国には適用可能な社会政策協定，という2種類の並存となった。

　社会政策協定の意義は2つあった。第一に，イギリス以外のEUの社会分野で特定多数決の対象分野が拡大され，新たに労働条件，労働者への情報・協議，雇用機会と労働待遇の男女平等，労働市場から排除された人の統合という4分野が付け加わったことである。ただし，社会保障などが含まれる社会保護の分野などでの全会一致原則は維持された。

　第二に，単一欧州議定書で促進されることになった社会的対話に関して，社会政策協定により労使により大きな役割が与えられたことであった。協定は第2条4項で，加盟国はEU指令の実施を労使に委ねることができるとした。続いて第3条で，欧州委員会は社会政策分野法案提案の前に労使と協議するこ

と，と定められた。さらに第4条で，欧州レベルの労使間対話を労働協約に発展することができると記された。これらによって，労使の欧州社会政策関与に，根拠が与えられた（小島，2015，249頁）。

　しかし，マーストリヒト条約が真に力点を置いていたのは，経済・通貨同盟（EMU）の推進であった。マーストリヒト条約において単一通貨ユーロの参加条件として設けられた4つの経済収斂条件のうち，特に問題となったのが財政条項である。ドイツの強い求めにより1997年6月のアムステルダム欧州理事会で採択された「安定・成長協定（SGP）」では，ユーロ加盟国が遵守すべき規定が示され，健全な財政運営実現のための相互監視システムと，過剰赤字を改善できない国に対する是正手続き（勧告，制裁金）などが定められた。協定はその後，2005年に改定され，また数度の修正が加えられてきたものの，現在まで続く加盟国に対するEU財政ガバナンス枠組みの原点となった。

3.2　欧州雇用戦略の登場

　アムステルダム欧州理事会は条約改正についても合意した。その前月の1997年5月にイギリスで総選挙があり，労働党のブレア政権が誕生した。ブレアは，保守党政権が受け入れを拒否していたEU社会政策協定に就任後ただちに署名し，イギリスのオプト・アウトは終わった。「社会政策協定」がほぼそのまま，1999年5月に発効するアムステルダム条約のEC条約本文に「社会規定」として取り入れられ，イギリスにも適用されることになった。こうしてEU全体としての社会政策が可能となった[10]。

　さらにアムステルダム条約のEU条約B条で，EUの目的として「EMUの設立をとおして，経済的・社会的進歩と高水準の雇用を促進しつつ，均衡のとれた持続可能な発展を実現すること」が記されたことに対応し，同条約のEC条約に「Ⅷ編　雇用」が新設された。ここに初めて，基本条約に雇用条項が本格的に盛り込まれた。EC条約第128条では，各加盟国について「雇用政策ガイドライン」を毎年採択し，そのために実施された措置を年次報告書で報告することが定められた。これは，後に公開調整方式（Open Method of Coordination: OMC）として確立される，法的拘束力のないソフトなガバナン

スによる政策協調手法であり，協調圧力が働くことで各加盟国はガイドラインに沿った雇用政策に取り組まざるを得なくなることを狙っていた（Anderson, 2015, pp.112-116）。

雇用条項の実施を先取りすることが決定され，1997年11月にルクセンブルクで初の雇用サミットが開かれた。ここで欧州雇用戦略（EES）の第Ⅰ期（1998～2002年）開始が決定された。戦略は，①エンプロイヤビリティ（employability．就業可能性），②起業家精神，③適応能力，④男女機会均等の4つの柱を設け，OMC方式で政策調整をした。そこでは毎年，4つの柱の下に詳しい内容が策定され，それに基づいた行動計画を各国が作成し，閣僚理事会および欧州委員会がその評価を行った。EESの登場以降，欧州の社会政策は雇用政策に重点が置かれ，展開されていった。

4．社会的欧州の新段階

4.1　リスボン戦略と社会的側面

第Ⅰ期EESは2000年3月の欧州理事会で採択された「リスボン戦略」（European Council, 2000）により転機を迎えた。リスボン戦略は社会的分野において「欧州社会モデルを現代化し，人々に投資し，社会的排除と闘う」ことを目標とし，EES実行により就業率を高めることを目指した。さらに，EESの4つの柱の横断的政策目標として，「フル就業」が設定され，2010年までに全就業率を70％に，女性就業率を60％に引き上げるという数値目標を掲げた（Ibid.）。

リスボン戦略の新しい点は，目標を就業率に置いたことにあった。非労働力化している就業可能な人々（女性，高齢者，社会的弱者など）を労働市場に参入させ，社会的側面における統合をはかり，社会全体の長期的な持続可能性を高める狙いもあった（濱口，2012，115頁）。そのため，エンプロイヤビリティを高める積極的労働市場政策が推奨された。

しかし，最も重点が置かれたのは域内単一市場と単一通貨に基づく欧州経済

統合の発展であり,そのためのコスト削減と公的支出削減が目指された(Tilly, 2007, p.8)。また,ここでは統計調査対象期間に1時間以上働いた者はすべて就業者に数えられ,仕事の質については考慮されない[11]。戦略の主要目的は「欧州社会モデルの現代化」(European Council, op.cit.),すなわち新自由主義的な構造改革を包括的に進めることにあった。

4.2 新リスボン戦略:新自由主義的政策の強化

リスボン戦略の中間見直しにあたり前オランダ首相のコックを議長に雇用問題に関する2報告書が作成され,以後,EESは新自由主義的な構造改革としての性格を明確に打ち出すようになった。一つめの報告書は『仕事,仕事,仕事』(European Commission, 2003)であり,従来EESでは言及のなかった雇用保護法制見直しがとりあげられた(Ibid.,pp.22-32:濱口,2013, 62頁)。また,この報告書には欧州社会モデルへの言及はもはや存在しなかった(Lodemel and Moreira, 2014, p.342)。2つめは『課題に直面する』(European Commission, 2004)であり,「フレキシビリティとセキュリティの間のバランスを見出す」という表現を用いて欧州労働市場政策に対してより一層の柔軟化を求めた(Ibid, p.33, 濱口:2013, 62頁)。

2004年11月にバローゾ新欧州委員会が発足した。2005年3月の欧州理事会はリスボン戦略の見直し案『成長と仕事のために共に働くこと』(European Commission 2005)を採択し,「新リスボン戦略」が導入された。以後,バローゾ委員会の2期10年間にわたり,欧州の社会的側面におけるEUの取り組みは,労働市場柔軟化と社会保護削減を求める新自由主義的な構造改革の傾向をいっそう強めた(Barbier, 2013, p.58-61)。

第II期EES(2003〜2010年)は,2010度を目標とする中間指針に変更された。全体的目標の柱も①フル就業,②仕事の質と生産性の改善,③社会的結束と包摂の強化,と3つの柱になり,10分野について数値目標が設定された。②の柱に関連しては,柔軟性と保障の正しい均衡が企業競争力を支えると強調され,労働市場における規制緩和の狙いがさらに強調された。EESは2005年からは,マクロ経済分野とミクロ経済分野をカバーする「包括的経済政策ガイ

ドライン」に統合された。

　EESには2007年に『フレキシキュリティ原則』(European Commission, 2007) が導入された。『原則』は，①労働者と企業の双方に利益をもたらす柔軟で信頼性の高い労働契約，②積極的労働市場政策，③包括的な生涯教育戦略，④失業者に十分な所得保障を提供し，次の就業を促進する現代的社会保障制度，という4点からなるものであった。しかし欧州労連などからは，「柔軟性」に力点が置かれ経営者側に立つものと批判を受けた（例えばETUC, 2007など）。

　なお，2008年以降の連続する危機のもとで，『原則』がモデルとしたデンマークが相対的に雇用面でも振るわなかったため，フレキシキュリティの限界が指摘されるようになっている（濱口，2017：豊泉，2014：Auer, 2010：Gazier, 2010：Schmid, 2010）。今なお「フレキシキュリティ」の語はEU文書で使用され続けているが，その定義は論者により様々な内容となっている（EurWORK, 2013）。

4.3　リスボン条約と社会的側面

　2000年12月のニース欧州理事会は，中東欧諸国の大量加盟に備えて機構改革を定めたニース条約に合意した。社会政策に関してはアムステルダム条約とほとんど変わらなかった。しかしニース欧州理事会では，「EU基本権憲章」が採択された。ローマ条約には基本権や人権に関する言及がなく，欧州における人権と基本的自由の保護は，欧州評議会の加盟国間で1953年に発効した「欧州人権条約」に基づいていたが，法的拘束力がなかった。

　EU基本権憲章は，EU市民とEU域内住民の市民的・政治的・経済的・社会的権利について定めた（Ibid., pp.9-22）。これは，拡大後の基本条約になると想定されていた欧州憲法条約の本文に盛り込まれる予定であった。ところが憲法条約の批准は2005年に躓き，かわって2009年12月にリスボン条約が発効した。リスボン条約は，EU基本権憲章を本文とは別の文書として残し，EU条約第6条1項で基本条約と同等の地位を有すると定め，法的拘束力を与えた。ただし，イギリスとポーランドとチェコについては，自国への基本権憲章

の適用に関する議定書を付属させた。

　リスボン条約は，EU条約（TEU条約）の改定とEC設立条約を改定した条約（改定後の呼称はEU運営条約。TFEU条約）からなる[12]。EU条約第3条3項は，EUの目的として「域内市場の設立」を挙げ，続いて「均衡のとれた経済成長と物価安定，フル雇用と社会的進歩を目指す高度に競争力を有する社会的市場経済，および高水準の環境保護と環境の質の改善に基づく欧州の持続的発展」を掲げている。

　ここでは，4点に注目したい。第一に，「域内市場」の性格をあらわす表現についてである。当初，EU条約第3条第3項は，「域内市場」の前に「自由で歪みのない」という語を入れるはずであった。しかし，2005年に欧州憲法が国民投票で否決されたフランスのサルコジ政権は，過度の経済自由化により雇用に悪影響が及ぶのではと国民が危惧していることを懸念した。フランス政府はこの語を削除するよう求め，EUの目的からこの表現が消された（Carillo and Fitzpatrick, 2013, p.41）。しかし，その内容は消滅せずEU運営条約第119条第1項の中に移され，実質的に存在し続けている。

　第二に，EU条約第3条4項には，EUは「ユーロを通貨とする経済通貨同盟を設立する」と記されており，従来よりも強く，EMUの堅固な位置づけが示されていることである。第三に，リスボン戦略以来の欧州雇用政策の目標である「フル就業」という言葉が同項に記され，基本条約に初めて明記されたことである。

　第四に，EUの目的に初めて「社会的市場経済」という用語が使用されたことである。条約はEUにおける「社会的市場経済」の定義を定めていない。そのため，「社会的市場経済」という語が戦後の経済秩序を表すものとして使用されてきたドイツにおいてそうであったのと同様，新自由主義的経済政策に親和的な者には「市場経済」を，社会民主主義派には「社会的経済」を志向する用語として，どのようにも解釈できる余地を与えている。

　リスボン条約では，従来の条約とは異なり，社会政策が「第X編」（第151～161条）として独立し，より明確に位置づけられた[13]。第152条に新設された条文では，EUは社会的パートナー（労使間の社会的対話）を促進し，成長と雇用のための3者（労・使・政＝EU）間社会的対話の設置をうたい，その

法的枠組みが第 154-155 条で提供された。

4.4　欧州 2020 と社会的側面

　欧州委員会は 2010 年 3 月に新中期経済成長戦略「欧州 2020」を公表した。リスボン戦略の後継である欧州 2020 は，優先事項として「知的な経済成長」，「持続可能な経済成長」「包摂的な経済成長」の 3 分野を持ち，その下に合計 7 つの旗艦項目を設定している。戦略は 2020 年までに達成するべき雇用・社会政策関係の数値目標として，① 20 〜 64 歳の就業率を 2010 年の 69％から，少なくとも 75％以上に引上げること，②中途退学の割合を 10％以下とし，高等教育卒業比率を 40％以上へ引き上げること，③貧困ライン以下で生きる人の数を 25％削減し，2,000 万人を貧困から引き上げること，の 3 つを挙げた (European Commission, 2010, p.3)。

　優先事項のうち「包摂的な経済成長」は，リスボン戦略を継承したもので，「経済的・社会的・地域的結束をもたらす高い水準の雇用をもつ経済」を目指すものである。すなわち，「人々が変化を予期して管理できるようにし，結束力のある社会をつくるために，高水準の雇用を通して人々に力を与え，技能に投資し，貧困と闘い，労働市場と職業訓練と社会保護制度を現代化する」ことを意味する (Ibid.,pp.16-18)

　2010 年 10 月には，欧州 2020 実施において各加盟国がとるべき 10 のガイドラインが理事会により採択された。そのうち雇用や社会的側面に関するものは 4 つあり，重視されているかのように見える。しかし上記のような欧州 2020 の内容は，リスボン戦略の新自由主義的な内容がより一層強化されたものにすぎない，との批判も強い (Amable, 2011, など)。なお，2014 年 10 月に 10 ガイドラインは改定され 8 つとなり，うち 4 つが雇用と社会的側面に関するものになった。

4.5　袋小路の社会的欧州

　2008 年の金融危機，2010 年代以降の債務危機が，社会的欧州への重大な脅

威となっているのはなぜか。Lechevalier（2015）は以下のように指摘する。直接的には，ケインズ主義的政策にかわってアングロ＝サクソン型の新自由主義的な政策が，危機以後に EU の社会政策や再分配政策，雇用政策によりいっそう明確に台頭した結果である。しかし間接的には，単一市場や EMU のガバナンスを通じた EU 経済統合の影響である。そこには，ドイツのオルド自由主義が刻印されている（Ibid.,p.49）。

ローマ条約に刻印されたオルド自由主義が原因で，EEC には欧州レベルの社会政策はほとんど存在しなかった。フライブルク学派のオイケンのオルド自由主義の理念は「自由な競争経済の秩序」であり，その実現のために，第一に競争秩序をいかにしてつくりあげるか（構成的原理），第二にいかにそれを機能的に維持するか（規制的原理。この原理のために，強い政府の役割が重視される）という課題があった（Eucken, 1952：大西，1992：黒川，2012）。それらを反映して，EEC では共同市場における関税同盟の形成と，競争の妨害・制限・歪曲を防ぐ欧州の競争法の策定に，集中して優先順位が置かれた。一方，社会的側面については，経済統合が進展し大市場が歪められることなく機能すれば収斂し，結果として改善されると考えられていた（Lechevalier, Laruffa, Salles and Colletis, 2014,p.33）[14]。

以後の欧州統合も，オルド自由主義に枠づけられ展開されてきた。オルド自由主義の構成的原理によると，競争秩序においては何よりもまず通貨政策による物価安定が確保されねばならない。EMU の構造には，オルド自由主義のこの考えが忠実に反映されている。そこには，欧州の社会的側面に対する配慮は見られず，欧州市民の連帯も求められていない。金融資本主義経済のもとで，この性格が明確にあらわれて危機を深刻なものにしている（Lechevalier, Laruffa, Salles, and Colletis, Ibid,: Lechevalier, op.cit）。

通貨安定のために財政基準の遵守が制度化され，加盟国は基準を達成するため大幅な財政支出の削減を余儀なくされた。各国の財政支出の削減により，EMU は欧州市民から社会的保護を奪う欧州経済統合の象徴と受け取られるようになった。これが反 E U 感情を煽り，EU 市民にとっての EU の正統性を掘り崩していくことに繋がった。こうして，社会的欧州は袋小路に追い込まれている（Lechevalier and Wielgohs eds., 2015）。

おわりに

2010年代半ばに入ってから，社会的欧州には薄日が射し始めているかのように見える。2014年11月の委員会発足に際し，ユンケル委員長は，「ソーシャル・トリプルA」を目指すと宣言した。欧州議会もユンケル委員会発足後のEU政策は雇用と社会的側面への配慮を優先していると肯定的に評価している（Lecerf, 2016）。実際，ユンケル委員会発足以後の社会的分野のプロジェクトは，欧州議会と閣僚理事会で審議中のものも含め，2017年4月末までに合計16にものぼった。

さらに，2017年4月末に委員会は「欧州の社会権の柱（European pillar of social rights）」（European Commission, 2017）を採択し，公正で正しく機能する労働市場や，福祉制度を支えるための20の主要原則・権利を打ち出している。その対象としては主にユーロ圏諸国が念頭におかれているが，ユーロ導入を考慮するすべてのEU加盟国に適用可能とされている。これは，とりわけユーロ圏の欧州市民が債務危機以降に受けた経済・社会的側面での打撃が意識されているからであろう。

「社会権の柱」には，①機会と労働市場へのアクセスの平等，②公正な労働条件，③社会的保護と社会的包摂の3区分があり，各区分に対応する12分野で「社会的スコアボード」と呼ばれる指標が設定される。予定では，参加国の進捗状況がチェックされ，その分析結果が欧州セメスターに送られることになっている[15]。「社会権の柱」で扱われる項目は，すでに欧州内で法的根拠が与えられ保障されている社会的権利であり，限られた分野である。とはいえ，欧州セメスターの「社会化」（Zeitlin and Vanhercke, 2014），つまりEU経済ガバナンスが社会的側面を考慮するようになることが，僅かながらとはいえ期待できる。

それでも，社会的スコアボード実施のためには，追加的な立法や運営体制の確立が必要となり，関係するステイクホルダー間や各国間などの調整が求められる。「社会権の柱」が実現されるかどうかはこの点にかかっており，その成

否が今後の社会的欧州の行方に一定の影響を及ぼすだろうと思われる。

(山本いづみ)

注

＊参考文献ともウェッブについての最終閲覧日は，すべて2017年9月30日。
1　社会的排除の問題は，本書第6章・畠山論文を参照のこと。
2　欧州におけるポピュリズムの隆盛については，本書第10章・山下論文を参照のこと。
欧州難民危機については，本章第11章・棚池論文を参照のこと。
3　恒川（1992, 6頁，36頁）によると，本来「ソーシャル」という語は「社会」という訳語とはニュアンスが異なり「共同」「連帯」などが近いかもしれない。本書では字数の都合上，「社会的欧州」の語を使用する。
4　例えば，フランス首相府の見解もそうである。DILA（フランス首相府の法律・行政情報局）［le 24 Février 2014］ 'Qu'est-ce que l'Europe sociale ?'
(http://www.vie-publique.fr/decouverte-institutions/union-europeenne/action/politiques-communautaires/qu-est-ce-que-europe-sociale.html)。
5　Union Européenne (1981)《Mémorandum français sur la relance européenne (13 Octobre 1981)》. *Bulletin des Communautés européennes*, Novembre 1981, n° 11.
(http://www.cvce.eu/obj/memorandum_francais_sur_la_relance_europeenne_13_octobre_1981-fr-a8377c45-380f-4679-8d17-62d42f4734d5.html)
6　EUは，一般利益サービス（SGI; Service of General Interest）の例として公共交通機関，郵便サービス，公衆衛生などをあげている。詳しくは以下を参照。
(https://ec.europa.eu/info/topics/single-market/services-general-interest_en)
7　単一欧州議定書（Single European Act）については，以下のものを参照。
(https://www.unizar.es/euroconstitucion/library/historic%20documents/SEA/Single%20European%20Act.pdf)
8　『社会憲章』は，共同体は以下の12の社会的権利を提供する義務を負っているとうたった。それらは，①域内自由移動，②雇用の自由および公正な賃金，③生活・労働条件の改善，④（社会保障などを含む）社会的保護，⑤結社の自由と団体交渉，⑥職業訓練，⑦男女の均等待遇，⑧労働者への情報提供・協議および参加，⑨職場の安全衛生，⑩児童および若年者の保護，⑪高齢者，⑫障がい者である。(European Commission (1989), Community Charter of the Fundamental Social Rights of Workers, in *Social Europe*,1/1990)
(http://www.eesc.europa.eu/resources/docs/community-charter--en.pdf)
9　マーストリヒト条約については，右近（1993）を参照。
10　アムステルダム条約については，金丸（2000）を参照。
11　ILOの定める国際基準に準拠し，EU労働力調査でもこのように就業者を数える。詳しくはEurostat, *EU labour force methodology* を参照。
(http://ec.europa.eu/eurostat/statistics-explained/index.php/EU_labour_force_survey_-_methodology#Labour_force_status_definition)
12　ニース条約とリスボン条約については，鷲江（2009）を参照。リスボン条約については，小林（2009）も参照。
13　EU運営条約ではEUと加盟国の責任と権限分担が明確に記され，条約に規定のない権限は加盟国にとどまることになった。規定のある分野は，①排他的権限（EU単独で責任と権限をもつ），②共有権限（EUと加盟国の両方が責任と権限をもつ。ただしEU法優位の原則がある），③加盟

国の分担責任を EU が補完する権限（EU は加盟国の分担する責任を，支援，調整，補完することができる），の3つに分類されている。

　EU レベルの社会的側面に関するもののうち，共有権限に入るものは，第一に EU 運営条約第153条第1項で定められた11項目（a. 労働者の健康および安全確保のための労働環境改善，b 労働条件，c 労働者の社会保障・社会保護，d 雇用契約終了時の労働者保護，e 労働者への情報提供および協議，f 集団的労使関係，g 合法的に居住する第三国の雇用条件，h 労働市場から排除された人の労働市場への統合，i 男女の雇用機会均等と職場での平等な処遇，j 社会的排除の克服，k 社会保護の現代化）である。第二に，EU 運営条約第168条（一部の公衆衛生上の安全問題）が入る。この2点が，社会政策・雇用政策の多くを占めている（庄司，2013）。

14　戦後西ドイツの経済体制は，オルド自由主義理念の純粋の現実化により達成されたのではなく，マネタリズム的金融政策と競争政策の一方で，ビスマルク的伝統（社会保険制度の保持），「社会国家」の形成，労使の共同決定，ケインズ主義的諸政策との共存により可能になったのである（小澤・片岡による訳者解題，Denord et Schwartz, 2012, pp.264-265）。他方，ローマ条約の内容策定を巡る交渉過程で，オイケンの支持者であるエアハルト（当時の西ドイツ経済相）がフランスの提案する社会政策の調和について強く反対したことは，良く知られている。

15　欧州セメスターについては，本書第1章・高屋論文を参照のこと。

参考文献

荒木尚志（1997）「EC の労使関係と労働法制」，連合総合生活開発研究所『参加・発言型産業社会の実現に向けて』1997年3月，296-326頁。

右近健男（1993）「マーストリヒト条約およびローマ条約仮訳（2）」『大阪府立大学経濟研究』第38巻4号，1993年9月，105-149頁。

岡伸一（2016）『欧州社会保障政策論』晃洋書房。

大西健夫編（1992）『ドイツの経済』早稲田大学出版部。

加藤紘捷（2012）「EU 法の現在」日本大学『法学紀要』第53号，2012年03月，153-187頁。

金丸輝男編（2000）『EU アムステルダム条約』日本貿易振興機構。

黒川洋行（2012）『ドイツ社会的市場経済の理論と政策　オルド自由主義の系譜』関東学院出版会。

小島健（2015）「EU 社会政策の展開」，東京経済大学経営学会『東京経大学会誌』第285号，2015年，243-267頁。

小島健（2016）「欧州統合と社会的ヨーロッパ」，東京経済大学経営学会（『東京経大学会誌』第289号，2016年，103-128頁。

小林勝（2009）『リスボン条約』御茶ノ水書房。

佐藤進（2006）『EU 社会政策の展開』法律文化社。

庄司克宏（2013）『新 EU 法　基礎編』岩波書店。

高屋定美（2015）『検証　欧州債務危機』中央経済社。

田中素香（2012）「EU 単一市場」『日本 EU 学会年報』第32号，29-52頁。

恒川謙司（1992）『ソーシャル・ヨーロッパの建設』日本労働研究機構。

豊泉周治（2015）「フレキシキュリティから移行的労働市場へ　―移行的労働市場の概念について（2）――」『群馬大学教育学部紀要 人文・社会科学編』2015年第64巻，49-59頁。

中野聡（2002）『EU 社会政策と市場経済―域内企業における情報・協議制度の形成』創土社。

中野聡（2004）「ヨーロッパ資本主義の2つの世界」『豊橋創造大学紀要』第8号，2004年，1-17頁。

濱口桂一郎（2012）「EU 社会政策とソーシャル・ヨーロッパ」武川正吾・宮本太郎編『グローバリゼーションと福祉国家』明石書店，110-130頁。

濱口桂一郎　（2013）「EU における労働政策の形成と展開」，独立行政法人労働政策研究・研修機構

『日本労働研究雑誌』2013年11月第640号,55-62頁。
濱口桂一郎（2017）『EUの労働法政策』独立行政法人労働政策研究・研修機構
廣田功（2014）「欧州統合史から見た通貨統合」吉國眞一・小川英治・春井久志（編）『揺れ動くユーロ―通貨・財政安定化への道』蒼天社出版,71-126頁。
福原宏之,中村健吾,柳原剛司（2015）『ユーロと欧州福祉レジームの変容』明石書店。
古内博行（2007）『現代ドイツ経済の歴史』東大出版会。
星野郁（2015）『EU経済・通貨統合とユーロ危機』日本経済評論社。
若森章孝（2013）『新自由主義・国家・フレキシキュリティの最前線』晃洋書房。
鷲江義勝編著（2009）『リスボン条約による欧州統合の新展開 - EUの新基本条約 - 』ミネルヴァ書房。

AlbersD., Hanseler S. and Meyer H. [eds.] (2006), *Social Europe*, European Research Forum at London Metropolitan University.
Amable, B. (2011)《Europe 2020》: une stratégie néolibérale plus forte, 22 février 2011, *Libération*, Paris. (http://www.liberation.fr/futurs/2011/02/22/europe-2020-une-strategie-neoliberale-plus-forte_716544)
Anderson, K. M. (2015) *Social Policy in the European Union*, Palgrave.
Auer,P. (2010) 'Does flexicurity work in economic crises?', *2010 IIRA European Congress in Copenhagen*, pp.35-50. (http://faos.ku.dk/pdf/iirakongres2010/symposier/symposium8.pdf/)
Barbier, J.-C. (2008) *La longue marche vers l'Europe sociale*, Press Universitaires de France, (Tranlated by Taponier, S.G., The Road to Social Europe, Routledge, 2013.)
Cabrillo, F. and Fitzpatrick, S. (2013) 'Economics governance in the European Union. a problem of legitimacy', in Cabrillo, F. and Puchades Navarro, A., *Constitutional Economics and Public Institutions*, Edward Elgar, 2013, pp.37-46.
Denord, F. et A. Schwartz (2009) *L'Europe Social n'aura pas lieu*, Raison d'agir, Paris（小澤裕香,片岡大右訳『欧州統合と新自由主義 ―社会的ヨーロッパの行方』,論創社,2012年).
ETUC (2007) *Commission's Communication on "Towards Common Principles of Flexicurity"*, Brussels, 17-18/10/2007
(https://www.etuc.org/commission%E2%80%99s-communication-%E2%80%9Ctowards-common-principles-flexicurity-more-and-better-jobs-through)
Eucken, W (1952) *Grundsätze der Wirtschaftspolitik*, 7. Auflage, Mohr Siebeck.（大野忠男訳『経済政策原理』勁草書房,1967年).
EurWORK (May 2013) *Flexicurity*
(https://www.eurofound.europa.eu/observatories/eurwork/industrial-relations-dictionary/flexicurity)
Fernandes,S. and Rinaldi,D. (2016), 'Is there such a thing as "Social Europe"?', *Tribune*, 6 Septembre 2016, Notre Europe -Institut Jacques Delors.
(http://www.institutdelors.eu/media/socialeurope-fernandesrinaldi-jdi-sept16.pdf?pdf=ok)
Gazier B. (2010) 'The European Employment Strategy in the tempest', *2010 IIRA European Congress in Copenhagen*, pp.21-32.
(http://faos.ku.dk/pdf/iirakongres2010/symposier/symposium8.pdf/)
Lechevalier, A., Laruffa,F., Salles,M.and Colletis., G.(2014), 《Les usages de la sociologie des politiques sociales》, *Representations of Social Europe*, les 2-3 Octobre 2014
(https://f.hypotheses.org/wp-content/blogs.dir/1289/files/2014/10/Social-Europe-Lechevalier-

第 5 章　社会的欧州の理念と現実　109

Larufla-Salltes-Colletis-DEF.pdf）
Lechevalier, A（2015）'Eucken under the Pillow: The Ordoliberal Imprint on Social Europe',
　in Lechevalier, A. and Wielgohs., J. eds. （2015） *Social Europe: A Dead End*,
　Djøf Publishing, pp.49-102.
Lechevalier, A. and Wielgohs., J. eds. （2015） *Social Europe:A Dead End*, Djøf Publishing.
Lodemel., I. and Moreira., A. eds.（2014）, *Activation or Workfare? Governance and the Neo-Liberal Convergence*, Oxford.
Schmid, G.（2010）'The Future of Employment Relations', in *AIAS WorkingPaper* No.10-106, December 2010, University of Amsterdam.
Tilly, P.（2007）*Social Europe and European social policies*
　（http://www.cvce.eu/obj/pierre_tilly_social_europe_and_european_social_policies_origins_challenges_and_instruments-en-c1f2b13a-19fb-489a-9e64-fde5fbda5120.html）
Vaughan-Whitehead, D.（2015）'The European Social Model in times of crisis', in Vaughan-Whitehead, D.〔eds.〕（2015）*The European Social Model in Crisis: Is Europe losing its soul?*, Edgar Elgar, pp.1-65.
Whyman, P, Baimbridge, M.,and Mullen,A.（2012）*The Political Economy of the European Social Model*, Routledge.
Zeitlin., J. and Vanhercke., B.（2014）'Socializing the European Semester?：Economic Governance and Social Policy Coordination in Europe 2020', *Report*No.7, December 2014, Swedish Institute for European Policy Studies.

＊EU 機関文書
Bulletin of the European Communities（1985）*Supplement 4/85, Programme of the Commission for 1985 Statement by Jacques Delors, President of the Commission, to the European President of the Commission, to the European Parliament and his reply to the ensuing debate Strasbourg*, 12 March 1985, pp.30-32。
Council of the EU（2017）*The Rome Declaration*（Press Release 149/17, 25/03/2017）
European Commission（1994）*European Social Policy ― A Way Forward for the Union: A White Paper*, COM（94）333 final, Brussels, 27.07.1994.
European Commission（2000）*Charter of Fundamental Rights of the European Union*（2000/C 364/01）, Official Journal of the European Union（18 December 2000）.
European Commission（2003）*Jobs, jobs, jobs ― Creating more employment in Europe*: report of the Employment Taskforce chaired by Wim Kok.
European Commission（2004）*Facing the Challenge ―The Lisbon strategy for growth and employment*, Report from the High Level Group chaired by Wim Kok.
European Commission（2005）*Working together for growth and jobs：A new start for the Lisbon Strategy*, Brussels, 02.02.2005, COM（2005）24.
European Commission,（2007）*Towards Common Principles of Flexicurity: More and better jobs through flexibility and security* ,Brussels, 27.6.2007, COM（2007）359 final.
European Commission（2010）*EUROPE 2020 ―A strategy for smart, sustainable and inclusive growth*, Brussels, 3.3.2010 ,COM（2010）2020.
European Commission（2015）*Industrial Relations in Europe 2014*, Publication Office of the European Union.
European Commission（2017）*Commission presents the European Pillar of Social Rights*（European

Commission ― Press release, Brussels, IP/17/1007)
European Council (2000) *Lisbon European Council 23 and 24 March 2000. Presidency Conclusions.*
Lecerf, M. (2016), *What is 'Social Triple A'?*, At a glance, Plenary-3 March 2016, ERPS (European Parliamentary Research Service)
(http://www.europarl.europa.eu/RegData/etudes/ATAG/2016/577996/EPRS_ATA (2016) 577996_EN.pdf)

第6章

社会的排除と社会的包摂
――欧州社会政策は社会的包摂を推進できたのか

はじめに

　2016年6月23日，イギリスで行われた国民投票の結果は，欧州連合（European Union: EU）のみならず世界に衝撃を与えた。国民投票では，イギリスの欧州連合離脱の是非が問われたが，離脱賛成が離脱反対を3.78％上回る僅差でEU離脱賛成派が勝利した。

　このようなイギリスでの国民投票の結果は，1950年代以来60年以上にわたって欧州が推進してきた社会的欧州という理念に大きな疑問を投げかける。

　ところで，社会的欧州に対する疑問が示されたのは，今回が初めてではない。1970年代の欧州統合の停滞期，単一市場の創設に向けた議論の中での加盟諸国の利害対立，ユーロ加盟のためのマーストリヒト基準に対するドイツおよびフランスの批判と基準からの逸脱，リスボン戦略の見直しなど社会的欧州に対する批判・反発とみられる事象を挙げれば，枚挙に暇がない。

　しかしながら，今回のように国民投票により欧州連合離脱が可決された事態が欧州統合に突きつけているのは，社会的欧州の危機である。それはまた社会的欧州と経済通貨統合（European Monetary Union: EMU）の正当性に対する欧州市民の懐疑心から生じた事態ではないだろうか。

　したがって，本章では社会的欧州の危機を社会的排除と社会的包摂という概念を用いて論じたい。すなわち，本章では社会的欧州が社会的排除を克服し社会的包摂を推進するための理念を示すものであり，こうした理念が欧州連合および欧州連合加盟各国の社会政策の政策立案・政策実行に大きな影響を与えてきたものと仮定して，社会的欧州の危機を論じる。特に，社会的欧州の理念に

基づいて実行されてきた社会政策が社会的排除を克服し，社会的包摂を促進することができたのかを明らかにする。

ここで，社会的排除とは，「人々に対する不平等の拡大から生じた社会的結束の喪失と，社会的・経済的脆弱さが再び広がったことを示そうとする」（Bhalla and Lapeyre, 2004, 訳書, 1頁）概念である。他方，社会的包摂とは，「社会的排除に対抗するEUでのもろもろの取り組み」（福原・中村・柳原，2015, 27頁）を示す概念である[1]。

以下，本章は次のように構成される。最初に，欧州統合の過程における社会的排除および社会的包摂の概念の起源と変遷を概観する（第1節）。次いで，2008年秋のサブプライム・ショックに端を発した世界同時不況およびユーロ危機によって社会的欧州が甚大な影響を受け，社会的排除が拡大し社会的包摂が弱体化したことについて統計データを用いて示す（第2節）。最後に，欧州統合過程で目標とされてきた社会的欧州を実現するための社会的包摂政策は十分に機能してこなかったことを示し，社会的欧州の理念を推進することの重要性を提言したい。

1．欧州統合における社会的排除および社会的包摂：概念および政策[2]

本節では，欧州統合の過程における社会的排除および社会的包摂の概念の起源と変遷を概観する。特に，欧州雇用戦略（European Employment Strategy: EES），リスボン戦略および欧州2020戦略の立案・実施過程に社会的欧州の理念がどのような影響を与えてきたかに着目しながら論じる。

1.1　欧州統合における社会的排除および社会的包摂概念の起源と変容

Bhalla and Lapeyre（2004）によれば，欧州で被救済窮民に関連する社会問題が初めて顕在化したのは，19世紀初頭である。この時期の社会問題は政治過程への労働者階級の統合と関連していた。その後，19世紀末から1960年代までの福祉国家の段階的な構築は，先進工業国における社会的緊張や対立を軽

減した。この時期には，貧困を巡る諸問題は，先進工業国においては政治的課題の最優先事項からほとんど姿を消した。

社会的排除は，1960年代半ばのフランスで貧困者救助活動を行っていた社会カトリック運動団体である「ATD第4世界」などによって使用された。ルノワールは，1974年の著書『排除された人々：フランス人の10人中1人』において社会的排除に言及し，同概念はこの時期から注目を浴びるようになった（Bhalla and Lapeyre, 2004, p.3：福原・中村・柳原，2015，21頁）。しかしながら，この時期の社会的排除概念は限定された意味しか持たず，社会的な受容の範囲も限られていた。

転機は1980年代に訪れる。なぜならば，1980年代に登場した新しい社会的懸案問題は，かつて社会に適切に統合されていた諸個人の剥奪に関わるものであったからである。この時期に発生した新しい貧困問題は，不安定な仕事と長期失業，家族や家族以外の社会的ネットワークの弱体化，そして社会的地位の喪失といった多次元の諸問題に苦しんでいる多くの人々に関わるものであった。この新しい社会問題の核心をなすのは，多くの人々が見舞われている社会的脆弱さの再燃である。ここで重大な問題は，人々のかなりの部分が経済的効率とフレキシビリティの名の下で排除されている分断された社会において，社会的結束をどのようにして確保するかである。

社会的排除の概念は，1990年代に主流のパラダイムとなった国民の連帯と社会的排除のメカニズムに関するグローバルな議論の基礎をなす。

以上，社会的排除の概念の起源および歴史を簡単に振り返った。次項では，欧州連合による社会的排除に対する取り組みについて要点を示そう。

1.2 欧州連合（EU）による社会的排除に対する取り組み

本項では，欧州における社会的排除に対する取り組みについて概説する。

欧州において，社会的排除の概念が初めて明確に言及されたのは，1989年の欧州社会憲章の序文においてである。さらには，社会的排除に対する闘いがEUの主要目標の一つとして欧州共同体設立条約（EC条約）に明記されたのは，1997年のアムステルダム条約においてである（136条および137条）。同

条約は，社会的排除と闘うために EU に委譲される権限の範囲を拡大するものであった。これは，欧州レベルでの戦略目標の作成と加盟国政府による評価報告を通じて，各国の雇用政策を緩やかに調整する公開調整方式（Open Method of Coordination: OMC）として具体化された。

最終的に，社会的排除との闘いは，2000 年 12 月に開催されたニース欧州理事会で，EU の社会的アジェンダにおける 6 つの目標の一つになった。このとき，欧州理事会は貧困および社会的排除と闘うための 2 年間にわたる「社会的包摂に関するナショナル・アクション・プラン」を実施するよう加盟国に要請することに同意した。

欧州連合（EU）における社会的排除に対する取り組みは，社会的排除の深刻化が不安定雇用，雇用喪失および長期的失業といった経済的側面に影響を与えることからも，欧州雇用戦略（EES）と深く関連する。例えば，1997 年のルクセンブルク欧州理事会では，第 1 期欧州雇用戦略（1998〜2002 年）が着手された。同戦略に従って，欧州閣僚理事会は 1998 年から 2002 年までの「加盟国の雇用政策のための指針」を決定した。同指針には 4 つの柱があったが，それらは①エンプロイヤビリティ（employability）の向上，②起業家精神の発展による雇用創出，③労働組織の近代化・フレキシブル化を中心とした経済環境の変化に対する調整速度の向上および④男女の機会均等のための政策の強化であった。同指針によって，その後の EU の雇用政策の基本方針が定式化されたと言える。

社会的排除に対する取り組みは，2000 年 3 月のリスボン欧州理事会から本格化する。同理事会では，リスボン戦略が決定された。この中で「人々に投資し社会的排除と闘うことによって欧州社会モデルを近代化すること」を優先的戦略目標の一つとして掲げる[3]。同政策には，①人的資源への投資および②社会的排除に対する闘いが含まれる。前者は，供給サイドへの政策介入を通じて，欧州社会の構造を経済競争力の源泉となるように改革しようとする。後者は，2000 年 12 月のニース欧州理事会によって具体化が図られ，貧困ならびに社会的排除に取り組むための 4 つの共通目標が設定された。4 つの共通目標とは，①就業への参加ならびに資源・権利・財・サービスへの万人のアクセスを促進すること，②排除のリスクを阻止すること，③最も影響を受けやすい人々

を支援することおよび④すべての関係アクターを動員することである。これらの目標を達成するために，加盟国に「社会的包摂に関するナショナル・アクション・プラン（2001〜2003年）」を2001年6月までに欧州委員会に提出することを求めた。

　リスボン戦略は，2000年代半ばに中間評価にかけられた。2004年11月に提出された中間評価（コック報告）では，社会的排除を一切使用していない。社会的包摂という言葉は使用されているものの，労働市場への包摂に限定される。その上，同報告の重点はリスボン戦略の諸目標のうち成長および雇用に優先的に取り組むべきという点におかれた。すなわち，雇用量を増加させることに目標を限定した。そして，同報告が詳細な提言を行ったのは，①知識社会の実現，②サービス分野を含む域内市場の完成，③ビジネスに有利な環境の創出，④包摂的な労働市場の実現，⑤環境の持続可能性という5つの分野であった。同報告をふまえて，欧州委員会はリスボン戦略の修正を行ったが，貧困および社会的排除に対する取り組みよりも経済成長（と雇用）を優先的戦略目標として掲げていた。

　しかしながら，社会的排除に対する取り組みが完全に放棄されることはなかった。なぜならば，2005年3月のブリュッセル欧州理事会を前に，コック報告に危機感を抱いた社会的アクター（欧州レベルの社会的非政府組織および労働組合）が欧州委員会や欧州理事会に対する活発なロビー活動とキャンペーンを展開したからである。これらの活動が行われた結果，2005年3月の欧州理事会の議長総括では，貧困および社会的排除に対する闘いという言葉が再び登場した。

　ただし，修正リスボン戦略では，成長と雇用を優先的戦略目標とした。さらには，経済政策の指針と雇用政策の指針を統合して「統合指針」とし，経済政策と雇用政策の整合性をいっそう強化することも決定した。すなわち，修正リスボン戦略では事実上，貧困および社会的排除の克服に取り組み，社会的包摂を促進する政策は経済政策に対して副次的な役割しか与えられていない。

　リスボン戦略および修正リスボン戦略は，事実上失敗に終わった。なぜならば，両戦略が示した目標を達成できなかったし，2008年秋のリーマンショックに端を発した世界同時不況以降，欧州において大規模な雇用崩壊が発生し失

業が急増したからである。特に，南欧諸国（ポルトガル，イタリア，ギリシャおよびスペイン）での雇用崩壊の規模は未曾有の規模であり，失業率が2倍に急上昇した国もあった。すなわち，貧困および社会的排除が拡大し，社会的包摂は弱体化した。

　リスボン戦略に代わって，2010年6月の欧州理事会によって公式に採択されたのが，欧州2020戦略である。同戦略は，21世紀にふさわしい欧州の社会的市場経済の構想を提示する。同戦略は3つの優先事項および5つの主要目標を定める。ここで，3つの優先事項とは，①活発な成長：知識とイノベーションに依拠する経済の発展，②持続可能な成長：より資源効率が高く，より環境保護志向でより高い競争力を持つ経済の促進および③包摂的な成長：経済的・社会的・地域的結束をもたらすような高水準の雇用を伴う経済の育成である。そして，5つの主要目標とは，①20～64歳の就業率を現状の69％から75％に引き上げること，②研究開発投資を対GDP比3％に上昇させること，③温室効果ガス排出を，1990年水準と比較して少なくとも20％削減すること（条件が整えば30％削減する），④学校教育からの中退率を15％から10％に低下させ，30～44歳年齢層のうち高等教育および職業教育修了者を31％から40％に上昇させることおよび⑤各国において貧困線以下で生活を営んでいる人々の数を25％低下させ，2000万人を超える人々を貧困から脱出させることである。すなわち，欧州2020戦略もまたリスボン戦略と同様に成長と雇用に重点をおいており，社会的包摂を促進する側面は弱いと言わざるを得ない。

　以上のことから，欧州において社会的排除を克服し社会的包摂を促進する政策は，社会的欧州に関連した理念という側面が強く，現実の経済政策においてあまり重視されてこなかったと言える。

　次節において，社会的排除および社会的包摂に関連する統計データを利用することで，2008年秋以降の世界同時不況が欧州における社会的排除の克服および社会的包摂の促進にどのような影響を有していたのかについて論じたい。

2. 欧州における社会的排除の克服と社会的包摂の促進の評価

本節では，まず社会的排除および社会的包摂を捉えるための測定指標について概説し，次いで欧州統計局（Eurostat）のデータを用いて，2008年秋のリーマンショックに端を発した世界同時不況前後にEU加盟国において社会的排除および社会的包摂の程度がどのように変化したのかについて明らかにする。

2.1 社会的排除および社会的包摂の測定指標 [4]

本項では，社会的排除および社会的包摂の程度を測定するための各種指標を説明したい。

Bhalla and Lapeyre（2004）も指摘するように，社会的排除および社会的包摂の程度を測定することは，実際問題として困難を伴う。それにも関わらず，欧州委員会は社会的排除の克服のためにEU加盟国が提出する「ナショナル・アクション・プラン」の履行状況を評価するために一連の指標を採用した。さらには，社会的保護委員会は次のような主要な指標について合意した。すなわち，①各国の所得中央値の60％を低所得線とみなした場合の所得移転後の低所得率[5]，②所得分配（所得の5分位率）[6]，③低所得の持続度[7]，④低所得ギャップの中央値[8]，⑤就業率の差異で測定される地域的な結束度[9]，⑥長期失業率[10]，⑦1人も就労者のいない世帯に属する人々の数，⑧早期に学校を中退した後にさらなる教育も訓練も受けていない人の数[11]，⑨出生時における平均寿命および⑩当事者からみた健康状態である。

以下では，Eurostatからデータを入手することのできた①，②，③，④，⑤，⑥および⑧について統計データを示し，EU全体およびEU加盟国について社会的排除の克服および社会的包摂の促進の程度を経済的・社会的側面から評価する。

なお，利用するデータは年次データである。

2.2 経済危機前後の社会的排除および社会的包摂状況

本項では，Eurostat のデータを利用して，経済危機前後の社会的排除および社会的包摂の程度について示したい。

(1) 各国の所得中央値の 60％を低所得線とみなした場合の所得移転後の低所得率

図表 6-1 は，EU 加盟各国の所得中央値の 60％を低所得線とみなした場合の所得移転後の低所得率を示す。図表 6-1 より，ユーロ圏 18 カ国で経済危機後に低所得率が上昇した（2008 年の 7.5％から 2013 年および 2014 年の 9.5％, 2015 年には 11.2％）。特に，ギリシャ・アイルランド・イタリア・ポルトガル・スペイン（いわゆる GIIPS 諸国）では，2008 年以降ユーロ圏 18 カ国と比較して相対的に高い低所得率（10％超）であった。他方，ベルギー，デンマーク，ドイツ，オランダ，オーストリアおよびスウェーデンにおいて，低所得率が経済危機後に上昇している。

以上のことから，EU 全体で低所得者が増加したが，EU 加盟各国のうち GIIPS 諸国およびベルギー，デンマーク，ドイツ，オランダ，オーストリアおよびスウェーデンにおいて低所得者が増加した。特に，GIIPS 諸国，ベルギー，デンマーク，ドイツ，オランダ，オーストリアおよびスウェーデンでは 2008 年秋以降の世界同時不況の影響が大きく，所得移転を行なった後においても低所得者が増加した。さらには，最新データである 2015 年あるいは 2016 年時点においても低所得率の低下は見られず，これらの諸国では低所得にいったん陥ってしまうと抜け出すことは困難と言えよう（この点は低所得の持続度と関連する）。

(2) 所得分配（所得の 5 分位率）

図表 6-2 は，EU 加盟各国の所得分配（所得の 5 分位率）を示す。図表 6-2 より，ユーロ圏 18 カ国で経済危機後に所得の 5 分位率（所得分配の不平等）が拡大した（2005 年の 4.6 から 2011 年から 2013 年までの 5, 2014 年には 5.2）。ポルトガル・イタリア・ギリシャ・スペインでは，2005 年以降ユーロ圏

図表 6-1　各国の所得中央値の 60％を低所得線と見なした場合の所得移転後の低所得率（25歳から49歳）

(％)

	2007	2008	2009	2010	2011	2012	2013	2014	2015	2016
ユーロ圏（18カ国）	-	7.5	7.9	8.7	8.8	9.1	9.5	9.5	11.2	-
ベルギー	5.8	6.4	6.8	6.3	4.9	9.4	9.5	9.2	9.4	9.3
デンマーク	1.7	2.8	1.4	3.1	7.3	4.2	3.0	6.4	3.7	-
ドイツ	-	6.7	6.4	8.0	9.5	8.6	8.4	7.6	10.5	-
アイルランド	7.6	-	-	-	8.2	9.2	7.4	9.4	8.1	-
ギリシャ	9.5	9.8	14.6	15.0	7.1	12.8	12.9	15.9	14.9	-
スペイン	7.0	8.3	9.8	8.6	10.4	12.2	10.7	13.9	15.5	14.5
フランス	5.1	-	-	-	-	5.7	6.7	7.4	7.5	-
イタリア	12.5	11.3	10.4	10.4	11.3	11.7	14.2	11.8	15.0	-
ルクセンブルク	8.8	8.7	9.2	6.4	6.5	5.9	8.6	8.1	11.9	-
オランダ	-	4.3	3.5	8.7	7.6	6.1	6.0	6.3	8.0	5.5
オーストリア	3.9	2.8	4.4	5.3	8.4	8.1	7.0	6.6	6.8	6.9
ポルトガル	10.5	10.9	7.0	11.0	11.3	7.5	11.0	9.6	12.3	-
フィンランド	5.6	3.9	3.2	7.8	4.2	6.6	4.4	4.8	5.3	-
スウェーデン	1.8	2.6	3.1	3.5	2.8	5.0	5.8	4.4	6.9	-
イギリス	-	5.2	5.9	5.1	4.1	7.1	5.5	5.1	4.5	-

出所：EUROSTAT のデータより作成。

18カ国と比較して相対的に高い所得分配の不平等（5倍超，場合によっては7倍近く）が見られた。他方，デンマーク，フランス，ルクセンブルク，オーストリアおよびスウェーデンでは経済危機後に所得分配の不平等が拡大した。また，イギリスにおいても，ユーロ圏18カ国平均を上回る所得分配の不平等を記録した。しかし，イギリスの場合には6倍を超えたことはなく，南欧諸国のような高止まり現象は見られない。ところで，デンマーク，フランス，ルクセンブルク，オーストリアおよびスウェーデンでは，経済危機前には所得不平等は南欧諸国と比較して小さかったが，経済危機後所得不平等が拡大していった。

以上のことから，EU 全体で所得不平等が拡大した。特に，南欧諸国では経済危機以前から所得分配の不平等が大きかったが，経済危機以後不平等が拡大

表 6-2　所得分配所得の 5 分位率

	2005	2006	2007	2008	2009	2010	2011	2012	2013	2014	2015	2016
ユーロ圏 (18 カ国)	4.6	4.7	4.8	4.9	4.8	4.9	5.0	5.0	5.0	5.2	5.1	-
ベルギー	4.0	4.2	3.9	4.1	3.9	3.9	3.9	4.0	3.8	3.8	3.8	3.8
デンマーク	3.5	3.4	3.7	3.6	4.6	4.4	4.0	3.9	4.0	4.1	4.1	4.1
ドイツ	3.8	4.1	4.9	4.8	4.5	4.5	4.5	4.3	4.6	5.1	4.8	-
アイルランド	5.0	4.9	4.8	4.4	4.2	4.7	4.6	4.8	4.7	4.9	4.5	-
ギリシャ	5.8	6.1	6.0	5.9	5.8	5.6	6.0	6.6	6.6	6.5	6.5	6.6
スペイン	5.5	5.5	5.5	5.6	5.9	6.2	6.3	6.5	6.3	6.8	6.9	6.6
フランス	4.0	4.0	3.9	4.4	4.4	4.4	4.6	4.5	4.5	4.3	4.3	-
イタリア	5.6	5.4	5.4	5.2	5.3	5.4	5.7	5.6	5.8	5.8	5.8	-
ルクセンブルク	3.9	4.2	4.0	4.1	4.3	4.1	4.0	4.1	4.6	4.4	4.3	-
オランダ	4.0	3.8	4.0	4.0	4.0	3.7	3.8	3.6	3.6	3.8	3.8	4.2
オーストリア	3.8	3.7	3.8	4.2	4.2	4.3	4.1	4.2	4.1	4.1	4.0	4.1
ポルトガル	7.0	6.7	6.5	6.1	6.0	5.6	5.7	5.8	6.0	6.2	6.0	-
フィンランド	3.6	3.6	3.7	3.8	3.7	3.6	3.7	3.7	3.6	3.6	3.6	3.6
スウェーデン	3.3	3.6	3.3	3.5	3.7	3.5	3.6	3.7	3.7	3.9	3.8	4.3
イギリス	5.9	5.4	5.3	5.6	5.3	5.4	5.3	5.0	4.6	5.1	5.2	-

出所：EUROSTAT のデータより作成。

した。さらには，デンマーク，フランス，ルクセンブルク，オーストリアおよびスウェーデンでも所得不平等が拡大していった。最新データである 2015 年あるいは 2016 年時点においても所得分配の不平等の低下は見られず，これらの諸国では「適切な」所得再分配政策を実施しなければ，所得階層間の格差の是正は困難と言えよう。

ただし，アイルランドだけは例外であり，2008 年以降所得分配の不平等の縮小がみられる上に，ユーロ圏 18 カ国平均を下回る水準で推移してきた。

(3) 低所得の持続度

図表 6-3 は，EU 加盟各国の低所得の持続度を示す。図表 6-3 より，ユーロ圏 18 カ国で経済危機後に所得の低所得の持続度が上昇した（2008 年の 9% から 2012 年および 2013 年の 10.4%，2015 年には 11.5%）。ギリシャ・アイルラ

表 6-3 貧困率の持続性 全体 (%)

	2007	2008	2009	2010	2011	2012	2013	2014	2015	2016
ユーロ圏 (18カ国)	–	9.0	9.7	10.3	10.1	10.4	10.4	10.6	11.5	–
ベルギー	7.8	9.0	9.2	9.3	8.0	9.9	8.7	9.5	9.8	10.0
デンマーク	4.7	4.9	2.7	6.3	6.4	5.7	5.1	5.3	4.3	–
ドイツ	–	7.2	8.1	9.1	10.4	10.4	10.6	9.5	11.3	–
アイルランド	11.6	–	–	–	8.8	13.2	9.1	10.7	9.4	
ギリシャ	13.1	13.0	16.1	17.6	10.5	13.8	12.4	14.5	13.3	
スペイン	10.2	11.0	12.5	11.6	12.7	13.3	12.1	14.3	15.8	14.8
フランス	6.4	–	–	–	–	7.0	8.3	7.9	8.5	
イタリア	14.6	12.7	13.0	11.6	11.8	13.1	13.2	12.9	14.3	
ルクセンブルク	8.9	8.4	8.8	6.0	6.5	7.1	9.2	8.7	12.0	–
オランダ	–	6.4	4.7	8.2	7.7	5.8	6.5	7.7	7.3	6.9
オーストリア	5.5	5.6	6.2	6.5	9.8	8.7	8.9	8.5	8.8	8.1
ポルトガル	14.1	13.1	9.8	13.2	13.6	11.4	11.7	12.0	13.6	
フィンランド	7.6	6.8	6.5	7.7	7.5	7.4	7.0	7.0	8.3	
スウェーデン	2.1	2.6	3.7	4.9	4.1	7.2	7.6	6.6	7.0	
イギリス	–	8.5	8.0	7.4	6.9	8.6	7.8	6.5	7.3	–

出所: EUROSTAT のデータより作成。

ンド・イタリア・ポルトガル・スペイン (GIIPS 諸国) では, 2008 年の経済危機以前からすでに低所得の持続度は高水準であったが, 2008 年以後上昇が見られる。他方, ベルギー, デンマーク, ドイツ, フランス, オーストリアおよびスウェーデンでは, 経済危機後に低所得の持続度が上昇した。さらには, ギリシャ, スペイン, ベルギー, ドイツ, フランス, オーストリアおよびスウェーデンでは, 最新データである 2015 年あるいは 2016 年時点においても低所得の持続度の低下は見られない。

すなわち, EU 全体でいったん低所得に陥ってしまうとそこから脱出することが困難になった。特に, ギリシャ, スペイン, ベルギー, ドイツ, フランス, オーストリアおよびスウェーデンでは 2008 年秋以降の世界同時不況の影響が大きく, いったん低所得に陥ってしまうと脱出することは困難と言えよう。

(4) 低所得ギャップの中央値

図表 6-4 は，EU 加盟各国の低所得ギャップの中央値を示す。図表 6-4 より，ユーロ圏 18 カ国で経済危機後に低所得ギャップの中央値が上昇した（2005年の 23.5％から 2012 年の 25.3％，2015 年には 27.4％）。ポルトガル・イタリア・ギリシャ・スペインでは，2005 年以降ユーロ圏 18 カ国と比較して相対的に高い低所得ギャップの中央値（25％超）であった。特に，イタリアでは 2011 年以降，ギリシャおよびスペインでは 2012 年以降，そしてポルトガルでは 2013年以降 30％を超える。他方，デンマーク，フランス，オーストリアおよびフィンランドでは，経済危機後に低所得率ギャップの中央値が上昇した。さらには，最新データである 2015 年あるいは 2016 年時点においても低所得ギャップの中央値の低下は見られない（アイルランドだけは例外である）。

図表 6-4 低所得ギャップの中央値（全体） (％)

	2005	2006	2007	2008	2009	2010	2011	2012	2013	2014	2015	2016
ユーロ圏（18 カ国）	23.5	24.1	24.5	23.6	24.1	24.9	25.2	25.3	25.9	27.1	27.4	-
ベルギー	18.8	21.4	20.5	19.0	20.8	21.1	20.0	21.0	22.8	21.6	19.7	21.3
デンマーク	21.6	23.4	24.4	24.7	29.5	29.5	26.2	23.6	25.5	29.5	25.1	25.8
ドイツ	20.6	21.7	25.9	24.7	23.6	22.6	24.4	22.8	22.0	24.8	24.6	-
アイルランド	22.8	18.6	19.9	20.5	17.3	15.4	18.8	21.3	17.9	19.0	19.6	
ギリシャ	24.1	26.9	26.0	25.9	26.1	24.8	28.7	33.4	33.4	34.2	33.4	34.7
スペイン	28.8	29.6	29.6	26.5	27.5	29.7	29.1	32.1	31.5	33.0	34.9	33.2
フランス	17.2	20.0	18.1	18.3	19.8	21.2	18.2	17.4	17.9	17.9	17.3	
イタリア	27.3	27.2	25.5	25.8	26.4	28.7	30.9	28.9	31.5	32.0	32.9	-
ルクセンブルク	19.9	19.7	19.6	17.7	18.0	18.6	15.7	15.7	17.4	17.0	19.4	-
オランダ	21.8	18.2	18.2	17.0	19.9	17.3	16.6	18.6	18.2	18.7	18.7	19.1
オーストリア	18.4	18.8	19.9	21.3	20.8	23.8	19.1	23.5	23.2	21.1	21.7	20.5
ポルトガル	28.0	24.8	27.3	23.6	26.0	25.7	25.9	26.9	31.2	32.7	32.1	-
フィンランド	17.8	16.6	16.7	19.2	19.6	17.3	17.9	18.0	18.8	18.2	18.7	16.9
スウェーデン	21.7	27.4	24.4	23.9	24.8	25.4	22.2	25.6	22.8	25.4	24.5	25.3
イギリス	25.5	25.8	24.8	22.5	21.8	22.9	22.6	22.8	21.7	20.7	22.1	-

出所：EUROSTAT のデータより作成。

すなわち，EU 全体で低所得（貧困）が深刻化した。特に，南欧諸国，デンマーク，フランス，オーストリアおよびフィンランドでは 2008 年秋以降の世界同時不況の影響が大きく，低所得（貧困）の深刻化の程度が大幅に悪化したと言えよう。

(5) 就業率の差異で測定される地域的な結束度

　図表 6-5 は，EU 加盟各国の就業率の差異で測定される地域的な結束度を示す。図表 6-5 より，ユーロ圏 18 カ国で経済危機後に就業率が低下した（2008 年の 70.2％から 2013 年の 67.7％へ低下後，2016 年には 69.9％に回復した）。ポルトガル・イタリア・ギリシャ・スペインでは 2005 年以降，欧州 2020 戦略における目標値を一度も達成できなかった。他方，アイルランドでは 2008 年までは目標値を達成できていたにも関わらず，2009 年以降就業率は低下した。ただし，2016 年には再び目標値を上回る水準にまで回復した。ところで，デンマーク，オランダ，フィンランド，スウェーデンおよびイギリスでは，経済危機後に就業率の低下が見られた。ただし，ドイツおよびオーストリアは例外であり，経済危機後も就業率が上昇し続けた。

　以上のことから，EU 全体では就業率の低下が見られたものの，大幅に低下したわけではなかった。しかし，南欧諸国，デンマーク，オランダ，フィンランドおよびスウェーデンでは 2008 年秋以降の世界同時不況の影響が大きく，いったん職を失ってしまうと再び就業状態に戻ることは困難と言えよう。他方，ドイツおよびオーストリアでは就業率に関しては経済危機の影響が皆無であったと言えよう。最後に，南欧諸国の地域的結束度は相対的に低く，結束は脆いと言わざるを得ない。

(6) 長期失業率

　図表 6-6 は，EU 加盟各国の長期失業率を示す。図表 6-6 より，アイルランドおよびスペインでは 2008 年から 2009 年にかけて長期失業率が 2 倍以上に急上昇した。その後も上昇し，アイルランドでは 2012 年に最悪の 9％を記録した。スペインでは 2013 年から 2014 年にかけて 13％を記録した。他方，ギリシャ，イタリア，ポルトガルに関して言えば，アイルランドおよびスペインに

図表 6-5 就業率の差異で測定される地域的な結束度（全体） (%)

	2005	2006	2007	2008	2009	2010	2011	2012	2013	2014	2015	2016	目標
ユーロ圏（18カ国）	67.9	68.9	69.9	70.2	68.8	68.4	68.4	68.0	67.7	68.2	68.9	69.9	-
ベルギー	66.5	66.5	67.7	68.0	67.1	67.6	67.3	67.2	67.2	67.3	67.2	67.7	73.2
デンマーク	78.0	79.4	79.0	79.7	77.5	75.8	75.7	75.4	75.6	75.9	76.5	77.4	80.0
ドイツ	69.4	71.1	72.9	74.0	74.2	75.0	76.5	76.9	77.3	77.7	78.0	78.6	77.0
アイルランド	72.6	73.4	73.8	72.2	66.9	64.6	63.8	63.7	65.5	67.0	68.7	70.3	69.0
ギリシャ	64.4	65.6	65.8	66.3	65.6	63.8	59.6	55.0	52.9	53.3	54.9	56.2	70.0
スペイン	67.5	69.0	69.7	68.5	64.0	62.8	62.0	59.6	58.6	59.9	62.0	63.9	74.0
フランス	-	-	-	-	-	-	-	-	-	69.3	69.5	70.0	75.0
イタリア	61.5	62.4	62.7	62.9	61.6	61.0	61.0	60.9	59.7	59.9	60.5	61.6	67.0
ルクセンブルク	69.0	69.1	69.6	68.8	70.4	70.7	70.1	71.4	71.1	72.1	70.9	70.7	73.0
オランダ	75.1	76.3	77.8	78.9	78.8	76.8	76.4	76.6	75.9	75.4	76.4	77.1	80.0
オーストリア	70.4	71.6	72.8	73.8	73.4	73.9	74.2	74.4	74.6	74.2	74.3	74.8	77.0
ポルトガル	72.2	72.6	72.5	73.1	71.1	70.3	68.8	66.3	65.4	67.6	69.1	70.6	75.0
フィンランド	73.0	73.9	74.8	75.8	73.5	73.0	73.8	74.0	73.3	73.1	72.9	73.4	78.0
スウェーデン	77.9	78.8	80.1	80.4	78.3	78.1	79.4	79.4	79.8	80.0	80.5	81.2	80.0
イギリス	75.2	75.2	75.2	75.2	73.9	73.5	73.5	74.1	74.8	76.2	76.8	77.5	-

出所：EUROSTAT のデータより作成。

比肩するほどの急上昇は当初見られなかった。しかし，その後長期失業率が急上昇し，ギリシャでは 2013 年から 2015 年にかけて 18％超を記録した。イタリアおよびポルトガルでは他の GIIPS 諸国よりは低水準であったが，それでも 7.7％（イタリア，2014 年），9.3％（ポルトガル，2013 年）という数値は他の EU 加盟国と比べて高水準であった。ところで，デンマーク，フランス，ルクセンブルク，オランダ，オーストリア，フィンランド，スウェーデンおよびイギリスでも，経済危機後に長期失業率の上昇が見られる。唯一の例外はドイツであり，経済危機の発生にも関わらず 2005 年から 2016 年まで一貫して長期失業率が低下してきた。

以上のことから，EU 加盟各国間でばらつきが見られるものの，一般的に 2008 年秋以降の世界同時不況の影響が大きく，いったん失業してしまうと失業状態が長期間持続すると言えよう。

図表 6-6　長期失業率（全体）　　　　　　　　　　（％）

	2005	2006	2007	2008	2009	2010	2011	2012	2013	2014	2015	2016
ベルギー	4.4	4.2	3.8	3.3	3.5	4.0	3.5	3.4	3.9	4.3	4.4	4.0
デンマーク	1.1	0.8	0.6	0.5	0.6	1.5	1.8	2.1	1.8	1.7	1.7	1.4
ドイツ	5.9	5.7	4.9	3.9	3.5	3.3	2.8	2.4	2.3	2.2	2.0	1.7
アイルランド	1.4	1.4	1.4	1.7	3.5	6.8	8.6	9.0	7.8	6.6	5.3	4.2
ギリシャ	5.2	4.9	4.2	3.7	3.9	5.7	8.8	14.5	18.5	19.5	18.2	17.0
スペイン	2.2	1.8	1.7	2.0	4.3	7.3	8.9	11.0	13.0	12.9	11.4	9.5
フランス	3.4	3.5	3.0	2.6	3.0	3.5	3.6	3.7	4.0	4.2	4.3	4.3
イタリア	3.7	3.3	2.9	3.0	3.4	4.0	4.3	5.6	6.9	7.7	6.9	6.7
ルクセンブルク	1.2	1.4	1.2	1.6	1.2	1.4	1.6	1.8	1.6	1.9	2.2	
オランダ	1.9	1.7	1.2	0.9	0.8	1.2	1.6	1.9	2.5	2.9	3.0	2.5
オーストリア	1.4	1.5	1.3	1.0	1.2	1.2	1.2	1.2	1.3	1.5	1.7	1.9
ポルトガル	3.7	3.9	3.8	3.6	4.2	5.7	6.2	7.7	9.3	8.4	7.2	6.2
フィンランド	2.1	1.9	1.5	1.2	1.4	2.0	1.7	1.6	1.7	1.9	2.3	2.3
スウェーデン	1.1	1.0	0.8	0.8	1.1	1.6	1.5	1.5	1.4	1.5	1.5	1.3

出所：EUROSTATのデータより作成。

（7）早期に学校を中退した後にさらなる教育も訓練も受けていない人の比率（ニート率）

　図表 6-7 は，EU 加盟各国の早期に学校を中退した後にさらなる教育も訓練も受けていない人の比率を示す。図表 6-7 より，アイルランドおよびスペインでは 2008 年から 2009 年にかけてニート率が 3％以上上昇した。その後もアイルランドでは 2010 年に最悪の 19.2％を記録した。スペインでは 2009 年から 2014 年にかけて 17％超を記録した。他方，ギリシャ，イタリアに関して言えば，アイルランドおよびスペインに比肩するほどの急上昇は当初見られなかった。しかし，その後ニート率が急上昇し，ギリシャでは 2011 年から 2015 年にかけて 17％超を記録した（特に 2012 年および 2013 年には 20％を超えていた）。イタリアでは元来，ポルトガルを除く他の GIIPS 諸国よりも高水準であった（2005 年以降一貫して 16％を超えていた）。2008 年の世界同時不況以降は数値が上昇し，2011 年から 2015 年には 20％を超えていた。ポルトガルが唯一の例外であり，概ね 11％～ 14％程度で推移してきた。それでも他の EU

図表 6-7　早期に学校を中退後，さらなる教育も訓練も受けていない人の比率（全体）　（％）

	2005	2006	2007	2008	2009	2010	2011	2012	2013	2014	2015	2016
ベルギー	13.0	11.2	11.2	10.1	11.1	10.9	11.8	12.3	12.7	12.0	12.2	9.9
デンマーク	4.3	3.6	4.3	4.3	5.4	6.0	6.3	6.6	6.0	5.8	6.2	5.8
ドイツ	10.9	9.6	8.9	8.4	8.8	8.3	7.5	7.1	6.3	6.4	6.2	6.6
アイルランド	10.9	10.1	10.8	15.0	18.6	19.2	18.8	18.7	16.1	15.2	14.3	13.0
ギリシャ	15.9	12.0	11.3	11.4	12.4	14.8	17.4	20.2	20.4	19.1	17.2	15.8
スペイン	13.0	11.8	12.0	14.3	18.1	17.8	18.2	18.6	18.6	17.1	15.6	14.6
フランス	11.2	11.3	10.7	10.5	12.7	12.7	12.3	12.5	11.2	11.4	12.0	11.9
イタリア	17.1	16.8	16.1	16.6	17.6	19.0	19.7	21.0	22.2	22.1	21.4	19.9
ルクセンブルク	5.5	6.7	5.7	6.2	5.8	5.1	4.7	5.9	5.0	6.3	6.2	5.4
オランダ	5.3	4.0	3.5	3.4	4.1	4.3	4.3	4.9	5.6	5.5	4.7	4.6
オーストリア	8.6	7.8	7.4	7.4	8.2	7.4	7.3	6.8	7.3	7.7	7.5	7.7
ポルトガル	11.1	10.6	11.2	10.2	11.2	11.4	12.6	13.9	14.1	12.3	11.3	10.6
フィンランド	7.8	7.7	7.0	7.8	9.9	9.0	8.4	8.6	9.3	10.2	10.6	9.9
スウェーデン	10.5	9.3	7.5	7.8	9.6	7.7	7.5	7.8	7.5	7.2	6.7	6.5
イギリス	8.4	8.6	11.9	12.1	13.2	13.6	14.2	13.9	13.2	11.9	11.1	10.9

出所：EUROSTAT のデータより作成。

加盟国と比べて高水準であった。ところで，デンマーク，フランス，オランダ，フィンランドおよびイギリスでも，経済危機後にニート率の上昇が見られた。特筆すべきはドイツであり，経済危機後に一貫して同国の 2007 年のニート率を下回り続けた。

以上のことから，EU 加盟各国間でばらつきが見られるものの，一般的に 2008 年秋以降の世界同時不況の影響が大きく，いったんニート状態に陥ってしまうとニート状態が長期間持続すると言えよう。

以上，7 個の指標を用いて EU 加盟国における社会的排除および社会的包摂の現状を示した。これらの指標から結論として次の 2 点を提示できる。

第一に，経済的側面（指標 (1)，(2)，(3)，(4)，(5) および (6)）から見れば，2008 年の世界同時不況以降，EU 加盟各国において，社会的排除が進み社会的包摂が弱体化した。特に，南欧諸国（ポルトガル，イタリア，ギリシャおよびスペイン）における社会的排除の進展および社会的包摂の弱体化は顕著

である．

　第二に，社会的側面（指標（7））から見ても，概ね 2008 年の世界同時不況以降，EU 加盟各国における社会的排除が進み社会的包摂が弱体化した．特に，南欧諸国における社会的排除の進展および社会的包摂の弱体化は顕著である．

　以下では，結論および経済学的インプリケーションを示したい．

おわりに

　以上，本章では社会的欧州の危機を社会的排除と社会的包摂という概念を用いて議論した．具体的には，第一節では欧州統合の過程における社会的排除および社会的包摂の概念の起源と変遷を概観した．第二節では，2008 年秋のサブプライム・ショックに端を発した世界同時不況およびユーロ危機が社会的欧州に甚大な影響を与え，社会的排除を拡大し社会的包摂を弱体化させたことについて統計データを用いて示した．

　ここでは，本章の議論から導かれる経済学的インプリケーションを示したい．

　第一節の議論から明らかなように，欧州統合が目標としてきたのは，社会的排除を克服し社会的包摂を推進することで，欧州の社会不安の要因を取り除き，社会的欧州を実現することであった．

　しかしながら，第二節の議論から明らかなように，欧州統合過程で目標とされてきた社会的欧州を実現するための社会的包摂政策は十分に機能してこなかった．そればかりか，2008 年秋のサブプライム・ローン問題に端を発した世界同時不況およびその後のユーロ危機，欧州債務危機といった様々な危機が，社会的包摂を弱体化させ，社会的排除を拡大してしまった．

　ところで，危機に瀕しているからといって，社会的欧州の理念を放棄し，社会的包摂政策を実施しないことは不適切である．なぜならば，社会的排除が深刻化し，社会不安が高まり社会の分断がさらに深まれば，欧州統合は瓦解するからである．

したがって，EU，EU加盟諸国および欧州市民といった様々なアクターが社会的欧州の理念を再認識し，社会的包摂政策を実施することを通じて，欧州全体の社会的結束を高めていくことが求められる。危機に直面している現在こそ社会的欧州を実現する好機である。

なお，本章では社会的排除および社会的包摂を経済的・社会的側面からのみ評価した。今後，政治的側面および社会的側面を十分に考慮した上で，より厳密な実証分析を行うことが必要であると思われる。

（畠山光史）

注

1 より詳しい説明はBhalla and Lapeyre（2004）の第1章および福原・中村・柳原（2015）の序章を参照されたい。
2 本節の記述は，Bhalla and Lapeyre（2004），辰巳（2014），福原・中村（2012）および福原・中村・柳原（2015）に依拠する。
3 リスボン戦略におけるもう一つの優先的戦略課題は，欧州金融市場の統合である。
4 本項の記述は，Bhalla and Lapeyre（2004）の第2章に依拠する。
5 現時点そして直近3年間のうち少なくとも2年間において，可処分所得が貧困の危機の閾値（可処分所得の中央値の60%）未満にある人口比率として計測される。
6 上位20%が受け取る総所得の下位20%が受け取る総所得に対する比率として計測される。
7 現時点そして直近3年間のうち少なくとも2年間において，可処分所得が貧困の危機の閾値未満にある人口比率として計測される。
8 貧困の危機にある相対的中央値のギャップは，貧困の危機の閾値未満の総純所得に等しい中央値と所得中央値の60%で示される貧困の危機の閾値との差として計測される。
9 就業率は，20歳から64歳までの就業者が同年齢社会集団の総人口に占める割合として計測される。
10 長期失業率は，12カ月あるいは12カ月よりも長期間にわたる失業者が生産年齢人口に占める割合として計測される。
11 雇用されておらず教育も訓練も受けていない15歳から24歳までの若年者の比率として計測される。

参考文献

辰巳浅嗣（2014）『EU―欧州統合の現在 第3版』創元社。
福原宏幸・中村健吾編（2012）『21世紀のヨーロッパ福祉レジーム―アクティベーション改革の多様性と日本』糺の森書房。
福原宏幸・中村健吾・柳原剛司編（2015）『ユーロ危機と欧州福祉レジームの変容―アクティベーションと社会的包摂』明石書店。
Bhalla, S. Ajit and Frédéric Lapeyre（2004）*Poverty and Exclusion in a Global World: Second Revised Edition*, Palgrave Macmillan, Basingstoke/New York（福原 宏幸・中村 健吾監訳『グローバル化と社会的排除―貧困と社会問題への新しいアプローチ』昭和堂，2005年）．
Eurostatデータベース（http://ec.europa.eu/eurostat）

第 7 章

単一市場と労働問題
―― 社会的規制は単一市場の発展に役立つのか

はじめに

　現在，EU において国外送出労働者[1]（Posted Worker，以下 PW で略記）が大きな問題となっている。筆者はこれまで一連の論文（本田，2009：2011：2013）において，PW が原因となって 2003 年のフィンランド，2004 年のスウェーデン，2009 年のイギリスで生じた 3 つの労働争議の事例研究を行い，PW の問題に光を当ててきた。拙稿においてはいずれの国でも PW が労使間の深刻な軋轢をもたらしたことを示したが，そのような軋轢が生じる根本的な原因は「経済統合とその社会的側面の発展を同時に目指してきた EU 統合そのものが抱える葛藤」であること，しかしながら「統合の経済的側面と社会的側面の両方を同時に発展させること」こそが，EU のアイデンティティであるため，困難が伴うとしても EU は統合の経済的側面と社会的側面の間の最適なバランスを見出していかざるを得ないことを指摘した。2013 年当時は PW 問題に関して制度展開が膠着状態にあったが，その後，PW に関するルールの制度化に関して目立つ動きがあった。また，当時は得られなかった PW についての統計情報も不完全ながら得られるようになった。そこで，本章では最新のデータを用いて PW の現況を示し[2]，2013 年以後の政策展開をフォローアップし，最近の動きが今後の単一市場にとってもつ意味を考察したい。

　最初に第 1 節において EU における PW の現況を簡単に提示し，PW の経済的意義について述べ，PW を規制するため作られた制度を説明する。次に第 2 節でその制度の問題点とそれゆえに生じた問題の具体的事例を見る。続く第 3 節においては欧州委員会が 2016 年に出した改正案の内容と改正案をめぐる利

害対立を見た後，この法改正の動きが単一市場の発展に対してもつ意味について若干の考察を加えたうえ，最後に今後の研究課題を述べる。

1．PW 問題と PWD

1.1　EU における PW の現況

　PW とは手短に言うと「他の加盟国においてサービスを実施するため雇用者によって一時的に送られる被雇用者[3]」のことである。PW の数は PD A1 という EU の社会保障システムの調和に関連して提出される書類の件数から近似値が推測される[4]。PW 数と PD A1 の数は必ずしも一致しないが，ここでは同じものとして扱う[5]。以下で示す数値は実際には PD A1 数であるが，PW 数とみなして現況を提示する。

　2015 年において他の加盟国に送られた PW は約 205 万である。このうち約 149 万が他の EU 加盟国 1 カ国に送られ，約 51 万が EU 加盟国 2 カ国以上に送られて働く。前者が就業する最大の産業は建設業で，全体の約 42％を占める。製造業は約 25％，サービス業は約 33％，農業は 1％未満である。これに対して後者では運輸業等が最大で約 34％を占め，それ以外のサービス業と合わせるとサービス業が全体の約 66％を占め，製造業は約 13％，建設業は約 20％，農業は約 1％である。

　図表 7-1 は EU 加盟国 1 カ国のみに送られた PW の送出・受入の状況を示す。左図（a）は送出状況を表す。PW の最大の送出国はポーランドである。右図（b）は受入状況を表す。最大の受入国はドイツとなっている。右図（b）は EU15（2004 年の拡大前の既加盟国合計）と EU13（2004 年以降の新規加盟国合計）別の受入内訳も示すが，ドイツ，オーストリア，スウェーデン以外は EU15 からの PW の割合が多い。EU 全体としては受入先の約 85％が EU15 である一方で，送出元は EU15 が 56％，EU13 が 44％となっている[6]。

　PD AI データから PW の 2010 年から 2015 年までの 6 年間の推移を見ることができる。加盟国 1 カ国に送出された 2010 年における EU 全体の PW は約

図表 7-1　EU における PW 送出・受入（2015 年）

(a) 主な PW 送出国の送出数

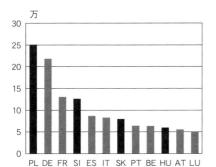

(b) 主な PW 受入国の受入数

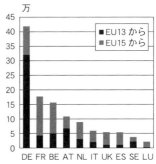

出所：European Commission（2017）掲載の PD A1 データより筆者作成。

106 万で，この 6 年間年々増加してきた。この間最も増加が著しかったのがスロベニアで，約 2 万（2010 年）から約 13 万へ（2015 年）へと急増した。他にもリトアニア，スロバキアなど EU13 からの送出が急増している。2 カ国以上へ送出される PW は 2010 年に EU 全体では約 17 万であったが，こちらも 6 年間年々増加した。EU13 からの送出の急増が顕著である[7]。

1.2　EU における PW の経済的利益とリスク

　PW は EU にどのような経済的利益をもたらすと考えられているのだろうか[8]。ここで注意しておきたい点は，PW は EU の労働者の自由移動（Mobile Worker，以下 MW で記す）とは制度上は別物であることである。1958 年に発効した EEC 設立条約は，共同体域内における労働者の自由移動と並んで，企業による開業の自由とサービス提供の自由を規定しており，PW はこのうちサービス提供の自由の枠組み内で雇用者によって他の EU 加盟国へ送られる。MW は他の加盟国に移動して求職活動をし，EU 域内のどこで雇用されても雇用・労働条件，社会法制上，税法上すべてにおいて内国民と平等の待遇を与えられるのに対して，PW は一定期間だけ他の EU 加盟国に送られることが想定されており，MW と同等の待遇は与えられていない。MW と PW はどちらも他の EU 加盟国に移動して働く，EU 市民であり，労働者であるにもかかわら

ず，EU 法による保護の程度が異なっている。

　EU 法上の保護は異なるとはいえ，MW と PW はどちらも労働移動であるので，両者がもたらす経済的利益には共通性がある。それは国境を越えた労働移動によって競争均衡を達成させ，EU 全体の厚生を増大させるという経済的利益である。ただ，PW はサービスとしての労働移動であるので，その意味でEU にとっていっそう重要であると考えられる。それは EU 域内サービス貿易は EU の GDP 全体の 75％にも及ぶが，この分野での生産性はアメリカなどと比較すると低く，その原因は EU 単一サービス市場が依然として分断されたままで不完全なためであり，その結果，EU におけるサービスの消費者は高価格の甘受を強いられ，技術革新やサービスの質の向上は抑えられ，世界市場での欧州企業の競争力を削いでいるとされてきたからである。PW はサービスにおける競争を促進するので，欧州のサービス市場の効率性改善に寄与すると期待された。

　MW と PW に共通する経済的利益としては他にも受入加盟国の特定産業の熟練労働力不足の解消や国境を越えた知識の交換の促進，企業の国際化などが挙げられる。しかし PW はその一時的な特徴ゆえに，MW に比べより大きな経済利益をもたらすと考えられる。例えばある国の景気が悪い時に，企業は自社の熟練労働者を解雇することなく景気の良い他の加盟国に PW を一時的に送出し，逆に自国の景気の良い時には，追加で労働者を雇用することなく景気の悪い他の加盟国から PW のサービス提供を受けることができる。PW は失業を抑えながら景気循環に対処できる点で企業にとっても労働者にとっても望ましいと考えられた。

　PW には以上のような経済的利益があると考えられる一方で大きなリスクもあった。MW は自らの意志で他の EU 加盟国に移動するため，移動先の言語を習得していることや移動先にすでに知り合いを持つことも多く，また，EU 法により内国民との均等待遇を保障されているので企業によって搾取されるリスクは低い。これに対し，PW は送出先の言語の知識や情報を持たず知り合いを持たないことが多いため，これを利用され，長時間労働を強いられたり，最低賃金を下回る賃金しか支払われなかったり，不健康で危険な環境で働かされるリスクがあった。他にも PW によって国境を越えた多重下請けが生じ，そ

れによって市場の複雑性が増し，市場の透明性に負の効果をもたらすこと，より安価な PW によって国内労働者が置き換えられ，各国政府が失業を抑えるために自国の労働者の権利を低下させることを余儀なくされるなどのリスクが懸念された。

1.3 PW に対する最初の社会的規制の制定

単一市場から得られる利益を最大化しながら，PW に対する社会的保護とのバランスをとることが必要とされるようになり，1996 年 12 月付で立法化されたのが「サービス提供の枠組みにおける労働者の送出に関する欧州議会と理事会の指令（Directive 96/71/EC of the European Parliament and of the Council of 16 December 1996 concerning the posting of workers in the framework of the provision of service）[9]」（以下，PWD と記載）である。

PWD の保護対象である PW とは「限られた期間，自分が通常働いている国以外の加盟国の領土において職務を実行する労働者」（第 2 条第 1 項）である[10]。PW を送出する企業として 3 種類の企業が規定されている。それらは①送出元企業と労働者の間に送出期間中雇用関係が存在するという条件で，送出元企業とサービス提供先との契約に基づき，その計算と指揮下において加盟国の領土に労働者を送出する企業，②送出元企業と労働者の間に送出期間中雇用関係が存在するという条件で，その企業の事業所や企業グループに所有される企業に送出する企業，③送出元企業ないし職業紹介と労働者の間に送出期間中雇用関係が存在するという条件で，ユーザー企業に労働者を賃貸する労働者派遣会社または職業紹介所である[11]。

PWD は労働者保護の観点から，受入加盟国が PW に対して内国民と同等の雇用・労働条件を確保しなければならないコアの事項を規定する。それらは (a) 労働時間の上限および休憩時間の下限，(b) 年次有給休暇，(c) 最低賃金，(d) 労働者の賃貸条件，(e) 職場の安全，衛生，健康，(f) 妊娠，産婦，児童，若年者の保護措置，(g) 男女の均等待遇およびその他の差別の禁止である（第 3 条）。

PWD は社会的基準の下限を定めたものであり，それを上回る待遇での雇用

契約締結を妨げないとの規定があった（第3条7項）。また，内国民との均等待遇が確保される条件で公共政策の場合コアの事項以外についても雇用条件を定めることが可能で，ある産業において締結された労働協約が普遍的に適用される一般的拘束力をもつならば，雇用条件を拡張できる規定もあった[12]。このためPWDの制定により国内の雇用・労働条件は引き上がるものと考えられ，当初は利害関係者の間でPWDに対する楽観的な見通しが支配的であったという[13]。

　PWDはその創設経緯から見ても，労働者の保護という善意から作られたものといえる[14]。1985年にジャック・ドロールが欧州委員会委員長に就任し，1992年末までにモノ・人・資本・サービスが自由に移動する単一市場の完成を目指す「域内市場完成白書」が公表されて以降，自由移動に対する障壁を撤廃する法整備が加速した。域内の競争が激化することが予想されたが，域内市場の社会的側面の統合が遅れをとっているとの不満への対応としてドロールが進めたのが1989年12月に採択された労働者の基本的社会権に関する共同体憲章（以下，社会憲章と略記）である。社会憲章で謳われた社会権に関する行動計画の中にPWが含まれており，EC委員会はこれに基づいてPWD案（1991年）とその修正案（1993年）を提出した[15]。加盟国間の調整が難航したが，最終的にはイギリスが反対，ポルトガルが棄権，それ以外の加盟国が賛同して法案が成立した。ポルトガルは建設業者送出国の立場から，イギリスは社会的規制を嫌う立場からの反対であった。このPWDの制定によってようやくPWにも一定の社会的保護が与えられるようになった。

2．PWがもたらした軋轢

2.1　PWDの規制力の後退

　PWDが採択された1996年当時のEUはEU15であり，主に中・東欧からのEU12[16]はまだ加盟していなかった。しかし2000年代にEU12が加盟し，EU12からのPWが急増したのにともなって，受入国において雇用・労働条件

の悪化に抵抗するため労働争議が EU 各地で起きるようになった[17]。

中・東欧諸国からの労働者が急増した背景には，EU15 と EU12 の間の賃金水準の大きな格差がある。EU15 においては労働協約によって実際の賃金は最低賃金よりもはるかに高くなるため，部門別平均賃金は部門別最低賃金より高くなる。例えば建設部門において，ベルギー人の報酬・ボーナス・手当の合計はポーランド人のそれと比較すると，最低賃金は 1.92 倍の格差だが，平均賃金は 2.85 倍にもなる。イギリスはポーランドと比べ最低賃金が 1.62 倍，平均賃金は 4.12 倍である[18]。このような賃金格差が企業に PW を雇用する大きなインセンティブを与え，2004 年の EU 拡大以降，EU12 から EU15 への PW 送出の増大をもたらしたと考えられる。

労使間の対立が訴訟を生み，ECJ に PWD の解釈が求められることになったが，ECJ の裁定は対立をむしろ悪化させた。PWD では指令に定められた以外の事項を加えることが可能となっていたのだが，ECJ は現行の労働・雇用条件を厳格化する場合は正当化と比例性テスト（目的が手段に比例していなければならない）という 2 点に照らして問題がない場合のみ認められると狭い解釈を与えた。また，ECJ は雇用者の不当労働行為に対抗する最強手段としての労働組合の争議権を労働者の基本的権利とする一方で，比例性テストに合格しない限り，争議行為は認められないものとした。サービス提供の自由は制限なく行使できるが，争議権は行使の前に比例性テストに合格しなければならないとしたことは，社会的権利を事実上経済的権利の下位に置くことになった。さらに ECJ は受入国の労働協約が普遍的に適用を宣言されるものでない場合，PW を送出する企業はその労働協約を尊重する義務はないとした。ECJ がこのように PWD の適用を狭めたために，経済的自由と社会的規制のバランスをとるために制定されたはずの PWD は前者のみが強調されるものとなり，労使間の対立が深まったのである。

2.2　EU の社会保障に関する規制との齟齬

PWD には社会保障に関する規則との関係からも制度上大きな問題があった。上述したように他の加盟国で働く EU の労働者（すなわち MW）は EEC

設立条約から受入加盟国の内国民との均等待遇が規定され，内国民との差別は禁止されている。しかしPWにはPWDによる保護規定があるのみである。このため，社会保障に関してPWは受入先の国ではなく，送出元の国の規定に従い，社会保険料や税金は送出元の国に支払う。また，それゆえPWは社会保障給付を送出元の国から受け取る。PWDは労働者の送出期間を「限られた期間」とするのみで，具体的な期間を定めていない。しかし，他方でEUの社会保障の調和に関する規則が，24カ月を超えるとPWは労働送出としてみなされず，他のPWで置き換えることもできないと規定していた。つまり24カ月を超えると，PWはMWと同様に，受入先の国で社会保険料と税の支払いをしなければならなくなる。また社会保障の調和に関する規則においては，送出企業はその企業が開業した加盟国において実質的な業務を行うものでなくてはならず，PWと送出企業の間には直接の雇用・監督関係がなければならないが，PWDにはそのような明確な規定もなかった。

　PWDはこのように内容に曖昧な点があったためそれが利用され，企業によるEU加盟国の税制や社会保障制度の相違を利用した裁定行為や脱法行為が横行した。EU12はEU15に比べて賃金が格段に安いことは上で述べたが，それに加え企業が負担する社会保険料率が低い傾向にあった。労働賃金が安いうえに社会保険料負担の低い加盟国にペーパーカンパニーを作り，そこから24カ月以内でPWを派遣して多大な収益を上げる企業がEU全土で次々と現れた。PWの制度を悪用して違法に収益を上げた悪名高い企業の例としてアトランコ・リミック・グループ（以下，ARGと略記する）がある。次節でこの企業の事例を紹介したい[19]。

2.3　PWに関する制度の悪用事例[20]

　ARGは1994年にアイルランドの企業家マイケル・オシアによって創設された人材派遣の多国籍企業である。ARGはヨーロッパの優良企業を顧客とし，アイルランド，イギリスを始め，最盛期はポルトガル，ポーランド，チェコ，オランダ，ハンガリーなどヨーロッパ中にグループ会社を展開し，EUの東欧や南欧の低賃金労働者を高賃金のEU諸国に送り出すことで高い収益を上げて

いった。ARG の業績の年次報告によると，2004 年には売上高は約 8,400 万ユーロ（約 109 億円：€ = 130 円で換算，以下すべて同レートで換算），売上総利益は約 2,300 万ユーロ（約 29 億円）であったが，それ以後，ARG は企業会計をオフショアのジャージーに移してしまったため，企業業績は公表されていない。創業者のオシアは現在ジュネーブに在住し，個人資産は 6,000 億ユーロを超えると見られている。

　ARG はヨーロッパ中にグループ会社を展開したが，その多くは EU 加盟諸国の法律の相違を利用して社会保険料などの支払い額を減らすためだったと言われている。2004 年にキプロスが EU に加盟したが，ARG は 2007 年にキプロスに子会社を設立した。理由はキプロスの社会保険料が EU の中で最も安かったからである。ARG の登録者は 50 万人もおり，社会保険料の節約は ARG にとって大きな収益源となっていた。

　ARG では定期的賃金の不払いや，契約よりも低い賃金の支払い，二重契約の締結，苦情を述べた従業員の解雇などの不法行為が横行していた。労働者に渡される給与明細には年金や税金の支払いなどの詳細が全く記載されず，労働者が情報公開を求めても会社は応じなかった。ARG による不正行為が原因でしばしば労働争議が起こり，フランスのフラマンビルの原子力発電所の建設を始め大きな建設事業の中断の原因となった。

　その後，キプロス政府が ARG の EU の労働許可証の利用の仕方について ARG を調査したのをきっかけに，ARG はキプロスから撤退することとなり，事業収益が上がらなくなった。ARG はキプロス政府に収益の損失補償を求めて裁判を起こしたが，2015 年 1 月 14 日，突然に解散し，ARG に登録していた多数の PW に大きな影響が及んだ。

3．PWD 改正をめぐる動き

3.1　欧州委員会による改正提案：社会的規制の強化へ

　PWD には送出期間に明確な定めがないなどの上述の法的欠点に加えて行政

監督上の欠点や実施上の欠点があった[21]。行政監督上の欠点は，国が必要な規制をしようにも比例性テストに阻まれること，送出国と受入国の間に情報交換のチャンネルが不十分であるため行政による適切な監督ができないこと，企業もPWも十分な情報が得られないことである。また，実施上の欠点は，有効な制裁のメカニズムがないこと，元受け業者が共同責任を負わない一方で国際的な送出企業を訴追する手段がほとんどないこと，PWが送出企業を訴える権利はあってもその行使は困難であることである。このような欠点が，制度を悪用して利益をあげる企業行動を促し，その結果として受入加盟国の税収を減らし，労使関係を悪化させることになった。EU単一市場への世論や労働組合の支持が低下することを懸念し，欧州委員会は①PWDの実施強化に関する指令と，②ストライキ権の行使に関する理事会規則（いわゆるモンティⅡ規則）の提案を行ったが，後者は労使双方の支持を得られず，12カ国の加盟国各国議会による反対を受け，取り下げられることになった[22]。

　前者の実施強化に関する指令については長い交渉の末，2014年5月15日に「サービス供給の枠組みにおける労働者の送出に関する指令96/71/ECの実施に関し域内市場情報システムを通じた行政機関の協力に関する規則1024/2012（IMI規則）を改正する欧州議会と理事会の指令2014/67/EU[23]」（以下，「PWD実施指令」として略記）として成立した。

　PWD実施指令の主な目的はいわゆるレターボックスカンパニーの排除で，加盟国が指定した権限ある機関による企業の審査，加盟国による労働条件の明示，行政機関間の協力，法令遵守の監視，監督について定めている。この指令においては，元請けの共同責任が規定されており，PWを送出した企業の破綻による賃金不払いの際には元請けが責任を負うことになった。この実施指令によると2016年6月18日までに各国は同指令の規制内容を国内法制化するよう義務付けられている。

　実施指令は成立したが，PWDの根本的な法的欠点は残ったままだった。これに対処するため，2016年3月8日，欧州委員会は，「サービス提供の枠組みにおける労働者の送出に関する欧州議会と理事会の指令96/71/ECを改正する欧州議会と理事会の指令案」（COM（2016）128）を提案した。この提案の主な内容は，「同一の職場での同一労働同一賃金の原則」を打ち立てること，24

カ月を超えて送出（posting）される場合には，送出先の国を「労働者の業務が通常遂行される国」とみなすという規定（労使間で他の選択に合意しない限り受入国の労働法が適用になることを意味する）を挿入すること，一般的拘束力を有する労働協約と仲裁裁定を土木建設業のみならず全業種に拡大すること，PWDによって加盟諸国が国外送出労働者に確保しなければならない労働条件の中の「賃金」という言葉を「報酬」に置き換える（「賃金」に加えて賃金以外の上乗せも含めた金額を企業が支払わなくてはならないことを意味する）などである。2016年の改正案はPW送出の規制を強化する性格を持っていた。

3.2　利害関係者の賛否

　EU委員会が提出したPWD改正案は企業にとっては新たな負担を負わせることになり，PW送出を停滞させることが予想されたため，PWの送出側である中・東欧諸国は改正案に対して強く反発した。また，ビジネスヨーロッパ（旧欧州産業連盟＝UNICE，以下BEと記載）も改正に強く反対した。

　BEの主張はまとめると次のようなものである[24]。単一市場は「300万人の雇用創出」をしている。サービス産業は有望な産業であり，PWはEU域内のキャッチアップに貢献している。PWが「社会的ダンピング」だという意見があるが，財や資本の自由移動による競争と本質的に同じものであり，PWが価格・利潤・賃金に影響を与えるのは確かだが全体としてより多くの職を創造するプラスの効果がある。現行のPWDによる最低賃金は適正であり，EUには70を超える様々な指令によって雇用・労働条件が保護されているので底辺への競争を防止するには十分だ。EU委員会の改正案が通ると生産性と賃金のリンクが失われる問題が生じる。改正より現行法の枠組での不法労働への対抗を優先課題とするべきで，不法労働とPWを同一視すべきでない。不正の誘因の一つとなっている「税の楔」を引き下げるべきだ。問題は法律ではなくて法律の実施にあり，2014年に成立した実施規則が国内法制化され，それに基づいて各国が提出するPWの情報に基づいてEU委員会が報告書を提出する2019年6月までは改正すべきではない。以上がBEの立場である。

欧州労連（以下，ETUC で記載）は PWD 改正を長年求めて来た側であり，同一職場での同一労働同一賃金の原則の導入は ETUC の基本主張に沿っている。しかし ETUC は，企業のサービス提供の自由だけでなく，被雇用者を保護する手段として ECJ に用いられうる法的基礎を加えること，（一般的拘束力を持つものだけでなく）あらゆるタイプの労働協約を尊重することなどさらに踏み込んだ内容を求めていた。

中・東欧諸国の反発と BE の反対が強く，困難と思われたが，2017 年 10 月，閣僚理事会でついに改正への合意がなされた。閣僚理事会によって合意された内容は，①PW の報酬は受入国の法と慣行に従う，②PW の送出期間を 24 カ月から 12 カ月（6 カ月延長可能）へと短縮，③普遍的に適用可能な労働協約を全ての産業に適用する，④派遣労働者と送出先の地元の労働者との均等待遇，⑤運輸部門に関して指令を修正する条項は当該部門のみに関する EU 指令の発効日から適用とする，⑥指令の国内法制化に 3 年，指令の適用までにさらに 1 年の期間をとるというものである[25]。

ETUC はこの合意に対して，①道路運送部門の労働者が今回の改正からは除かれたこと，②手当の支払いに対して不十分なセーフガードしかないこと，③法的基礎が単一市場法のみのままであること，④多くのタイプの労働協約は認められなかったこと，⑤改正指令の国内法制化は 3 年以上という異例に長いものであることに不満を表明しているが，他方，①派遣労働者との均等待遇を含めた，②受入国の法律と慣行に沿った賃金支払い，③送出期間が原案の 24 カ月から 12 カ月（6 ヶ月延長可能）へと短縮されたことは高く評価している[26]。BE は改正に全面的に反対の立場であったことを考えると，今回の閣僚理事会の合意は ETUC 側の要望をかなり汲み取ったものになっている。

3.3　PW の改正と単一市場

以上見てきたように PW をめぐる経済的自由と社会的規制の間のバランスは，長い間前者が優先されてきたが，2016 年の PWD 改正過程を通じてそのバランスが後者の保護に向かって動いてきている。これは EU の単一市場にとってマイナスなのか，プラスなのか，ここで検討してみたい。

この問題を考える上で，Bernaciak（2016）による「社会的ダンピング」の概念を用いた EU の現状分析が有用である。「社会的ダンピング」という概念は，Bernaciak（2016）で述べられるようにその定義に論争がある概念であるが，Bernaciak は「社会的ダンピング」を「競争優位を得る目的で，利己的市場参加者が現行の社会的規制を覆すまたは回避する実践」[27] として定義している。その上で，域内市場の完成と低賃金・低い社会保障費用の国への EU 拡大が，企業に「社会的ダンピング」を行う戦略的機会を与えてしまい，短期的に企業の合理的行動の結果として賃金・労働条件が引き下げられるが，これが長期に渡ると経済成長の望ましい社会的効果を弱め，社会的連帯を脅かし，市場秩序の分解をもたらしかねないと議論している[28]。PWD に起因して PW 受入 EU 諸国の各地で大きな軋轢が生まれた事例を見ていくと，Bernaciak（2016）の現状分析は的を射ており，EU 大の「社会的ダンピング」を防ぐためのルールの見直しは EU 単一市場の健全な発展のためにむしろ必要であると考えられる。

　市場原理の追求がもたらし得る社会にとって望ましくない結果を排するため，一国においてはその政府が市場に対し社会的規制を行うが，現在の EU では市場は EU 大で単一になりつつあるのに社会的規制は各国で異なるためにレジームショッピングのような状況が生じてしまい，「社会的ダンピング」をもたらす結果になっている。今回の PW 改正案の作成の過程では欧州委員会によって各国の賃金決定メカニズムの相違についての研究が進み[29]，また社会保障や税制の相違も企業の「社会的ダンピング」の原因となっていることが認識されてきた。PW 改正の動きを契機として今後労使関係の尊重のなかで加盟国の税制・労働法・社会保障制度などの調和が促されるとともに雇用・労働条件が少しずつ上方に収斂し，「欧州社会モデル」として発展するならば，（有権者でもある）労働者の EU の単一市場に対する信頼が増し，これは長期的には EU の単一市場の安定につながるであろう。

　改正案が出された 3 カ月後の 2016 年 6 月に，社会憲章や PWD の制定につねに反対の立場をとってきたイギリスが EU 離脱を決定した。これによってイギリスが EU の政策形成に加われなくなったのは，「欧州社会モデル」の収斂の展望にとって前向きな要素である[30]。

おわりに

　本章ではPWに関する現況について，送出元は中・東欧諸国などの新規加盟国が多いこと，受入先は圧倒的にドイツなどEUの中心国であること，受入国の産業では建設業が最大であることなどを確認した。PWには経済的利益があるが，現行のPWに関するEU法は制度上の問題があり，深刻な「社会的ダンピング」を生み出している。この状況を解決しようとして現在EU委員会が提案しているのがPWD改正であるが，この改正を後押ししているのはETUCで，ビジネスヨーロッパは強く反対している。ビジネスヨーロッパが反対するには経済理論から見ると一定の根拠があるが，現状のままでの過度の競争の追求は「社会的ダンピング」を招き，頻発する労使紛争がEU単一市場の機能をむしろ損ねている。PWに対する社会的規制は単一市場の発展にとってむしろプラスである。

　今回のPWDの改正はまだ実現したわけではない。今回の改正が実現したとしても，より適正なルールを求める改正の必要は続く。適正なルールの設定のためにはいろいろな角度からの経済的な影響分析が必要である。産業別や送出・受入パターン別に経済的影響を細かく見ていく必要がある。第1節ではPWの現況をごく簡単に紹介するにとどまった。本章でも述べたが，PWD実施指令によって各国が情報提供義務を負うことからPWについて今後さらに詳細な統計情報が得られることが期待される。その時点で新しい情報を精査し，再びこの問題を考察していきたい。

（本田雅子）

注
1　本田（2011）では，Posted Workerを「国外派遣労働者」と私訳した。しかし，2008年にEUではTemporary Agency Work Directiveが採択され，こちらが派遣労働指令と一般に邦訳されることになったので，Postを「派遣」とすると両者の区別が日本語でつかなくなる不都合がある。濱口（2017）ではPosted Workerは「海外送出労働者」と訳されている。EUの場合「海外」と訳すのは違和感があるため「国外」，Postedは「送られる」と受動の意味なので「被送出」と訳す方が正確に思えるが，そうすると「国外被送出労働者」となって語感が悪い。検討の結果，本章では

Posted Worker の私訳を「国外送出労働者」で統一し，短縮標記のために PW を用いることにした。
2　紙幅の制約から本章で PW の現況について詳細に述べることはかなわなかった。詳細は別稿で示す予定である。
3　この定義は EU ウェブサイトによる。http://ec.europa.eu/social/main.jsp?catId=471&langId=en（2019/11/12 閲覧）。
4　本節で示す PD A1 の統計情報は European Commission（2017）が提供するデータを加工したものである。European Commission（2017）はもともと欧州委員会が研究機関に委託し，Jozef Pacolet と Frederic De Wispelaere が執筆者となって完成させた出版物で，本章の注3で表示した EU ウェブサイトからダウンロードが可能であるが，それと全く同内容のものが 2017 年出版物として EU Publications で公表されているので本章の参考文献リストには 2017 年として表示した。
5　定義上自営業者は PW に含まれないが，PD A1 数は自営業者（全体の約1割）を含む。また同一の PW が1年に複数回 PD A1 文書を提出する場合があり，PD A1 数と PW の人数は正確には一致しない。1人の PW が1年に送出される回数は平均 1.9 回となっているが，国によりばらつきがある。
6　European Commission（2017），p.19。
7　European Commission（2017），pp.21-23。
8　本節の PW の経済的利益については Maslauskaite（2014），p.4 を参考にしているが，本稿では PW を MW との比較において捉えるという独自の視点を加え，整理した。
9　OJ L 18/1
10　PWD は自営業者を対象としていない。自営業者の法的保護が薄いため悪質な企業が労働者に自営業者としての登録を強いる偽装自営業者の問題が生じている。重大な問題だが自営業者の制度問題の検討は本稿では扱わない。
11　濱口（2017），411 頁により，わかりやすい言葉で言うと①は「請負」，②は「企業内移動又はグループ内出向」，③は「労働者派遣そのもの」である。
12　このような労働協約の締結は PWD によると建設土木業においては義務であるが，他の産業については義務ではない。
13　Maslauskaite（2014），p.9。
14　Bernaciak, Magdalena, and Aleksandra Lis（2017）も同様の見方をしている。
15　最初の提案 COM（91）230 では加盟国の合意が困難となり修正案 COM（93）225 が提案された。採択に至るまで経緯の詳細は濱口（2017）を参照されたい。
16　ここでは 2004 年，2007 年に EU に加盟した国の総称として使う。
17　フィンランド，スウェーデン，イギリスについての労働争議の事例は本田（2009：2011：2013）を参照されたい。ドイツについては食肉産業において労働条件が極端に悪化した事例を紹介するものとして岩佐（2015）を挙げておく。
18　De Wispelaere & Pacolet（2016），p.14。
19　ARG がいかにして加盟諸国の社会法制の差から利益を上げたかについての次節の基本的情報はは Berntsen, Lisa and Nathan Lillie（2016）に基づいている。
20　ARG については Berntsen, Lisa and Nathan Lillie（2016）に加え，EUobserver の記事（21. DEC 2015）からも情報を得て記述している。EUobserver は 2000 年にブリュッセルに設立された非営利独立のオンライン新聞社である。https://euobserver.com/investigations/131569（2017/7/31 閲覧）。
21　Maslauskaite（2014），p.13。
22　モンティⅡ規則には労使双方が反対した。詳細は本田（2013）を参照されたい。廃案になった

経緯は Maslauskaite（2014），p.15。
23　OJ L 159/11。
24　BE の Position Paper は以下の URL からダウンロードし入手可能である。https://www.businesseurope.eu/publications/revision-posting-workers-directive-businesseurope-position（2017/11/1 閲覧）。
25　Council of the EU の Press Release 24/10/2017 による。http://www.consilium.europa.eu/en/press/press-releases/2017/10/24/posting-of-workers-council-reaches-agreement/（2017/11/1 閲覧）。送出期間について 2017 年前半には閣僚理事会において 24 カ月でまとまりかけていたが，2017 年 6 月にフランスが 12 カ月に引き下げることを提案し，これに中・東欧諸国が反発して一時は議論が紛糾した。最終的には 12 カ月プラス 6 カ月で合意がなされた。この合意は EU 社会保障制度の 24 カ月との新たな齟齬が生まれるという問題を含んでおり，今後の立法過程でこの点が修正されるかは注目に値する。
26　ETUC のプレスリリース（24/10/2017）による。https://www.etuc.org/press/revision-posting-workers-directive-justice-workers-now-depends-meps#（2017/11/6 閲覧）。
27　この定義は，Bernaciak（2016）pp.10-11。筆者はこの定義に全面的に賛同しているわけではないが，他に有力な定義も知らない。定義自体の詳細な検討は本稿の目的を超えるためここでは行わない。
28　Bernaciak（2016），pp.232．
29　European Commission（2016）。
30　ただし，PW の送出元である中・東欧諸国にとっては PW の賃金上昇が企業の雇用インセンティブを下げるかもしれない。これへの対処は併せて考えていく必要がある。

参考文献
岩佐卓也（2015）『現代ドイツの労働協約』法律文化社。
濱口桂一郎（2017）『EU の労働法政策』労働政策研究・研修機構。
本田雅子（2009）「EU 拡大と労働移動―第 5 次拡大におけるスウェーデンとラトビアのケース」『大阪産業大学経済論集』，第 11 巻，第 1 号，97-122 頁。
本田雅子（2011）「EU における国外派遣労働者―イギリスで生じた労働争議に関する一考察」『大阪産業大学経済論集』，第 12 巻，第 2 号，97-115 頁。
本田雅子（2013）「EU における経済的自由と社会民主的権利の衝突―ヴァイキング事件，ECJ 先決裁定，モンティ規則を巡って―」『大阪産業大学経済論集』，第 14 巻，第 2 号，121-144 頁。
Bernaciak, Magdalena (ed.) (2016), *Market Expansion and Social Dumping in Europe*, Routledge.
Bernaciak, Magdalena, and Aleksandra Lis (2017), 'Weak Labour, Strong Interests: Polish Trade Unions and the Integration of EU Energy and Service Markets, *Journal of Common Market Studies*, Vol. 55, No. 3, pp.432-448.
Berntsen, Lisa and Nathan Lillie (2016), "Varieties of Social Dumping in a Pan-European Labour Market", in: Bernaciak, Magdalena (2016), pp.43-60.
Cremers, Jan (2016), 'EU Economic Freedoms and Social Dumping', in: Bernaciak, Magdalena (2016), pp.173-189.
De Wispelaere, Frederic and Jozef Pacolet (2016), An ad hoc Statistical Analysis on Short Term Mobility – Economic Value of Posting of Workers: The Impact of Intra-EU Cross-Border Services, with Special Attention to the Construction Sector. http://ec.europa.eu/social/main.jsp?catId=471&langId=en&moreDocuments（2017/6/10 閲覧）.
Eger, Thomas and Hans-Bernd Schäfer (2012), *Research Handbook on the Economics of European*

Union Law, Edward Elgar.

European Commission (2016), Study on Wage Setting Systems and Minimum Rates of Pay Applicable to Posted Workers in accordance with Directive 96/71/EC in a selected number of Member States and sectors, Contract No VC/2015/0334, Final Report, EU Publications. URL: https://publications.europa.eu/en/publication-detail/-/publication/3ced3ff6-92c3-40e8-910f-d602416c0670/language-en/format-PDF/source-49069913 (2017/6/10 閲覧).

European Commission (2017), Posting of workers: Report on A1 portable documents issued in 2015, EU Publications. https://publications.europa.eu/en/publication-detail/-/publication/89fc76c2-2598-11e7-ab65-01aa75ed71a1/language-en/format-PDF/source-49070825 (2017/5/1 閲覧).

Maslauskaite, Kristina (2014),'Posted Workers in the EU: State of Play and Regulatory Evolution ', Policy Paper 107, Notre Europe – Jacques Delors Institute.
(http://www.institutdelors.eu/media/postedworkers-maslauskaite-ne-jdi-mar14.pdf?pdf=ok)

Meardi, Guglielmo (2012), *Social Failures of EU Enlargement: A Case of Workers Voting with their Feet*, Routledge.

第 8 章

季節労働者指令の採択の意味
―― 欧州統合は農業部門の労働環境を改善したのか

はじめに

　ある労働法学者は，イギリスにおける EU 離脱の国民投票の結果が判明する直前に次のような文章を公表した。「Brexit が現実となればイギリスのカジュアル・ワーカーは，EU の労働法が提供してきた保護の傘（疑いなくそれは不完全だが）の下から放り出されることになるだろう。また彼らは，例えば男女同一賃金，平等待遇，偽装自営との戦いなどに関わる EU のルールについて欧州司法裁判所が示してきた，概して同情的な（ときには不整合を伴う）解釈から切り捨てられることになるだろう。彼らの権利は『本国に送還され』，イギリスの（イングランドの，ということすら起こりえる）議会と政府の手に委ねられることになるだろうが，歴史的に見てそれらがゼロ時間契約，派遣労働契約……などによって生計を立てている人の毎日の苦闘に共感を示すことは稀であった」(Countouris, 2016)。なおカジュアル・ワークとは，Eurofound によれば[1]，雇用者は，被雇用者に仕事を定期的に提供する義務を負わないが，雇用者が必要とするときに被雇用者を呼び出す柔軟性を持っているという形態の労働である。

　この労働法学者は上記引用文献の中で，労働の分野での EU による立法が無謬ではないこと，またそれが存在しているにもかかわらず EU 加盟国が独自に労働者保護の措置を追加しているという事実を根拠として，それが提供するのは社会的保護のまさしく最低の水準でしかないことを指摘している。とはいえ，Brexit の結果としてイギリス労働者の境遇が悪化するのであれば，彼らは欧州統合の恩恵を受けていたということになる。それゆえ欧州統合の進展に

よる労働者の待遇改善を否定することはできない[2]。

　しかしこの判断を一般化するには追加的な検討が必要であることは言うまでもない。本章では一般化の作業の一部として，農業部門と農村に対象を限って労働者の状況を確認する。それらを対象とした政策すなわち共通農業政策（Common Agricultural Policy，以下 CAP と略す）が欧州統合の開始時から現在に至るまで EU の中心政策の一つであることが，この分野に限定する理由である。第1節では労働が，本書第Ⅱ部の課題である社会的欧州の構成要素であることを示すため，社会的欧州の実現度合いが労働に関わる指標を通じて評価されていることを簡潔に確認する。第2節では，少なくとも理念の上では，農業部門と農村における社会的欧州の実現のために CAP が存在していることを確認した後，現実には自国労働者を農村に引き留める（または呼び込む）に足る水準の労働条件を農業部門と農村は彼らに提示できておらず，彼らが希望する労働条件を下回る条件でも働く移民によって農業部門と農村は維持されていることを示す。第3節では「季節労働者としての就業を目的とした第三国人の入国と滞在に関する指令」[3]（以下，2014年2月17日の EU 理事会プレスリリース[4]にしたがって，季節労働者指令と略す）に焦点を当てる。なぜなら一方で，第2節で示すように EU の農業生産および農村は移民の季節労働なしには成立しないという現実が存在しているからであり，他方でこの指令が想定する第三国出身季節労働者の就業先は農業部門だからでもある。この指令の内容とそれへの批判を確認した後，同指令の採択が意味する EU の進路を示して結論とする。

1．社会的欧州とは何か：2017年リフレクション・ペーパーを参考に

1.1　社会的欧州と労働

　本章の目的は社会的欧州（Social Europe）の詳細を論じることではないが，それと欧州の社会的側面（Social Dimension of Europe）を置換可能な用語とみなした上で，それの内容を簡潔に確認しておく。欧州委員会は2017年4月

に『欧州の社会的側面に関するリフレクション・ペーパー』(European Commission, 2017) を公表し，欧州統合と社会的欧州は足並みを揃えてきたという見解を示した。すなわち，「EUはつねに，その経済的野心と緊密に結びつけて，社会的側面を伴ってきた。労働条件，生活水準およびジェンダー間の平等を改善することは，両性間の賃金の平等が1957年に調印されたローマ条約に書き込まれて以来ずっと，EUの中心的目的でありつづけた。それ以降，社会的側面の発展は，複数国にまたがる均等な競争条件と本質的権利を保障しながら，単一市場およびEU市民権概念の深化とともに進められてきた」(European Commission, 2017, p.6)。

欧州委員会が引用文の中で社会的側面の発展と言うとき，それを測定する指標として利用しているのは，同ペーパー第2章から判断して，一人当たりGDP，失業率・若年失業率，就業率，特に女性と55歳以上人口の就業，職の創出，社会的保護への政府支出，所得格差，実質可処分所得，貧困リスク，教育と職業訓練である。したがって社会的欧州とは上記指標およびそれらが示す数値の総体によって表され，労働の指標もそれに含まれる。これらの数値の変化を改善と評価できるとき，社会的欧州は実現しつつあると表現できる。

なお同ペーパーの真の目的は，社会的欧州に関する3つのシナリオ[5]を提示し，EUの将来像のオープンな議論を促すことであるが，ここでは同ペーパーが社会的欧州を考える上で労働に関する複数の項目を参照していること，そしてそれが投げかけている質問はどのようにして生活水準の維持，よりよい職のより多くの創出，適切な技術の習得，および社会における一層のまとまりを実現するかだと記していること[6]も指摘しておく。

1.2 社会的欧州は実現しているか

誠実なことに欧州委員会は同ペーパーの中で，社会的欧州という概念について合意が生まれたとしても，それが実現しているかという問いへの答えに合意が生まれるとは限らず，むしろ現状では，様々な社会生活上の不安と社会的欧州というスローガンとを合わせて考えたときに，鋭い意見の対立が見られると記している[7]。その対立とは次の通りである。一方では社会的欧州という用語

を空虚な言葉と見なす人がおり，彼らにとって EU は，制約も切れ目もない単一市場を完成させることを通じて，グローバルな市場の力を後押しし，企業の利益を代弁し，および社会的ダンピングの脅威を出現させる存在である[8]。これに対して第二の立場，すなわち社会的欧州の論点は加盟国政府または地方政府の専管事項であるとみなす人は，EU に社会的側面は本当に必要なのかという疑問を提示するだけではなく，EU による社会政策の実施と下限の設定は競争を妨げる手段だとすら見ている。これら2つとは意見を異にする人の考えでは，民主的で，結束し，文化的に多様で，繁栄した社会のために EU が行った貢献の中核に存在するのが社会的欧州という概念であり，この概念が意味するのは，差別と社会的排除に抗して戦いつつ，欧州人を労働市場に適応させながら，彼らが充実した生活を営めるようにする経済的社会的進歩である。第三の立場から見れば欧州は，欧州人を保護し力づけるための，また共有された価値観を守るための最高の盾であり，とりわけ国内外で脅威や不安が増大している時期には特にそうである（European Commission, 2017, p.6）。つまり EU による社会的欧州の実現について意見が分かれているという事実だけではなく，そもそも EU が社会的な事項に関わるべきではないという意見の存在も欧州委員会は認めている。

2．農村における社会的欧州の実現と移民

2.1　農村における社会的欧州の実現と CAP

　第1節1で見たように社会的欧州の実現とは所得，失業，就業，職などに関する指標の改善によって確認される現象である。したがって農業部門と農村における社会的欧州の実現とは農業所得の上昇や農村における働き口の増加などを意味する。こうした改善を目指す政策が CAP であることをここでは確認しよう。

　CAP の目的はローマ条約第39条に記載され，現在でも EU 機能条約第39条に変更なく継承されている。その内容から，農村住民の公正な生活水準を特

に農業従事者の個人所得の増大によって確保する（第1項b）ことがCAPの目的の一つであると読み取ることができる。社会的欧州の指標に一人当たりGDPや所得格差が含まれることから，農村における社会的欧州の実現に対するCAPの貢献は，ローマ条約以降ずっと基本条約に定められてきたと解釈することも可能だろう。

　CAPによる農業支援は価格政策を中心とする生産者支援であったが，それに加えて20世紀末から農村支援すなわち農村開発政策がCAPの根幹に追加された。2005年になると農村開発政策のための基金（European Agricultural Fund for Rural Development，以下EAFRDと略す）が設置されその詳細が規則1698/2005に定められることにより，この政策はCAP第二の柱の地位を獲得した[9]。この規則の第4条にはEAFRDの目的として第一に農林業の競争力の向上，第二に環境と田園の改善，そして第三に農村の生活の質の向上と経済活動の多角化の奨励が挙げられている。特に第三の目的の一つ，経済活動の多角化を実現するための手段を確認すると（同規則第52条），多角化を非農業部門にまで広げること，小規模企業の設立と成長を支えること，および観光部門の活動を奨励することが明記されている。

　農業部門は就業者数で見ても総生産額で見ても，時間経過とともに相対的規模を縮小させてきたため，農業従事者を支援するだけでは農村の生活の質を維持することが難しくなっている。農村居住者の多くが農業従事者とその家族であれば，農産物価格を高く設定することが事実上の農村支援になる。しかし農業従事者の減少によりこの支援方法の効果は薄くなり，農村居住者の生活の質を改善するには，言い換えれば社会的欧州の評価指標を農村において改善するには新たな方策が必要になった。この必要により，観光部門などの非農業部門と連携して多角化を進め，小規模企業を支援することによって職と所得源を創出することを目指す農村開発政策が生み出された。CAPの中では比較的新しい政策である農村開発政策も，社会的欧州の実現に貢献するものと言える。

2.2　EUの農村と移民労働者

　本項の記述は特記がない限りKasimis（2010）による。一部の加盟国，特に

スペイン，ギリシア，ポルトガルおよびフランスの農村人口を見ると65歳以上の人口の割合が大きく，高齢化が人口統計学上の重大な問題になっている。これら4カ国では年金生活者（65歳以上）に対する子ども（15歳以下）および若者（15歳から24歳まで）の割合がそれぞれ小さく，依存人口比率（15歳から64歳の人口に対する全人口の割合）は高い。それゆえ農村人口の高齢化と農村からの若年層の流出を止めるまたは減らす必要性は，欧州の農村における世代交代およびその持続可能性に関わる課題となっている。さらに深刻なことに，欧州の農業部門では今後も近代化と事業再編が進むことから農業部門からの労働者の流出が止まらないと予想されている。農村は今後も成長，職および持続可能性について困難な課題に直面しつづけることになる。

　この難題の解決もしくは緩和に貢献するのが外国からの移民流入である。人口統計学上の変化を原因とする農業部門の労働の過小供給が農村で生じる一方で，農村の人びとは例えば農業のような，多くの場合低賃金で労働条件も粗末な部門で働く意思をそもそも持っておらず，場合によっては農村での非農業部門（製造業や観光業など）の発展が労働者を引きつけるために，農業部門の人手不足はなかなか解消しない。しかしながら移民はこれを解消してくれる。労働者の労働市場における棲み分けはエスニシティ，ジェンダーおよび階級に基づいて生じるものだが，移民は農業や建設業などで働き，多くの人が就きたがらない職，すなわち安全面での配慮，権利侵害，賃金，保険などの点で条件が劣悪な職で生活の糧を得る。

　移民が農業部門で就労するとき，彼らは季節労働を担うことが多い。その理由は農業には農繁期と農閑期があるからであり，立場の弱い移民は短期間の雇用でも受け入れざるをえないからでもある。季節労働者としての移民が権利侵害や搾取の被害者になりやすい理由およびそうなっている状況を，Rijken (2014, pp.2-3) が5項目に分けて説明している。第一に短期間しか滞在しないという理由により，季節労働者は受入国で社会的ネットワークを築くことも，その国のルールを知ることも難しい。また彼らが労働組合に入ることも，組合が彼らに加入を促すこともまた難しい。第二に彼らが提供される住居は合法とはいえ極めて粗末な場合が多く，テント，コンテナ，耐久性のない小屋等の事例が報告されている。それらは受入国の住居の基準を満たしていないこともあ

るが，現実には公的機関がその監視に高い優先順位を付けることはないために放置される。第三に，特に農業部門の季節労働者に当てはまるが，彼らの住居は雇用者（農場主）の敷地内に置かれる。その所在地は農村であるから彼らが受入国の社会生活（労働者保護団体との接触も含む）をなかなか経験できない。また彼らを受け入れた地域の役所は彼らが町の中心に居住すれば騒動が起きるのではないかと恐れ，彼らの農村での居住を好む。第四に彼らはしばしば派遣業者を通じて季節労働の職を得る。業者が職，保険，住居等を手配してくれることは彼らに便利な一方で，給与やそこからの天引きについての詳細を彼らが知ることは難しくなる。業者であれ雇用者であれ，何から何まで面倒を見てくれる人の存在は彼らの助けになるように思われるが，何らかの理由により離職を決めた場合に彼らは保険も住居も同時に手放すことになる（すなわち離職を決断しにくい）というリスクも抱え込む。第五に彼らが実際に権利を侵害され，雇用者に対抗する場合，その手続きには準備も含めてかなりの時間がかかり，それが始まるのは彼らの労働許可が失効した後ということも起こりえる。

　さて再びKasimis（2010）を頼りに，南欧[10]の加盟国の農業部門での移民労働者の状況を確認しよう。イタリアでは農業部門の雇用のうち移民が占める割合は13.1%に達し，その他の産業部門のそれ（5.3%）よりも遙かに大きい。また農業部門の季節労働者のうち60%は移民である。スペインの国勢調査（2001年）によると全移民の17%が農村に居住している一方で，保険に加入している移民のうち農業部門で就業している割合は約10%である。当時はスペインへの移民の多くがアフリカ出身であった（モロッコ人が全移民の40%を占めた）が，その後ルーマニア人とブルガリア人がアフリカ人の地位を奪っている。ギリシャでは農業部門の雇用の17%以上が移民の雇用であり，バルカン諸国，アフリカおよびアジアから到着した移民が労働集約的な農村経済の中で，例えば農業部門の季節労働の供給者として働いている。企業経営型農場であれ家族経営型農場であれ，季節労働者を雇う場合，労働市場の下層に属する人（技能を身につけていない移民はこれに当たる）を雇い，彼らに大した技能を要しない作業を割り当て，その雇用形態は臨時または不規則であることが多い。彼らは農業部門だけで就業している訳ではなく，観光や建設の分野でも雇

用され，山間部や限界地域でよく見られるが高齢者へのサポート全般という役割を任されている場合もある。Kasimis（2010）はこうした事例を挙げて，南欧の農村において移民労働者が一つの新しい社会的グループを構成していると述べている。

　同じく南欧諸国の農業部門が移民労働力に頼っていることを描いた文献，Mori（2016）は，移民の労働環境が劣悪であることを強調し，その一例としてスペインのアンダルシア州ポニエンテ・アルメリエンセ（Poniente Almeriense）に立地する野菜の大規模農場を紹介している。この地域は経済的不況に苛まれ多くの移民を送り出してきたが，30年ほど前から工業的農業の発展が積極的に進められた結果，大規模農場での野菜生産が有名となり，多くの移民を受け入れるようになった。この過程で農業関連企業は小農を説得してハイブリッド種子[11]を利用する単一栽培への転換を進めてきたため，小農は農業関連企業に依存しその大規模な流通網の中に組み込まれた。それゆえ正確な出荷のタイミング，価格の引き下げおよび品質の統一を要求されることになるが，これらを実現するには収穫期に一定数の労働力を柔軟に調達することが不可欠である。ここで移民が利用される。しかし移民の住居について適切な制度が構築されているわけではなく，また収穫という作業の性質上いつどれだけの労働力が必要になるかが曖昧であるため，移民は温室のそばに居着くことになる。当然ながらそこは生活するに適しているとはとても言えない環境であり，さらには複数の地域から移民がやってきているため差別，排斥，暴力が発生しやすい。それにもかかわらず移民の流入は止まらず，競争原理が働くことにより彼らの賃金は低く抑えられている。不当な賃金カットも発生しており，契約では6時間労働に対して50ユーロが支払われると決められたにもかかわらず，実際には8または9時間労働に対して30ユーロしか支払われない事例も報告されている[12]。

　こうした事例から判断する限りまず指摘できるのは，EUとその加盟国，換言すればCAPは，農業部門や農村に自国労働者を惹きつけるほどの労働条件の改善に成功してはいないという事実である。さらにEUの農村や農場を支えているのは移民労働者，それも劣悪な環境で働く移民であるという事実も指摘できる。したがって，労働者の待遇を判断材料とした場合，農業部門と農村で

社会的欧州は実現してないと評価できるだろう。EU が「誰もが法律上平等である」（EU 基本権憲章第 20 条）と謳っている以上，移民労働者を含むすべての農業従事者と農村居住者について社会的欧州の指標が改善して初めて，農業部門と農村における社会的欧州は実現したことになるからである。

3．季節労働者指令

3.1　季節労働者指令の成立の背景

　季節労働者指令は，その正式名称「季節労働者としての就業を目的とした第三国人の入国と滞在に関する指令」が示すように，第三国人（EU 加盟国の国籍を持たない者）が EU で季節労働者として一時的に就業することについて定めている。その制定の第一歩は 2010 年 7 月 13 日の欧州委員会による同指令の提案書（COM（2010）379）[13]の公表である。欧州委員会は，この提案が第一に欧州 2020 戦略（Europe 2020 Strategy）[14]の実施への，第二に一時的な季節労働者という特殊な分類での移民流入の効果的な管理への，貢献を目的としていると述べた後，この提案を通じて公正かつ透明な入国と居住のルールを示すと同時に，一時的滞在が永住になることを防ぐためのインセンティブとセーフガードを規定するとしている（COM（2010）379, p.2）。

　このような提案がなされる一つの背景として，EU 経済は季節労働者を構造的に必要としているにもかかわらず，加盟国の国民を季節労働者として雇うことは今後ますます難しくなるとの予想が挙げられる。将来も伝統的産業が重要な役割を果たし，低水準の技術や資格しか身につけていない人物の季節労働者としての必要性が継続すると予想されているにもかかわらず，EU 市民は季節労働に魅力を感じなくなっているとの理由から彼らによって季節労働者の需給ギャップを埋めることは一層困難になっていくだろう。では季節労働に大きく頼っている産業は何か。それは農業，園芸および観光であり，これらは不法滞在の第三国人を雇いがちな産業としても知られている。本章注 12 でも触れたように，一部の第三国出身労働者は合法的に滞在している場合でも搾取され，

健康や安全の基準を満たさない環境で働かされるという証拠が存在する（COM（2010）379, pp.1-2）。EU 市民を季節労働者として頼りにすることはできないという理由だけではなく，EU で実際に季節労働を担っている第三国人の状況を改善しなくてはならないという理由もまた，この指令の成立を促した。

3.2　季節労働者指令の内容

　季節労働者の定義は季節労働者指令第3条に示されている。すなわち季節労働者は主たる居住地を第三国に置き，かつ EU 加盟国内に合法的かつ一時的に居住する者で，この人物と当該加盟国を所在地とする雇用者との間で直接結ばれた一つまたは複数の有期労働契約に基づいて，季節の移り変わりに従う活動を実施する者を意味する。季節の移り変わりに従う活動とは，同じく第3条によれば，一年の特定の時期に生じる活動で，その時期には通常の業務で必要とされる水準を遙かに上回る水準の労働を必要とする一連の季節的事象に由来する，毎年繰り返される活動を指す。

　季節労働者指令の概要を，2014 年 2 月 17 日 EU 理事会プレスリリース[15]が季節労働者指令の主要点と呼ぶ項目に依拠して確認していこう。

　この指令が定義する季節の移り変わりに従う活動の典型例は農業および観光業である。それゆえこれらの産業での季節労働者が同指令では想定されているが，加盟国は適切な社会的パートナーに相談するならば他の産業でも同指令のルールを適用できる（詳しくは季節労働者指令第2条を参照）。

　加盟国は季節労働者が滞在できる最長期間を 5 カ月から 9 カ月の範囲で決めなくてはならない（第 14 条）。

　第三国人は EU への季節労働者としての入国を許可されるためにいくつかの条件を満たさなくてはならない。とりわけ重要なのは賃金や労働時間等の必須事項が示された労働契約であり，これがなくては申請が認められない。また第三国人が滞在する加盟国の健康と安全の一般的基準が満たされた場所に居住することや，住居費が高額すぎず，賃金から天引きされないことも申請時に証明されなくてはならない（第 6 条および第 20 条）。

いずれかの加盟国にすでに入り季節労働者として働いている第三国人は，滞在の最長期間を超過しない範囲で，契約の延長または雇用者の変更を行うことができる（第15条）。

循環的移民（circular migration），すなわち季節労働を担うためにEUに戻ってくる第三国人の加盟国への再入国の手続きを簡便にする（第16条）。

就業と労働の条件（就業可能な最低年齢，賃金，労働時間，休暇，衛生安全基準など）について，季節労働者は受入国の国民と平等の待遇を受ける権利を与えられる（第23条）。

社会保障分野では部分的にしか平等待遇は保障されない。季節労働者は一時的にしか滞在しないという理由により，平等待遇の保障が加盟国に義務づけられておらず，例えば家族や失業に関する手当，教育や職業訓練の実施，税制上の優遇などについて，季節労働者への制限が認められる社会保障分野もある（第23条）。

加盟国は，権利侵害を未然に防ぐための対策，侵害を罰するための対策および季節労働者が雇用者への苦情を自らもしくは第三者を通じて申し立てるための効果的な制度を整えなくてはならない（第24条および第25条）。

3.3　季節労働者指令への批判

季節労働者指令の批判的検討は，例えばILO（2011）やJoint NGOs Statement（2013）など，その最終的な採択の前から行われていた。批判の多くに共通するのは，AEDH（2014）に示された見解，すなわちEUが基本権憲章第20条で「誰もが法律上平等である」と述べているにもかかわらず，同指令においてEU市民と移民労働者の全面的な平等待遇を加盟国に義務づけているわけではないことに問題があるという見解である。

これに加えて，スペインにおける農業生産の実態調査[16]を踏まえて季節労働者指令を検討した先行研究，Medland（2017）の批判をここでは取り上げたい。同指令の目的はEU内の季節労働に対する需給ギャップを埋めると同時にそれに従事する移民労働者の待遇を改善することだが，Medland（2017）によれば，同指令と現実はうまく対応していないためにその目的は達せられない。

まず指摘されるのは，同指令が想定する季節労働の期間（最長9カ月間）と，実際の農作業の現場で季節労働が必要となる期間（例えばスイカの収穫の場合であれば1〜2日）が一致していないことである。次いで，すでにEU内に居住しているが滞在許可を持たない移民労働者に対する規定を同指令は含んでいないため，彼らの境遇が一層悪化してしまう可能性も指摘されている。第三の批判は次のようなものである。「循環的移民」（同指令第16条）という考え方，すなわち過去5年間に少なくとも一度はEU内で季節労働に従事し，かつその期間に同指令が要求する条件をすべて満たした人物がもう一度EU内で季節労働に従事する場合にはその審査等を簡略化することにより，こうした人物に季節労働を繰り返し担ってもらうという考え方は，EU市民と移民労働者の平等待遇が完全には満たされていない以上，この種の季節労働者の脆弱な状況への転落を防ぐために十分とは言えない。

おわりに

第2節で述べたように，EUの農業部門と農村はEU市民がそれらを魅力的な就労場所であると考えるほどの労働条件を提供できてはいない。それゆえそれらは移民労働者への依存度を高めているが，彼らの労働条件はEU市民のそれ以上に劣悪である。

この状況でEUが農業部門を念頭において季節労働者指令を採択したことは，EUによる次の2つの意思の表示と言えよう。すなわち第一に，実現可能性に疑義が呈されてはいるが，季節労働に携わる移民労働者が深刻な権利侵害を被っている現実を改善するという意思，第二に雇用者がコストとみなすもの（例えば家族や失業に関する手当の企業負担部分）を負担することなくEUの外部から季節労働者を受け入れることにより，EUの農業部門と農村を支える労働力を確保するという意思である。

EUは季節労働者指令を採択したとき，社会的欧州という概念を構成する指標の農業部門と農村における改善を，EU市民と非EU市民の平等待遇に一定の制限を設けることにより，したがってEU基本権憲章第20条「誰もが法律

上平等である」に反する形で,追求すると宣言したと言えよう。

(豊　嘉哲)

注
＊インターネット経由で入手した文献の最終アクセス日は 2017 年 11 月 4 日である。
1　http://www.eurofound.europa.eu/observatories/eurwork/industrial-relations-dictionary/new-forms-of-employment を参照。なお Eurofound（European Foundation for the Improvement of Living and Working Conditions）とは，EU の規則に基づいて 1975 年に設立された，生活条件と労働条件の改善を目指す組織で，政労使三者で構成される。
2　欧州議会および理事会が労働関連分野において，最低基準を指令によって採択する（ただしこれは賃金，団結権，ストライキの権利，ロックアウトの権利には適用されない）と EU 機能条約第 153 条に規定されていることを想起すべきであろう。
3　Directive 2014/36/EU of the European Parliament and of the Council of 26 February 2014 on the conditions of entry and stay of third-country nationals for the purpose of employment as seasonal workers（OJ L 94, 28.3.2014, pp. 375-390）。なお第三国人（third-country nationals）とは EU 機能条約第 20 条 1 項の意味での EU 市民ではない者，要するに EU 加盟国の国籍を持たない者を指す。
4　http://www.consilium.europa.eu/uedocs/cms_data/docs/pressdata/en/jha/141044.pdf
5　第一のシナリオは社会的欧州よりも自由移動を上位に置くというもの，第二は社会政策を強化したい加盟国はそれを実施できるというもの，第三は全加盟国がそろって欧州の社会的次元を深化させるというものである。
6　https://ec.europa.eu/commission/publications/reflection-paper-social-dimension-europe_en
7　社会的欧州をめぐる意見対立の原因の一端は EU の社会政策の複雑さにある。現在のそれは EU 機能条約第 151～161 条に規定されているが，それを理解する上で中嶋（2013）は手がかりとなる。
8　Denord et Schwartz（2009）の次の言葉が想起される。「欧州拡大こそはまさしく，各国の賃金労働者間の敵対関係を生み出す装置に他ならない。彼らは客観的に見れば共通の利益によって結ばれているというのに，労賃の低下競争によって事実上の対立関係に置かれてしまうのだ。人びとを結びつけるものだと称されてはいるが，競争のヨーロッパは対立と分裂を生み出す」（pp.123-124，邦訳 206 頁）。
9　現在の第一の柱は価格政策ではなく所得政策である。CAP の中心が高価格の維持という価格政策から直接支払いを通じた所得支援に転換した過程について，豊（2016）を参照。
10　ここでは南欧についてのみ言及するが，Kasimis（2010）は欧州北部の加盟国においても移民労働者が農業部門に貢献していることを示している。
11　ハイブリッド種子から誕生した作物に含まれる種によって次世代の作物を生産しても，親世代と同じ性質の生産物を収穫することは難しい。
12　欧州における移民の悲惨な労働環境を報じた記事は数多く存在する。例えばイギリス紙 The Guardian（2017 年 10 月 24 日）は，イタリアのトマト産業が移民を徹底的に搾取することによって成立していると報じた。スーダンからの合法的な移民が亡くなった事例では，彼は真夏の朝 4 時から夕方 5 時まで休憩なしでトマトを収穫するが，休日がなく，医療知識を持つ人物に接触することもできなかった
（https://www.theguardian.com/global-development/2017/oct/24/the-terrible-truth-about-your-tin-of-italian-tomatoes）。

13 Proposal for a DIRECTIVE OF THE EUROPEAN PARLIAMENT AND OF THE COUNCIL on the conditions of entry and residence of third-country nationals for the purposes of seasonal employment.
14 欧州 2020 戦略とは，2010 年に終了したリスボン戦略の後を継ぐ 2020 年までの EU の中期成長戦略のことである。これは 2010 年 3 月の EU 首脳会議で合意された。
15 注 4 と同じ。
16 調査対象となったのは，アンダルシア州エル・エヒド（El Ejido）である。この地では小規模農家が移民労働力に頼って輸出指向型食料生産を実施している。Medland（2017, p.163）が引用するスペイン語文献によると，エル・エヒドには 3 万ヘクタールの温室が広がり，そこで 2 万の小規模農家（したがって農家 1 軒当たりの温室の面積は 1 〜 2 ヘクタール）と 4 万の移民労働者がトマトやナスなどを生産している。

参考文献

中嶋章浩（2013）『EU の雇用・社会政策』労働政策研究・研修機構（http://www.jil.go.jp/foreign/report/2013/2013_0930.html）。
豊嘉哲（2016）『欧州統合と共通農業政策』芦書房。
Association Européenne pour la défense des Droits de l'Homme（AEDH）(2014), "Emploi des travailleurs saisonniers de pays tiers: une directive pour rien" (http://www.aedh.eu/plugins/fckeditor/userfiles/file/Communiqu % C3 % A9s/CP % 20Directive % 20emploi % 20des % 20 travailleurs% 20saisonniers% 2006_02_14.pdf).
Countouris, N. (2016), "Brexit and the Rights of Casual Workers ? Tightroping without a Safety Net", 16th May (http://ohrh.law.ox.ac.uk/brexit-and-the-rights-of-casual-workers-tightroping-without-a-safety-net/).
Denord, F. et A. Schwartz (2009), L'Europe social n'aura pas lieu, Raison d'agir, Paris（小澤裕香，片岡大右訳（2012）『欧州統合と新自由主義』，論創社）．
European Commission (2017), "The Reflection Paper on the Social Dimension of Europe", First published on 26 April 2017, (https://ec.europa.eu/commission/publications/reflection-paper-social-dimension-europe_en).
International Labour Organization (ILO) (2011), "Proposal for a Directive of the European Parliament and of the Council on the Conditions of Entry and Residence of Third-Country Nationals for the Purposes of Seasonal Employment, COM (2010) 379 – ILO Note based on International Labour Standards with Reference to Relevant Regional Standards" (http://www.ilo.org/brussels/key-documents/WCMS_168539/lang--en/index.htm).
Joint NGOs Statement (2013), "EU Seasonal Migrant Workers' Directive: Ensure Effective Equal Treatment" (http://www.ccme.be/fileadmin/filer/ccme/20_Areas_of_Work/05_Labour_Migration/2013-05-07_Joint_NGO_contribution_on_Council_s_position_Seasonal_Workers_Directive_May_2013.pdf).
Kasimis, C (2010), "Demographic Trends in Rural Europe and International Migration to Rural Areas", *Agriregionieuropa*, anno 6, no.21 (https://agriregionieuropa.univpm.it/en/content/article/31/21/demographic-trends-rural-europe-and-international-migration-rural-areas).
Medland L. (2017), "Misconceiving 'Seasons' in Global Food Systems: The Case of the EU Seasonal Workers Directive", *European Law Journal*, 23 (3-4), pp. 157-171.
Mori, S (2016), "Migration and Agricultural Labour Force in Italy and Europe" (http://www.croceviaterra.it/lotte-contadine/migration-and-agricultural-labour-force-in-italy-and-

europe/).

Rijken, C. (2014), "Preventing Exploitation through the Seasonal Workers Directive", UACES 44th Annual Conference, 1-3 September 2014 (http://uaces.org/documents/papers/1401/rijken.pdf).

第9章

ユーロ周辺国における団体交渉システムの改革
──危機の中での改革によってアングロ・サクソンモデルへ収斂したのか

はじめに

　2007～8年の金融・経済危機の結果さらに債務危機に見舞われたユーロ周辺国は，深刻な長期的な停滞に陥った。この間過度の緊縮と経済停滞の悪循環のもとで，競争力強化の一環また構造改革の重要な柱として労働市場改革が推進された。経済統合の進展，特に競争圧力を背景に多くの国でフレキシビリティの推進や分権化への長期的な傾向がみられたが，危機に直面するなかでユーロ周辺国では特に急激かつラジカルな改革が推進された。

　本章はトロイカの支援を受けたユーロ周辺4カ国[1]における労働市場改革を，主に団体交渉の諸機構・制度の変容に焦点を据えて，社会的パートナーの役割にも注目して明らかにすることを直接の課題としている。

　欧州社会モデル[2]の柱の一つは労働条件の改善であるが，そこで重要な役割を演じてきた団体交渉システムは改革の帰結としてアングロ・サクソンモデルに収斂したともいわれる。本章はこの点も検証するが，それを，企業交渉をほとんど排他的とするような狭い意味に限定しない。より広く交渉制度自体が脆弱であったり，労働協約のカバリッジの低さなどを含めて高度に分権化された団体交渉システムとして理解する。換言すれば，それが労働条件や分配面での社会的規制力がごく脆弱な状態を示す。

　そのためまず第1節では三者協調体制による全国的な中央交渉を基軸としたアイルランド，第2節では雇用レジームとして共通性を有する南欧3カ国（ギリシャ，ポルトガル，スペイン）の改革とその帰結を論じ，アングロ・サクソンモデルへの収斂について検討する。最後に，こうした改革におけるトロイカ

支援の問題点と重要性を論じるとともに，欧州社会モデルの改革・現代化を標榜してきた欧州委員会の政策的立場とこうした改革との関連を明らかにする。さらに欧州社会モデルの今後の展望にも触れる。

1．アイルランド：三者協調体制の崩壊

　アイルランドは1987年以降全国的な三者協調体制を確立して団体交渉システムを再集権化しており，その限りで南欧諸国と同様に「ある種のコンセンサス型のネオ・コーポラティズム」[3]の下にあった。政府主導の三者戦略のなかで中央（産業間）交渉を基軸として，2006年には危機前の最後の全国協約（「移行的な社会的パートナーシップ協定」）が締結された[4]。また当該部門全体をカバーする団体交渉制度も存在した。ケイタリングや小売りなどの低賃金部門での共同労働委員会による交渉を通じた雇用規制指令EROsおよび建設部門などで労働会議labour courtで交渉した協約を労使合意で登録する登録雇用協約REAsの2つである。しかし，労働協約の適用対象が主に組合員に限定されているため，そのカバリッジは2008年に40％程度で分権化は進んでおり，社会的規制力はごく脆弱であった。

　深刻な経済危機に陥る中で，政府は社会的パートナーを解決ではなくむしろ問題の一部とみなして団体交渉システムの改革を推進した。

　危機の初期の段階では賃金の凍結や公的部門の改革の継続等を含む過渡的な賃金協約が合意された（2008年11月）。その後政府による全国経済社会評議会での調整を背景に，三者協定のための交渉が行われた。この間アイルランド労組連合ICTU（公共サービス委員会）は賃金削減に対する対案を提出したが，政府は受入れを拒否して大幅な賃金削減のための緊急法を制定した。他方，民間部門ではアイルランドビジネス雇用者連盟IBECは2006年社会契約の過渡的賃金協約からの離脱を決定した。こうして2009年12月の包括的な全国協約に関する交渉の破綻により三者協調体制はもろくも崩壊し，2010年11月にはトロイカ体制の下におかれることになった。

　この間政府は公的部門のいっそうの賃金削減や年金への課税を一方的に推進

する一方で，Croke Coke 協定に達した。それは産業平和と引換えに賃金レベルの保護（2014年までの凍結）や雇用保障のほか[5]，ボーナス支払いの改革や医療・教育分野の補充凍結等を含んだ。2013年4月に更新を試みたが一般投票により否決されたため[6]，個々の組合と2013年 Haddington Road 協定を締結した。それは公共サービス支出の大幅削減，労働時間の延長，一定の高賃金層の賃金削減等の改革を含むもので，その背後には相互調整に失敗した場合に雇用者が一方的に賃金・雇用条件を変更するために利用できる財政緊急法という脅威が存在した[7]。その後以前の賃金削減の段階的な回復を提供する2015年 Landsdowne 協定に引き継がれた。この間，トロイカが要求した全国最低賃金の大幅な引下げ（8.65ユーロ／時間から7.65ユーロ／時間）は2011年2月に実施されたが，新政権のもとで11月には元の水準を回復した。

　民間部門では2011年に IBEC と ICTU の間で団体交渉の動向を周知する要綱が合意されたが，紛争が生じたときに政府の紛争解決機関の利用を意図したにすぎず，団体交渉は企業ベースで存続した。他方，部門的な交渉制度は中小企業における一方的逸脱や法的な挑戦のなかで弱体化した（EROs は2011年に REAs も2013年に憲法違反とされた）。その後2015年産業関係（修正）法により両制度は最低賃金設定の権限を維持したものの，その設定と運用にはより厳しい条件が付された。

　このように三者協調体制が崩壊するなかで，部門的な交渉制度も弱体化したことで企業交渉が基軸になり，労働協約のカバリッジもさらに低下した。Eckhard Voss et al.（2015）は南欧3カ国と共にアイルランドを団体交渉システムに重大な変化が生じた国に分類しているが[8]，改革の結果アングロ・サクソンモデルへ収斂したことは明らかである。

2．南欧3カ国における団体交渉システムの変容

　本節では，ギリシャは例外であるが，国家主導的な色彩の強いネオ・コーポラティズムのもとで分権化やフレキシビリティを進めていた南欧3カ国の改革を取り上げる。これら諸国では解雇規制は相対的に高かったが，有期雇用の多

さ(ギリシャは別)のほか自営やインフォーマル部門の比重の高さなどを考慮すれば、労働市場は全体としてはすでに高度に分断的かつ過度にフレキシブルであった[9]。

しかし、団体交渉は全国的な(部門別)交渉を中心に優位性原則の下にあり、労働協約は一般に更新されない限り有効とされてきた。また労働組合の組織率の低さにかかわらず(17.2〜23.5%)、行政的な拡張制度の下で労働協約は高水準のカバリッジを維持していた(79.3〜84.6%)[10]。

危機のなかでこれら諸国では、トロイカ体制のもとで団体交渉システムの改革が推進された。それは急激かつラジカルであったが、OECD(2017)によれば特に団体交渉の分権化、行政的拡張の利用の削減および協約の有効期限の限定は、OECD諸国の一般的な長期的傾向と共通するものであった[11]。Eckhard Voss et al.(2015)は類似の変化を生じていた諸国への「単なるキャッチ・アップのプロセス」とする一方で、すでに言及したように重要な変化の生じた国に分類している[12]。

以下、各国ごとにより具体的に改革の内容とその帰結を、アングロ・サクソンモデルへの収斂に注目して明らかにしよう。

2.1 ギリシャにおける団体交渉システムの崩壊

まず金融・経済危機以降トロイカ主導で最も包括的かつラジカルに改革が進められたギリシャをとりあげる[13]。1980年代から社会的協調体制は進み、1994年の全国的な三者協調機構である経済社会評議会OKEの設立により強化された。危機まで分権化への動きがほとんど見られなかった高度に集権的な団体交渉システムの基軸は、全労働者をカバーする最低賃金その他の基礎的な労働条件を設定する産業横断的な全国一般労働協約NGCAである[14]。これを基盤とした部門別・全国的職業別の交渉が中心で、企業別交渉はほとんどが公的部門関連においてみられたにすぎない。

こうしたなかで危機に陥ったギリシャは、2010年5月以降トロイカ体制下で改革を進めた。それは社会的パートナーを無視した一方的なものであり、また労働組合や自由な団体交渉の権利などの侵害を多数含んでいた。

緊縮政策とも深く関連した最初の改革（2010年）は，公的部門の労働者（公務員等を除く）の賃金・労働条件に関する労働協約と仲裁決定停止の法制化である。2012年2月には公務員の賃金体系を課すことで，公的部門において団体交渉は終焉した。

　民間部門の産業関係においても，トロイカとの覚書に沿って次のような広範かつ重大な変更が実施された。

　まず第一に，2010年に特定の条項に関して職種別・企業協約の部門別・全国的協約からの逸脱さらには部門別協約のNGCAからの逸脱さえ可能とされた。しかし，後者については社会的パートナーの反対により，NGCAによる諸権利のフロアを遵守することで合意した。そのため部門別協約の賃金水準からの逸脱を許容する新しいタイプの特別企業協約を導入したものの，実際にはほとんど用いられなかった。

　その結果，第二に全企業において組合がなく労働者の5分の3を代表する従業員団体 association of persons が企業協約を締結できるとされたが，特にその自律性をめぐって多くの批判がある[15]。

　第三は，2011年の中期財政戦略フレームワークの期間中（2012～15年），部門・職業別協約の行政的な拡張（および優位性原則の適用）の一時的な停止の導入である。実際に協約の拡張はほとんどなされず，雇用者の雇用者組織から撤退する強力な動因として機能した。

　その後2012年2月に社会的パートナーは労働協約の事後的効果のほか13,14カ月目の手当や最低賃金レベルの維持で合意した。しかし，それを表面的特に賃金削減を含まないとして拒否したうえで，政府は労組の活動に対する制度的・資金的支援の削減を含むより重大な改革を一方的に進めた。

　第一は，労働協約の期限の限定（最長3年間）および事後的効果期間の短縮（6カ月から3カ月）である（ただし，失業率が10％未満になるまでの措置）。

　第二は，調停・仲裁のフレームワークの改革である。すでに2010年に一定の改革がなされていたが，2012年には仲裁に対する一方的な提訴を廃止して両当事者の同意を要件とした。さらに仲裁は基本賃金に限定され，他のボーナスや手当などの条項を含まないとされた。

　第三は，全国最低賃金の政府による法制化である。NGCAで規定されてい

図表 9-1　新たに締結（または更新）された労働協約および仲裁，2008 〜 2015 年

	2008	2009	2010	2011	2012	2013	2014	2015
部門別	230(n.a)	120(n.a)	65 (14)	38 (7)	23 (6)	14 (10)	14 (5)	12 (3)
企業別	231	227	227	170	976	409	286	263
仲裁件数	n.a	n.a	48 (30)	32 (17)	8 (8)	0 (0)	3 (3)	12 (11)

注：部門別協約には全国的な職業別協約を含む．（　）内の数字は地域レベルの職業別協約数．仲裁件数における（　）の数字は部門別・全国的職業別協約に関する仲裁件数．
出所：Aristea Koukiadaki（2016），p33, Table1（2008, 09 年は ETUI（2016）p46）．

た最低賃金を，政府は一挙に 22％（25 歳未満では 32％）引下げ，さらに経済調整プログラムの終了まで凍結を予定した。2012 年 11 月には翌年 4 月以降社会的パートナーとの協議のもとで政府が最賃は決定することになった。ただし，非賃金的な諸問題については全国的な労働協約による規制が継続し，直接全労働者に適用される。

こうした改革のなかで新たに締結または更新された全国的な労働協約は激減した（図表 9-1）。既存の協約数は詳らかにしえないが，有効期間を前提とすればサービス部門の一部を除いて部門別交渉制度はほとんど崩壊したとみられる。企業協約も 2012 〜 13 年に急増したが一時的なものにとどまり，団体交渉のカバリッジは約 70％から 10％程度に激減した[16]。それだけでなく仲裁件数も 2015 年にはやや回復したもののわずか 12 件にとどまった。

その結果，ギリシャでは危機以前の団体交渉システムはほぼ完全に崩壊し，アングロ・サクソンモデルへ収斂したとみることができる。その後反緊縮を掲げて成立したシリザ新政権は，団体交渉の制度・機構の回復のための一連の手段に関与しているが，その実現は困難とみられる。

2.2　ポルトガルにおける団体交渉システムの変容

次に，社会的協調常設委員会 CPCS（1984 年設置）の下で三者協調体制が進み，1990 年代後半以降部門別交渉を基軸としたポルトガルをとりあげる[17]。危機前から進められていた労働市場改革のなかでも 2003 年労働法典は重要であった[18]。それは労働協約が法より有利でない条件を規定することを許

容し，また規則的な更新を有利とするように事後的効果期間に一定の制限を設けた。しかし，新たな協約の激減を背景に社会党新政権のもとで 2006 年に部分的に放棄され，三者の協調体制も回復した。きわめて保守的な労働総連合 UGT だけでなくポルトガル労働総同盟 CGTP を含めて 2011 年までに 500 ユーロまで徐々に引き上げるとした最低賃金に関する三者協定も締結された。

その後 CGTP を除く三者協定（2008 年 6 月）が締結され，それを基盤として重要な変更がなされた。公的部門ではその領域は限定されたが，民間部門と同じ法的地位を有する労働協約を交渉する権利をはじめて付与した。また 2009 年 2 月の労働法修正により労働協約が法よりも不利なルールを設定できない多くの領域を規定し，また事後的効果のルールと期間を明確にした（一定の条件のもとで期間延長を可能とした）。他方でそれは 500 人以上の企業において労組による委任により非組合の労働者団体 worker's council を企業協約の交渉に適格とした。また労働協約の有効期間に関連した強制的な仲裁手続きを導入した。

緊縮政策に転換した 2010 年以降は，公的部門の賃金交渉の停止や賃金・キャリアの凍結などを求める一方で，民間部門では団体交渉のさらなる分権化を計画し，それを含む三者協定（CGTP を除く）を 2011 年 3 月に締結した。6月以降は中道右派新政権のもとで，改革はトロイカとの覚書に沿ってよりラジカルに推進され，基本的には覚書の実施を不可避とした UGT を含む三者協調体制のもとで実施された。

公的部門においては 1500 ユーロを超える賃金の引下げや各種手当の削減，35 時間から 40 時間へ週労働時間の延長がなされた。さらに地方自治体と調印した労働協約を妨げたが，2015 年 10 月にはこうした団体交渉への政府介入は違憲とされた[19]。また調整プログラムの期間中，全国最低賃金を 485 ユーロで凍結した。

団体交渉システムの改革は，主として次のような諸点で推進された。第一は，2011 年 5 月にすでに一時的に停止されていた労働協約の拡張制度の変更である。翌年 11 月の新しい規制は雇用者組織が当該部門の労働者の 50％以上を代表していることを要件として，協約の拡張を大幅に制限するものであった。第二は，企業協約を含む他のレベルにおけるより高位の協約の賃金等の労

働条件を変更できる可能性の導入および労働者団体が企業協約を締結できる企業規模の引下げ（500人から150人以上）である。第三に，労働協約の期限が5年から3年に短縮されただけでなく，事後的有効期間も18カ月から12カ月に短縮された。さらにトロイカ体制脱却後であるが，部門別協約当事者の関与を要件として産業的な危機などの場合に部門別協約を企業レベルで一時的に停止する可能性を導入した。

　このようにポルトガルでもギリシャとほぼ同様の改革が推進されたが，覚書の要求にもかかわらず企業交渉・協約の優越性に関連しては重大な相違が存在した。部門別協約等に優位性条項がないとの要件を課され，また労働者団体による交渉は労働組合の委任を要したからである。そこには組合だけが団体交渉の大権を有するとした憲法の存在があったからであろう。

　さらにポスト・トロイカ体制の下で改革の流れに反するような新しい動きがみられた。一つは505ユーロへの最低賃金の引上げである（2014年10月から2015年12月まで）。より重要な変更は拡張基準の大幅な緩和で，雇用者組織の30％以上が中小企業からなることとした。欧州委員会（経済財政総局）によれば，それは危機以前の「一般的な拡張の潜在的な回復」であり，企業レベルでの有効な賃金調整を阻害するものである[20]。

　こうして2015年以降協約の期限や事後的効果の期間を別にすれば，団体交渉システムは事実上危機前と同様の制度的な特徴を回復したともみられる。とはいえ，現実にはこうした改革の中で新規に締結あるいは更新された部門別労働協約は，2008年の172から2013年には27に激減した（図表9-2）。その後若干回復したが2015年においても半分の以下の65にすぎず，拡張制度が全面的に適用された協約も44にとどまった[21]。

　他方で，現実にはしばしば労組からの委任なしにあるいは意思に反してさえ締結されたとされる[22]企業協約も2008年よりもかなり低水準で推移した。ただし，企業グループ間の協約数は2014，15年とかなり回復しただけでなく，部門別交渉を阻害する動きの中でフォーマルな団体交渉の枠外での企業レベルにおける組合の戦略の重要性が高まったとされる[23]。

　このように団体交渉制度は深刻な危機に陥り，既存の協約を含めた団体交渉のカバリッジも大幅に低下したが，なお高水準とみられる[24]。団体交渉制度は

figure 9-2 新規の(更新された)労働協約およびカバーされた労働者

(単位:1000人)

	2008	2009	2010	2011	2012	2013	2014	2015
部門別	172(27)	142(22)	141(25)	93(22)	36(10)	27(18)	49(23)	65(20)
拡張協約	178	128	149	24	13	9	16	44
企業別	97	87	64	55	39	49	80	53
人数	1894.8	1487.2	1486.0	1242.2	404.8	241.5	246.6	568.9
	1778.2	1299.4	1309.3	1160.1	291.1	197.0	214.6	446.0

注:( )内の数字は企業グループ間の労働協約(雇用者団体に属さないいくつかの雇用者と労働組合との間で交渉された協約で,銀行や公益事業では一般的)。人数は全労働協約(下段は部門別協約)によってカバーされた労働者数。なお拡張された協約数は特定の年に認められた数字であるため,その年の新規協約数を超える場合がある。
出所:OECD (2017), p.60, Table2 (MSESS/DGERT) より抜粋。

重大な変化をこうむったが,アングロ・サクソンモデルへ転換・収斂したとまではいえないであろう。今後の動向はポスト・トロイカ体制における新経済的ガバナンス(つまり欧州委員会による実質的な賃金政策さらには労働市場改革に対する介入)のもとでの,歴史的な社会党コスタ少数派新政権の政策に大きく依存するであろう。

2.3 スペインにおける団体交渉システムの変容

最後に,スペインにおける改革をとりあげる[25]。1984年以降分権化が進む一方で,1990年代後半以降多くの二者あるいは三者協定が締結された[26]。団体交渉システムは部門別協約を基軸としたが,全国的な協約よりも地域別協約が中心であった。

危機の下で政府主導により推進された改革は,産業関係を大きく変容させた。2010年には「雇用と団体交渉に関する二者間協約2010‐12」(AENC Ⅰ)に基づいて交渉が行われたが,緊縮政策に転じた社会党政権は改革を一方的に推進した。それは解雇規制の緩和などのほか,賃金や労働時間などに関して企業協約による多雇用主交渉からの逸脱を可能とした。

その後年金の削減等を含む三者協定に達しそれに基づいて交渉が進んだが,

強硬派の雇用者団体の最終提案の結果破綻した。こうしたなかでラホイ新政権は，2012年には解雇規制のいっそうの緩和等だけでなく団体交渉についても重要な変更を一方的に推進した。それはギリシャの改革やまた新経済的ガバナンスの方向と一致するものであった（2013年以降も労働市場改革は進められたが，団体交渉システムに関する重大な改革はみられない）。

すなわち，まず第一に，企業協約に対する絶対的な優越性を付与したことである（以前は許容されていた高位の協約が低位の協約に対して優越する条項を含むことを禁止した）。第二は，労働協約の一定の条項からの一時的な逸脱である。協約を適用せずに広く労働条件を変更する可能性を拡大し，それが許容される条件も緩和した。さらに一定の条件のもとで雇用者による賃金を含む労働条件の一方的な重要な変更（とその通知期間の短縮）の道を開いた。第三に，事後的有効期間を1年間に制限することで，自動的な延長制度を終焉させた。

これは2012年1月の二者間協定 AENC II [27] を不十分として拒否して推進されたもので，労組はもとより雇用者団体も全面的な分権化には反対した。こうした政府による一方的な改革は社会的パートナーの集団的自律性に対する攻撃であり，（特に労組は）その「付随的な犠牲者（あるいはしばしばその目標）」であった[28]。

ともあれこうした改革により部門別協約が大幅に減少しただけでなく，雇用の拡大（失業率の低下）のなかで2015年には協約によりカバーされた人数もさらに大きく減少した（図表9-3）。また企業協約へのシフトも生じなかった。

図表9-3　民間部門の登録労働協約およびカバリッジの人数

(単位：1000人)

	2008	2009	2010	2011	2012	2013	2014	2015
部門別	1448	1366	1265	1163	1142	1194	1181	901
人数	10752.9	10443.2	9871.1	9733.8	9173.3	9332.7	9437.5	7850.2
企業別	4539	4323	3802	3422	3234	3395	4004	4014
人数	1215.3	1114.6	923.2	929.0	925.7	932.7	867.2	763.9

注：部門別協約は主に州・地域・全国レベルの協約。2015年は暫定的な数字。
出所：Miguel A.Malo（2016），p126, Table3 より抜粋。

実際にはこの表が示す以上に団体交渉制度の衰退は顕著であったとみられる。L.Horwitz et al. によれば，登録協約数ではなく実際に有効な協約は 2013 年にすでに 2371 にすぎず，雇用者全体に占めるカバリッジも 2008 年の 59％から 2013 年には 41％と大幅に低下した[29]。その後の協約の減少傾向をふまえれば，2015 年にはさらに低下したであろう。

　それだけでなく法定の最低賃金水準が極端に低いことを前提に，優位性原則の破棄や協約からの逸脱などの可能性の拡大などを考慮すれば，形式的には部門別協約を基軸としたシステムがなお維持されたとしても，事実上高度に分権的なアングロ・サクソンモデルへ収斂したとみられる。

おわりに

　トロイカの支援を受けたユーロ周辺国の改革は，社会的進歩に反する新自由主義的なものであった。また欧州議会によればトロイカ体制における欧州委員会の権限は明確ではなく「透明性と民主的管理」（つまり民主的正統性）を欠如したものであり，ユーロ懐疑主義を広めた[30]。とはいえ改革は単に外部的圧力によるのではなく，各国の政府も一体となってむしろ危機を利用して積極的に推進された。それは T.Schulten et al. が指摘しているように[31]，労働組合の賃金設定能力の「全般的削減」を含めて欧州委員会（経済・金融総局）の政策的立場を示す年次報告書[32]と全面的に一致する。その帰結はアングロ・サクソンモデルすなわち高度に分権的なシステムへの収斂であった。ただしポルトガルではその途上における改革の揺り戻しもあり，新政権における今後の動向が注目される。

　いずれにせよこれら諸国が欧州社会モデルの発展の道を進むためには，社会的パートナーの無視さらにはそれへの攻撃を含めた改革の針路の全面的な転換が必要であろう。そのためにはまた賃金を主要な経済の調整変数として労働市場改革をも含んだ新経済的ガバナンス自体の再検討が不可欠である。

（嶋田　巧）

注

＊インターネットへの最終アクセスは 2017 年 11 月 4 日。
1 スペインは正確にはトロイカではなく EFSF/EMS の支援のもとにおかれたので他の 3 カ国とは異なるが，南欧諸国として共通性もありここでは便宜上一括して扱う。
2 第 5 章 95 頁参照。
3 尹春志（2014），127 頁。以下，主として Adian Regan（2013）および John Geary（2016）による。
4 これは 10 年にわたる社会契約であるが，賃金面は 24 〜 36 カ月ごとに交渉される（cf. Adian Regan, *op.cit.*,p.4）。
5 雇用保障は強制解雇をしないことを意味するものとみられる。主として退職，欠員の補充をしないこと及び新規採用の厳密な制限により，32 万 400 人（2008 年）から 28 万 9600 人（2014 年）に大幅に減少した（cf. Chiara Agostini, Valentina Lisi, David Natali and Sebastiano Sabato（2016）p.91）。
6 Adian Regan, *op.cit.*,p.15.
7 John Geary, *op.cit.*,pp.136-7.
8 Eckhard Voss, Katharina Schoneberg and Ricardo Rodriguez Contreras（2015）p.70 Table4（重要な変化の生じた国に分類されているのはドイツのほかはすべて中東欧諸国である。ただし，1997 年以降の長期の変化を調整の程度や交渉のアジェンダの変化などの指標を含めた分類である）。
9 尹春志（2015），73-101 頁。
10 J.Viser,（http://www.uva-aias.net/en/ictwss）．2008 年の数字。カバリッジは団体交渉に適格な被用者に占める労働者の比率で，被用者さらに雇用者全体に占める比率はこれよりかなり低い。
11 OECD（2017），p.64.
12 Eckhard Voss, Katharina Schoneberg and Ricardo Rodriguez Contreras, *op.cit.* 53.
13 本節は主として Aristea Koukiadaki and Domian Crimshaw（2016）および Aristea Koukiadaki and Chara Kokkinou（2016）による。
14 2008 年に中央レベルの産業間交渉制度を有していたのは，ギリシャのほかはアイルランド，ベルギー，スロベニア，ルーマニアの 4 カ国だけであった（cf..Jelle Visser（2016）p.12（https://doi.org/10.1186/s40173-016-0061-1）。
15 例えば ILO はこれを労働組合でもないし独立を保証する何者によっても規制されていないとして，団体交渉や労働運動に有害な影響を及ぼすとの強い懸念を示した（cf..ILO（2011））。
16 Aristea Koukiadaki and Domian Crimshaw, *op.cit.*,p.124.
17 本節は主として Maria do Rosario Palma Ramalho（2013），Maria da Paz Campos Lima（2016），OECD（2017）による。
18 Maria do Rosario Palma Ramalho, *op.cit.*,p1-4. および Isabel Tavora and Pilar Conzalez（2016）pp.324-326, p.346.
19 Maria da Paz Campos Lima, *op.cit.*,p16, p18.
20 European Commission（2015），p.28.
21 激減した理由については相互に排他的ではないが，若干の不一致があるといわれる（cf. OECD, *op.cit.*,pp.60-61）。
22 Maria do Rosario Palma Ramalho, *op.cit.*, pp.24-25
23 OECD,*op.cit.*,p61.
24 J.visser, ICTWSS Data base, *op.cit* によれば 2008 年の 84.6％から 2014 年には 67％にまで低下したが，ポルトガル統計局の被用者ベースに基づき 2009 年の 61.0％から低下したが 2014 年に 57.7％をカバーしたとの推計もある（cf..Maria da Paz Campos Lima,*op.cit.*,p.22 Table4）。

25 主として ILO（2014），Stefan Clauwaert, Isabelle, Schomann and N.Bultgen（2016），Oscar Molina and Migueiez（2013）による。
26 Sofa A.Perez and Martin Rhodes（2015），p.183.
27 これは部門別協約のフレームワークのもとで企業別交渉の促進を含むものである（cf.O.Molina et al, *op.cit*.,p.155, S.Clauwaert et al.,*op.cit*.,p.4）。
28 Ralfa Munoz de Bustillo and Jose-Ignacio Anton（2015），p.74.
29 Laszlo Horwitz and Martin Myant（2015），Josep Banyuls and Albert Recio（2016），pp.55-56 も参照。
30 European Parliament（2014）
31 Thorsten Schulten and Torsten Muler（2015），p.103.
32 European Commission（2012），pp.103-104. なお欧州委員会でも雇用・社会・包摂総局の改革に対する評価は，曖昧であるがかなり異なり批判的ともいえる（cf.European Commission（2015）*op.cit*.,p.34, p.74）。

参考文献

尹春志（2014）「南欧雇用レジームの考察（上）」『西南学院大学経済学論集』第 50 巻第 2 号，99-151 頁。

尹春志（2015）「南欧雇用レジームの考察（下）」『西南学院大学経済学論集』第 50 巻第 3 号，73-130 頁。

Adian Regan（2013），"The impact of the Eurozone crisis on the Irish social partnership" Working Paper N0.49, ILO. (https://www.ILO.org./)

Aristea Koukiadaki and Chara Kokkinou（2016），"The Greek system of collective bargaining in (the) crisis", edited., by Aristea Koukiadaki, Isabel Távora and Miguel Lucio, *Joint Regulation and labour market policy in Europe during the crisis*, pp.135-203, ETUI. (https://www.etui.org/)

Aristea Koukiadaki and Domian Crimshaw（2016），*Evaluating the effects of the structural labour market reforms on collective bargaining in Greece*, ILO.

Chiara Agostini, Valentina Lisi, David Natali and Sebastiano Sabato（2016），*Balancing protection and investment structural reform in five countries*, ETUI.

Eckhard Voss, Katharina Schöneberg and Ricardo Rodriguez Contreras（2015），*Collective bargaining in Europe in the 21st century*, Eurofound. (https://www.eurofound.europa.eu/)

ETUI（2016），*Benchmarking working Europe 2016*,

European Commission（2012），*Labour Market Development in Europe 2012*.

European Commission（2015），*Industrial Relations in Europe 2014*.

European Parliament（2014），*European Parliament resolution of 13 March 2014 on the country on the role and operation of the Troika (ECB, Commission and IMF) with regard to the euro area programme countries*, (http://www.europarl.europa.eu/sides/getDoc.do?pubRef=-EP//TEXT+TA+P7-TA-2014-0239+0+DOC+XML+VO//EN)

ILO（2011），*Report on the High Level Mission to Greece*, Sep.2011.

ILO（2014），*Spain: Growth with jobs*.

Isabel Távora and Pilar Conzalez（2015），"The Reform of joint regulation and labour market policy during the current crisis: national report on Portugal", edited.,by Aristea Koukiadaki, Isabel Távora and Miguel Lucio, *op.cit*.pp.321-393.

Jelle Viser, ICTWSS Data base, version 5.1, Amsterdam Institute for Advanced Labour Studies

(AIAS) (http://www.uva-aias.net/en/ictwss).
Jelle Visser (2016), "What happened to collective bargaining during the great recession? ", IZA Journal of Labour Policy, 5・9.
(https://doi.org/10.1186/s40173-016-0061-1).
John Geary (2016), "Economic Crisis, Austerity and trade union responses", pp.131-147, European Journal of Industrial Relations, Vol.22, Issue 2.
Josep Banyuls and Albert Recio (2015), "A crisis inside the crisis: Spain under a conservative neoliberalism" , edited.,by Steffen Lehndorff, *Devisisive Integration of failed ideas in Europe : Revisited*, pp.39-68, ETUI.
Laszlo Horwitz and Martin Myant (2015), "Spain's labour market reforms", Working Paper, 2015-03, ETUI.
Maria da Paz Campos Lima (2016), "The influence of the Troika on erosion of collective bargaining in Portugal", Workshop: Evolution of Collective Bargaining Programme and Post-Programme Member States,IP/EMPL/2015-04,European Parliament
(http://www.europarl.europa.eu/RegData/etudes/STUD/2016/569980/IPO
L_STU% 282016% 29569980_EN.pdf#search=% 27IP% 2F+EMPL% 2F+201 504% 2C+European +Parliament% 27)
Maria do Rosario Palma Ramalho (2013), "Portuguese labour law and industrial relation during the crisis ", Working Paper, No.54, ILO,
Miguel A.Malo (2016), "Collective bargaining reforms in southern Europe during the crisis" , edited.,byValelia Pulingano, Holm-Detlev Kohler and Paul Stewart, *Employment relations in era of change*, pp.117-135,ETUI.
OECD (2017), *Labour Market Reforms in Portugal 2011-2015*.
Oscar Molina and Migueiez (2013), *From negotiation to imposition*, ILO, Working Paper No.51.
Ralfa Munoz de Bustillo and Jose-Ignacio Anton (2015), "Turning back before arriving?" , edited.,by D.-Vaughan-Whitehead, *The European Social Model in Crisis*, pp.451-506, ILO, Edward Elgar Publishing.
Sofa A.Perez and Martin Rhodes (2017), "The Evolution and Crisis of the Social Models in Italy and Spain" , edited., by John Erick Dolvic and Andrew Martin, *European Social Models from Crisis to Crisis*, pp.177-213, paperback, Oxford University Press.
Stefan Clauwaert, Isabelle, Schomann and N.Bultgen (2016) , "The Crisis and national labour law reforms: Country report Spain" , Working Paper, ETUI.
Steffen Lehndorff ed (2015), *Devisive Integration of failed ideas in Europe: - Revisited*, ETUI.
Thorsten Schulten and Torsten Muler (2015), "European economic governance and its intervention in national wage development and collective bargaining", edited.,by Steffen Lehndorff, *op.cit.* pp.321-363.

第Ⅲ部

反EU・反移民勢力の台頭と
Brexit後の欧州統合の課題

第 10 章

フランスの極右,国民戦線
──ポピュリスムはなぜ支持を拡大するのか

はじめに

　人種差別問題の専門家である政治学者のピエール＝アンドレ・タギエフ (Pierre-André Taguieff) は 2012 年の『新たなナショナル＝ポピュリスム』の中でルペンの国民戦線に代表されるポピュリスムについてこう述べている[1]。
「①ポピュリスムとは,曖昧だが多少とも観察可能な実情をとらえるなら,政治的幻想の現代的な一形態であり,デマゴギーと魔術的な思考の混合物に還元され,原則上,媒介や時間的なずれを拒否し,一つになった民衆と指導者層あるいは至高のリーダーとのあり得ない一致を中心にし,魂の救済の道として想像上の融合を含意している。したがって国内的な紛争を拒否し,政治的なものの否定を前提としている。
　②ポピュリスムとは,歴史家や政治学者あるいは社会学者の虚構的な発明品もしくは神話的な構築物で,ネガティブな一つのカテゴリーの中に,彼らの目からみて抑圧的な,認めたくないあるいは非難したい様々な現象（ナショナリスムや外国人差別など）をあつめたものである,もしくは反対に,彼らの政治的理想の想像上の実現（例えば"直接民主制"であるが,これはポピュリストのリーダーたちが述べたものを素朴に文字通り解することに行きつく）をそれと認められた現象として称賛するためである[2]」。
　通常批判的な文脈でとらえられることの多いポピュリスムとは,この最初の定義に沿ったものであり,その特徴の一つは直接性,一体感といったところにある。リーダーと支持者との,さらに広くは国民全体に見られる政治的志向の（想像上の）一致であり,いかなる媒介も,政治上の紛争も,そもそも政治と

いう権力をめぐって対立し合う意見の場すらも存在しないことになる。こうした一体感こそが，過去のファシズムにおいて，とりわけドイツ，日本，イタリアといった国々で見られたものの共通する特徴の一つであったと言えるかもしれない。

現在ヨーロッパでは，同じ顔をした多くの妖怪が歩き回っている。極右政党という名の妖怪である。それらに共通する特徴は，一部有権者の熱烈な支持を背景に自国や自民族を優先する世界観，排外主義，反グローバル化などである。すべての国のこれら極右政党が同一のイデオロギーを信奉しているとは言えないが，そこには多くの共通点がある。かなり早い時期から活動を行ってきたフランスの国民戦線を取り上げ，その特徴を明らかにしてみよう。注意すべき点は，国民戦線それ自体も変化を経てきており，当初のネオファシスト的過激集団から，いくつかの議会で議席を有する，一定の社会的認知を受けた"通常の"政党へと変身を遂げてきたことである。そしてヨーロッパを中心としてこれらの政党がほぼ同じような時期に出現し，その勢いを増してきたことは偶然ではない。フランス，イタリア，イギリス，オランダ，オーストリア，ドイツ，デンマークや北欧，ハンガリー……，なぜいま極右政党たちが跋扈し始めたのだろうか？

1．国民戦線とは

国民戦線，Front national，フロン・ナショナル，英語で言えばナショナル・フロント，この物騒な名前を初めて聞いた者は誰もが思う，それが議会に候補者を立てる政党政治の参加者であろうかと。1972年，確かにジャン＝マリ・ルペン（Jean-Marie Le Pen）がこの党を創設した当初，それはヤクザで怪しげな元軍人たち，ドイツ占領下のフランスで傀儡といわれたヴィシー政府の国民革命に賛同した者，この政府の元閣僚もいれば，ナチス親衛隊SSの元メンバー[3]，フランス植民地下のアルジェリアで独立反対派の武装組織に身を置いた者，さらにネオナチグループのメンバー。そしてルペン自身もまたインドシナ戦線に従軍し独立戦争期のアルジェリアで怪しげな活動をした経験をも

つ[4]。まさしく第2次世界大戦と植民地主義の残党たちが，経済成長するフランスで身を寄せ合って作った，極右過激派集団そのものだったのだ。パリから始まった同党の歴史は徐々に各地域に強く根付き，党首マリーヌ・ルペン（Marine Le Pen）の姪で，先の大統領選挙キャンペーンでも活躍したマリオン・マレシャル＝ルペン（Marion Mréchal-Le Pen）の家は強力な基盤の一つであるフランス南東部の少し北に位置するカルパントラにあり（この町は1990年にユダヤ人墓地が掘り返されるという事件で有名になった），また軍港の町トゥーロンの市長をはじめ，コート・ダジュールやプロヴァンス地方（例えばカヴァイヨン）は国民戦線の牙城である。

この温暖でリッチに見える南仏のリゾート地周辺をはじめとして，父親譲りのパワフルな女性リーダーとなったマリーヌが新たな支持基盤を得ようと自ら乗り込んだ町が，北部フランスのリールに近い，エナン＝ボーモンであった[5]。その活動によって全国に名を知られてしまった，北フランスの小さな町だ。国民戦線本来の地盤とはあまり関係ないと思われるこの町で，いったい彼女は何をしようというのか？　しかしそれは彼女の気まぐれなどではない。すでにこの北部のベルギーに近い町で市長を務めるのは国民戦線の活動家であり，この地域で2017年5月12日の大統領選挙第1回投票で半数以上の票を獲得することになるのもまた，ルペン本人なのだ。

かつて労働者は社会の底辺であり，マルクスが図式化した階級闘争における主役となった。すなわちプロレタリアートである。ところがフランスをはじめとするヨーロッパ社会にはそのさらに下に新たな人々が参入してきた。移民たちである。そして出稼ぎ労働者だったはずの外国人は，その後の政策の変更で[6]，停滞するフランス人口の救世主と位置づけられて定着し，家族での移民や子だくさんが奨励される。こうしたなかでフランスの若者やインテンリでは人権を擁護する立場から反人種差別の運動が盛り上がり，スカーフ論争をはじめとして議論を呼んだ郊外の移民系の若者たちは，最底辺の高い失業率に苦しみながらも，映画や論壇，文学，ジャーナリズムにおいて熱い視線を浴び続けてきた。苦悩する郊外地区の若者は，フランソワ・デュベ（François Dubet）の『ガレー船』やディディエ・ラペロニ（Didier Lapeyronnie）の『都市のゲットー』など社会学の名著を生み，またカンヌでの栄冠に輝いたカソヴィッ

ツ（Mathieu Kassovitz）監督の『憎しみ』などに映像化されてきた通りである。

　タギエフが注目するのがそこだ。社会の目が移民問題や郊外地区に向けられたとき，欧州での競争に敗れ，増加する失業や工場移転に苦しんだ，かつてのプロレタリアートや，彼らの多く住んだ"赤い"郊外[7]には，何が生じたのだろうか？　このエナン＝ボーモンのように。そこはフランスの誇るかつての北部工業地帯，リールに近くランス Lens とドゥエーのちょうど中間に位置し，炭鉱と鉄鋼で栄え，ジャカード織に代表される繊維産業の一大中心地域に属していた。今やこれらの工業都市は廃墟のようになり，20世紀前半の繁栄を今に伝えるレンガ建ての工場群とボタ山が，閑散としたわびしさをたたえている。1947 年には日産十万トンを目指した炭鉱が 91 年に最終的に活動を停止し[8]，その住民たちが国民戦線に目を向けても愚かなことなどとはいえまい。

　国民戦線の支持基盤として脚光を浴びるようになった町として，フランス北東部の旧工業地帯があるという指摘はしばしばなされている[9]。格別に移民が目につくような街でもない，どちらかというと古くからのフランス人が閑散とした通りを散歩する，落ち着いた地方都市。そのことは過去の選挙結果においても指摘されてきたところだが，極左の町がそのまま極右に鞍替えするということもある。社会党よりさらに左よりの政党を支持する工場労働者，不安定雇用の事務労働者などが，既存の労働組織や左派のイデオロギーに将来を見出せず，移民の排斥や，EU 反対を鮮明にする極右へと，いわば 180 度の方向転換である。誰もそんなことが起こりうるとは信じられないし，極右のデマゴギーや過激な排他主義に踊らされる浅はかな有権者といった見方もあったかもしれないが，国民戦線への支持が選挙ごとに増加している事実を見れば，それが単に同党の巧みな大衆扇動や，特定階層の愚かさといったものではないことが分かる。伝統的な左派の支持基盤が国民戦線への投票の温床に変化していく様は，すでに 1970 年代後半から指摘されていたのだ[10]。

　ルペンがよく使う言葉の一つがル・システム，そして保守の共和党が名称を変える前の人民運動連合 UMP と左派の社会党 PS を合わせて呼んだ UMPS（ウンプス）が，この立場をよく表している。つまり労働者の代表だった社会党と，資本家・経営者の代表だった保守派とが同じものであり，いわばそれは

図表 10-1　2017 年大統領選第 1 回投票，マリーヌ・ルペンの県ごとの得票率

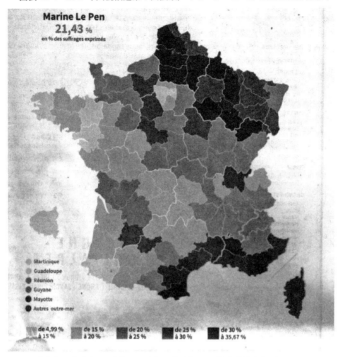

注：南東部と北東部が顕著で，近年は南西部への進出がみられる。
出所：le monde　2017 年 4 月 25 日付

　フランスの既存体制そのもの，つまりシステムなのだと。だからシステムに背を向けるなら，のこりは極左か極右のどちらかしかない。移民排斥をうたわない点で極右と袂を分かつものの，EU への懐疑的な立場，反グローバリズムなど，極右と極左とがメビウスの輪のようにつながる[11]。

　かつて郊外地区と言えば工場労働者などが多く，共産党支持層の牙城がいくつか見られた。パリのすぐ北に位置する移民の町サンドニ，今は移民の集まる代名詞のような街だが，実はここもかつて，パリ近郊の工業地区として発展し，70 年代以降の移民の集積地となるまでは，左翼活動家の町だったところだ[12]。伝染病対策の病院，フランスガス公社，パリ市のごみ処理場，様々な都市機能のためのインフラと汚泥が集められ，パリという美しさの演出の舞台裏

だったのである[13]。そんなサンドニで 2017 大統領選第 1 回投票最大の票を得たのは社会党ではなく,マクロンの前進でもなく,極左を代表する政治家メランション（Jean-Luc Mélenchon）の"不服従（アンスミーズ）"だった[14]。そして第 2 回投票直前,ルペンとマクロンの一騎打ちとなった選挙で,ルペンを封じるためにマクロンに投じようという呼びかけは,ついに彼の口から出ることはなかったのである。システムにも,極右にも票は投じたくない,そんな気持ちのにじむ態度だった。

　両者は共通している,だが本当は極右が極左からの借用を行っているともいえる。マリーヌ・ルペンに交代した国民戦線が左派の反グローバリズムを借用し,反ユダヤ主義といった伝統的な極右のイデオロギーを表に出さない。こうして極右は,極右であるとのイメージを変え,魅力を増す。「これこそまさに"通常の"政治的ゲームに彼らを組み入れるよう私たちを促すものなのだ」[15]。そしてかつての極右の言説が反共産主義や反ユダヤ主義だったとすれば,新たなポピュリズムのそれは反グローバル化と反イスラム主義に彩られている[16]。

2．ルペンの台頭

　2011 年に正式にマリーヌが党首となって代替わりが果たされるまで,父親のジャン＝マリが率いた国民戦線とはどのようなものだったのだろうか？
　極右についての研究家であるジャン＝イヴ・カミュ（Jean-Yves Camus）は国民戦線の来歴を分かりやすくまとめているが,その中でまず彼が注目するのは,フランスの政治の中でこの極右政党の占める特別な位置である。つまり「その活動は反対する人々の動員を生みだし,ほかのどこにもこれに匹敵するものはない。……このフランス的な特殊性は,政治的議論が国民戦線の存在とその思想への反応をめぐって大部分明確化されていることにある」[17]。つまり国民戦線は一度も第一党になったことがないのに,フランスではそれ以外の勢力がつねに国民戦線を意識し,国民戦線を阻止しようと多くの人が立ち上がり,国民戦線との違いを明確にしようと躍起になり……つまり国民戦線をめぐって政治の場が動いているのである。

極右とも呼ばれているが，それは右派の主張を極端にしたものということとは違う，この点にも気をつけなければならない。左派にとってはもちろんだが，右派にとって国民戦線との異同を明確にすることはこれまでの数々の選挙において，これほど難しいことはないといえるものだった。現に地方選挙で一部の地域や，今回の大統領選第2回投票では右派の共和党の一部政治家（デュポン＝エニャン Dupont-Aignan）が，国民戦線との協力に踏み出すということが起きた。また上でも述べた通り，極右は極左の主張を一部取り入れて反グローバリズムを唱えてもいる。

結成当初の国民戦線の活動が順調なものだったとはいえない。武装や力による変革から最終的に手を切るには，当初の怪しげなメンバーたちの退出やルペン自身による方針転換が必要だった。議会制民主主義を前提とした政治活動である。だが70年代初頭の大統領選挙には立候補すらできないほどの弱体ぶりだった。こうした国民戦線に風が吹き始めたのは，やはり70年代後半から70年代へのフランス社会の変化，経済成長が終わりを告げ，スカーフ問題に代表されるような移民や郊外の問題が社会問題化したときである。それがまたミッテラン（François Mitterand）の社会党政権の登場とほぼ軌を一にしていることは偶然ではない。ちなみにジャン＝マリ・ルペンが政治論争の場に初めて移民のテーマをもちだしたのは1977年であったとカミュは述べている[18]。

さてその社会党政権であるが，人種差別に反対し，普遍的な人権に配慮し，郊外地区問題に対する様々な手段を講じ，ある意味でフランスの良識ある普遍主義を体現したとも言える社会党の政策は，経済面での失業対策など多くの問題を抱えていたとはいえ，確かにフランスの政治思想の良き伝統を発揮したものであった。そんな時代に「移民排斥」や「フランス人優先」を唱えることがどれほどスキャンダラスなことだったかは想像に難くない。しかしここでもう一つ皮肉なことがある。つまりルペンの活躍を助けたのが実はミッテランだったと言えば驚くだろうか？　1977年の国民議会選挙において，比例代表制を一部取り入れたのがミッテランであり，そのおかげで国民戦線は得票に応じ議員を当選させることができた[19]。極右の人気を見て取り，そちらへ票が流れることを見越して，当面のライバルであるシラク（Jacques Chirac）の共和国連合に打撃を与えるというミッテランの策略であろうか。また現代の政治ほどテ

レビやラジオ，雑誌や新聞さらに SNS といったイメージ戦略が重要な場はない。そしてルペンが初めてメディアに，つまりテレビに登場した日，その機会を与えたのもやはりミッテランその人であった[20]。

このころから国民戦線には風が吹き始めるが，ある意味で国政にあまり影響のない地方選挙，そして何より欧州議会選挙がバロメーターとしての役割を果たし，この辺の事情は他の欧州諸国にも重なるが，皮肉なことに，その後に反欧州を強めて行く政党が最初に活躍の場を見出し，社会的認知を結果として得たのが，この欧州議会だったのである。1974年の欧州議会選挙では11.2％，また77年の大統領選挙第1回投票でルペンは14.4％を獲得し，地盤だったフランス南東部では同じころに地元の右派政治家との共闘にも合意したのであった[21]。

3．国民戦線の拡大

国民戦線の勢力拡大において重要な働きをした要素として，上にあげた①マスコミによるイメージ戦略，②極右の伝統的主張のトーンダウン，これに代わる形で③移民やイスラムへの不満や脅威論を展開，といったことに加え，④地方での地道な政治活動も見逃せない。当初はパリを中心として自らの主張を宣伝し，新しい政治勢力として伝統的な政党の間へ切り込んで行くという果敢な姿が目立ったが，現実的な得票や支持者を拡大するにはどうすればよいかと考える専門的なスタッフが増え，特にその中には自らの出身地域の動向を見守りながら少しずつ支持基盤を固めて行くという地道な努力がみられるようになる。つまり通常の政党としてのいわゆる草の根運動である。この新たな方向性の中心に座ったのが，ルペンの片腕としてエネルギッシュに党の改革に取り組んでいったジャン＝ピエール・スティルボワ（Jean-Pierre Stirbois）である。彼はパリ郊外というより北西部のノルマンディーとの中間に位置する遠隔の町ドルーの出身で，とはいうもののパリから相対的には近いこともあって車での往復によって地元での国民戦線の拡大に注力した。かつては製鉄業などで栄えたこの町も戦後の成長期に人口が倍増しとりわけ移民の増加によって，人口3

万5千のうち2割以上を占めるというように，急激にその人口構成を変えていた。70年代以降の経済停滞による住民らの不満や不安の高まりとともに，既存の政党，つまり左派の社会党や共産党，右派の共和国連合やフランス民主連合への支持が急速に衰えつつあったのである。こうした運動の結果が実ったのは1973年の地域圏議会選挙で，共和国連合との選挙協力もあって，連立候補者リストは55％以上を得票し31議席を得て，スティルボワ自身もドルーの助役となったのである。当時は国政を二分する話題となり，結果を受けて社会党書記長だったジョスパン（Lionel Jospin）が不安を表明したほどであった[22]。

　反移民や反イスラムという国民戦線の排外主義的言説を支持していった人たちにとって，大きなナショナリズムイデオロギーや人種差別を本当に彼らが信じていたのではないかもしれない。そうした政治宣伝を聞いて急に意見を変えるわけではないだろう。では何が彼らを動かしたのか，それが日々接している日常の風景にあることを丁寧に明らかにしたのがパスカル・ペリノー（Pascal Perrineau）らの研究であった[23]，とジブランが指摘している[24]。それは郊外地区を中心とした移民系の人々の増加に伴う治安の悪化である。もとよりフランスでは治安の悪化といっても殺人や強盗などの重大な犯罪ではない。街角の落書きが増える，アパートのエレベーターが壊される，車が燃やされる，ドラッグの使用や売買が目につくようになる，ひったくりやスリが増える……などである。自分たちが慣れ親しんできた静かでゆったりとした町に，いつの間にか外国人が増えるが，それだけでは彼らを嫌う理由にはならないかもしれない。この風景が変わり始め，通りを横切るのにも不安を覚えたり，アパートのドアを開けるたびにのぞき穴を確認したり，いつも乗っている路線バスの運転手が殴られたり，団地内の駐車場で夜に騒がしいと思ったら車が燃えていたり，街角で目の虚ろな青年たちがたむろしていたり……，自分たちの町がいつの間にか誰かに乗っ取られたような，不安をかき立てる場所に変わっていく，そうした変化こそが重要だったのではないか。ミッテランがこうした軽度の治安問題にあまり敏感でなはなく，人権や多様性を称揚するという姿勢だったことも，対応が遅れた一つの理由である。

　70年代末から90年代にかけての国政と言うとミッテラン大統領のもとでシラクが首相になったり，逆にシラクが大統領になるとジョスパン内閣が誕生し

たりと，いわゆる保革共存，コアビタシオンがしばしば繰り返されるようになる。上述したような国民戦線による既存政治の批判が，まさにこうして実現してしまい，右派と左派の結託という彼らの指摘が中傷ではなく現実となっていたことも，まさに歴史の皮肉というよりほかはない。

4．スカーフ事件

さてフランスで移民や郊外地区の問題，とりわけイスラムの存在がいわば"社会問題"となったうえで大きな意味をもったのは，1979年秋に起きた"スカーフ事件"である[25]。テロが起きたわけでもなく，若者の暴動が続発したことでもない，たった3枚の女子中学生のスカーフの話，これが世間をゆるがす大問題となったのである。右派や左派，経営者と労働者，都市と農村，男性と女性，フランス人と外国人，こうした従来からの対立軸を越えて，フランス国内を二分する問題となった。それは同時に，フランスが宗教に関して特殊なイデオロギーを核としている国だということを露呈することになった。これがライシテ（世俗性）の問題である。フランスは公式の場や，特に学校をはじめとする教育の場，役所などで宗教的なものを排除し，個人の信仰のシンボルとなるものも着用してはならないという伝統を19世紀末から確立してきた。つまり宗教とは個人の領域のものであり，公的な場でそれを見せることは許されないのである。もっともこうした厳しい基準が作られたことには理由があり，つまり19世紀末の第3共和政初期に，勢力の強かったカトリックによる教育の独占や，議会内での右派と教権主義との結びつきを何とか弱め，政治的にも文化的にも宗教色を排して公的な権力の国家，すなわち共和政を打ち立てようという強い意志であった。

ところがこの時代に予想しなかった社会の変化が20世紀後半に訪れる。イスラム教徒の増加である。しかもその遠因を築いた当事者の一人は，ライシテの確立に尽力した首相で教育相も務めた政治家ジュール・フェリー（Jules Ferry, 1732-1793）その人だった。公共教育からのキリスト教の追放に情熱を傾けた彼は熱心な植民地主義者で，ベトナムへの進出などにも積極的だった人

物である[26]。北アフリカを中心に広がっていた植民地政策の結果，戦後になると多くの移民がフランス国内に流入する。それはまた当時の経済成長の労働力の重要な供給源ともなったのだ。70年代中ごろのオイルショックを期に移民の流れは労働力から，いつしか人口増加の源泉という位置づけに変わり[27]，出稼ぎのはずだった彼らのもとへ遠隔の地から家族が呼び寄せられ，多くの子供が育つようになる。その20年後，これらの子供たちがフランス生まれのフランス人となったとき，社会に新しい面が現れることになった。多人種，多文化，多様性の社会である。それを苦々しく思う人たちからはラシズム（人種差別），ナショナリズム，反グローバル化を叫ぶ社会である。

　この多様なフランスを象徴した文化現象，そして人種差別に反対する運動の盛り上がり，それがSOSラシズムであり，1998年フランスワールドカップであった。とりわけ後者ではこの大会で大活躍したフランス代表チームのメンバーたちが，その中心選手だった24歳のジネーディーヌ・ジダン（Zinédine Zidane，両親はアルジェリア出身で，二人が出会ったのは上述した移民の町サンドニであった）をはじめとして，多くがアラブ系や黒人系から成り，またクリストフ・デュガリー（Christophe Dugarry）をはじめとする白人系のフランス人も交えた多人種混成だった。当時はその肌の色から"ブラック・ブラン・ボール（つまり黒・白・茶色）"と呼ばれて大人気となった（この表現は「ブルー・ブラン・ルージュ」つまりフランス国旗の青白赤をもじったもの）。こうした多様性のパワーを誰より称賛したのがシラク大統領であり，同時にこれを「フランス代表なのに国歌もろくにうたえない」とけなしたのはルペンだったのである[28]。

　そしてスカーフ問題は，ある意味で，フランスを二分するものとなっていったのである。この大きな理由の一つは，すでに述べた通り，異文化とりわけ宗教に関しての鋭い対立を生む，フランス独自のイデオロギーすなわちライシテであった。他国では宗教への信仰が学校や政治の場でこれほどの問題になることはない。それは国民戦線によって政治問題化されたということではなく，フランス社会そのものがこうした問題に直面せざるを得ない形で，近代国家が形成されてきたという経緯である。もともと国民戦線には，つまりフランスの極右のイデオロギーの中には，移民排斥ということが重視されていたわけではな

い。フランスの極右に限らずヨーロッパのこうした潮流で伝統的に主張されてきたのは反ユダヤ主義であり，長いそして深い伝統をもっていることは周知の通りである[29]。

　パリをはじめとする都市圏の郊外地区などに，多くのイスラム教徒が住むようになり，黒いヴェール姿の女性たちが増え，町の中にもハラル食のレストランが目につくようになり，カルフールをはじめとする大規模スーパーに行くとハムの売り場ではチキンや七面鳥を使ったハラルのハムを売っていることも当たり前になった。そんな社会で女子生徒をめぐり，スカーフを取る，取らないで全国の世論が二分される。それはライシテなのか，女性の権利なのか，抑圧された女性の姿なのか，多文化の尊重なのか？　移民二世や三世の彼女たちは"外国人"ではなくフランス人なのだから。

5．極右とポピュリスム

　さてこのあたりでいったん議論を振り出しに戻し，国民戦線に代表される極右，ポピュリスム，ナショナリズムといった一連の概念を整理しておこう。本来極右とは右翼＝左翼の対立に示される政治的思想のさらに右に位置するものをいう。その根幹をなしてきたのは反ユダヤ主義，愛国主義，植民地主義そして伝統的な価値観の重視，つまりカトリックの宗教的価値の尊重であり，例えばその結果として妊娠中絶への反対，同性愛への嫌悪などがみられる。また右派の保守的な層，とりわけ政治的，経済的な支配層への反発ということがある。国民戦線ではこれは中小の自営業者，商人や職人といった層を重視することにつながり，場合によっては農民などへ支持を訴える。さらにまた反ユダヤ主義への批判に対する開き直りともいえる姿勢がある。これはホロコーストなどに対する歴史認識の問題で，いわゆる歴史修正主義，歴史の"否認主義"ともいわれ，ナチスの虐殺や収容所をなかったことにする，あるいは矮小化しようとする態度もみられる。最近の日本でも従軍慰安婦はなかったと言ったたぐいの主張である。初期の国民戦線の中にはネオナチの考えをもった人たちもおり，またアルジェリアの独立に反対する勢力なども見られた。こうしたグルー

プの中には武装闘争を肯定し，特に有名なのはドゴール大統領の暗殺を画策するという暴挙で，議会制民主主義の枠内へと修正されていったのはもう少しあとになる。

　このような極右思想のうちで国家を優先する思想をナショナリズムと呼ぶことができる。それが想定しているのは，フランス革命の人権を優先する姿勢，自由や平等を第一に置く啓蒙の民主主義に対して，国家の大義や治安，軍事力などを第一とし，国民の権利を制限する思想である。さてこのような極右のイデオロギーに対して，さらに新たな側面を付け加えることができる。それが支持基盤から発想された特徴であるポピュリズムで，大衆迎合主義とも訳される。国民戦線の変化を見て行くと創設者のジャン＝マリ・ルペンの時代は旧来の極右思想やナショナリズムの傾向が強く，自らが引き継いできた伝統的な発想を強く主張して支持を広げて行こうとする立場がみられる。これに対して2000年以降とりわけ娘のマリーヌ・ルペンに交代してからは，いかに支持基盤を広げるかという考えが鮮明になり，極右の伝統的な主張はいわば鳴りをひそめて，生活にあえぐあるいは不満を抱えた人々の立場におもねる思想が重視されてくる。その典型的なものが反システム，反リベラル，反エリートといったものであるが，その特徴は既存の勢力に対する批判と，こぼれおちた人々の味方だという主張である。

　つまり既存の政党や既得の経済権益をもつ人々や進行するグローバル化などが，恵まれない人々の生活を脅かす原因であるとの考えを展開し，こうしたものに対する批判を繰り返すことで人々の不満をすくい取る。さらにまた移民やイスラムなど，"異質な"勢力や外国を起源とする人々を攻撃することで，自分たちの社会や地位が"危険にさらされている"といった脅威論を振りまく。もっと具体的に言えば，フランスにいる移民家族が社会補助のおかげで他の人々より良い暮らしをしているとか[30]，低家賃集合住宅への入居や失業者への職業あっせんについて移民よりフランス人が優先されていないといったことへの不満がある。ポピュリズムとはこのように，外部や既存のものを敵として見せる言説を用いることで，自らが大衆の味方であるかのような考えを抱かせることを意図している。

　こうした国民戦線の成功の支え手になっていると思われるのが，"排除され

た"人々,"聞いてもらえない"人々[31],不安定な人々である[32]。国民戦線が過激で敵対的な主張を繰り返すにもかかわらず,なぜ支持を拡大するのか？ この秘密を解き明かすことが本章の冒頭で揚げた課題の一つだが,その答えがここにある。すなわち国民戦線がフランスにおいて少数派でありながらつねに政治勢力の台風の目として注目を浴び,紆余曲折を経ながら着実に得票率を伸ばし,また政界のみならず世論の分岐点となって反発や賛成をはっきりとあるいは人目につかないように隠れて表明させるという,不思議な引力をもつ政党となってきた。その最大の要因は,自由や平等や民主主義といったまさしくフランスの歴史が作り出し世界をリードしてきた普遍的な価値に対し,ひざもとのフランスの中から異を唱え,これらと真っ向から対立する負の政治言説を巧みに操ることで人々の支持を増やしてきたことにある。トランプ政権の誕生やブレクシットの投票を見てもそうだが,正当とされる価値への反発は"意外に"根強く,しかも"隠れ"支持が表明されている。

　本章のレフェランスとして取り上げた多くの文献はポピュリズムを様々な角度から論じているが,いずれにあたってもポピュリズムの定義がはっきりとなされていない。一つにはこの言葉が評論家などから批判的に,時には侮蔑的に用いられているということがあって学術的な用語としてふさわしいのかどうかの見極めがつかないことがある。またポピュリズムもギリシア・ローマの時代からロシアのナロードニキや戦時のファシズムを経由し,20世紀の父ルペンから娘のマリーヌに至るまで,多様な意味を担ってきたという経緯を踏まえてのことであろう。そこでドナ（Alexandre Dorna, 1999）によりながら[33],ポピュリズムの特徴を確認しておこう。それは以下の7点に集約されている。①ポピュリズムの情動的性格,②社会の現状や,とりわけエリート層への激しい批判,③カリスマ的リーダーの存在,④階級や都市か地方かといった社会的区分を越える横断的な支持,⑤明確な政治組織を持たない大衆運動としての性格,⑥この第4点目の結果として,すべての人々に区別なく支持を訴え,特に権力を持たない人々,沈黙や貧困へと追いやられる人々から支持を集める。そもそもポピュリズムは民主主義と表裏一体の関係にある[34]。ギリシャで始まったデモクラシーのデモスとポピュリズムのポプルスは同じもの,つまり民衆であるが,前者はこれを理知的で冷静な主権者とみており,後者はこれを愚かで

扇動されやすい群れとみている。民主主義かポピュリスムか，それを決めるのはだれか？

6．他の欧州諸国では

　さて残りの紙面を使い，他のヨーロッパ社会の極右政党の動向を簡単にまとめておこう。直近の情報ではドイツの議会選挙が2017年9月末に行われ，戦後ドイツでは初めてといわれる右翼政党が議席獲得を果たした。ドイツのための選択肢（AfD）であるが，その中には移民排斥やナショナリズムを叫ぶ極右勢力が含まれるとされる。

　まずオーストリアであるが，地政学的見地から極右の分析を行ってきたベアトリス・ジブラン（Béatrice Giblin）によると，ヨーロッパで最初に極右のメンバーを政権に迎え入れた国である[35]。それが極右政党のオーストリア自由党FPOであり，有名な党首がヨルク・ハイダー（Jorg Heider）であった。1999年に同党は議会選挙で27％を獲得して第2党に躍進し，保守連立政権のパートナーとなったことで，与党入りを果たしたのである[36]。ルクール（Erwan Lecoeur）が編集した『極右辞典』によれば活動形態と主張は劇場的政治，近代主義，外国人嫌悪，言葉による挑発，ナチズムへのノスタルジー，反共産主義，反ユダヤ主義で，経済政策はリベラリズムと国家介入主義とで揺れ動く。またドイツ的ナショナリズムの形態もみられ，例えばケルンテン地方の反スロヴェニア主義，そこはヨルク・ハイダーの地盤で極右のゆりかごとなっている[37]。直近では2017年10月の下院議員選挙でも自由党が第2位となり，反難民を掲げて首位となった国民党と連立を組むのではないかと懸念されている。

　次にベルギーで，ここは言語圏が2つに分かれていることもあり，かなり過激なナショナリズムがみられるという特徴がある。とりわけフラマン語圏にその傾向が強く政治活動はテロを容認する傾向があったため禁止となり，以前の政党「フラマン・ブロック」が「フラマンの利益」になった。ジブランの指摘によればこれはイタリアの北部同盟にも共通しており，地域ナショナリズムに根ざしている[38]。オーストリアのハイダーの場合も地元が旧ユーゴスラビアに

隣接し，異民族・異教徒に対する地域ナショナリズムが強いと言われる。前出のルクールによれば政党はフランドルにおける Vlaams Belang（フランドル人の利益，以前は Vlaams Blok フランドル・ブロックを名乗った）。フランス語圏では国民戦線やベルギー新戦線で若いネオナチ活動家に近く，「国民の力」もある。またリーダーがフランク・ヴァンヘッケ（Franck Vanhecke）とフィリップ・デウィンター（Filip Dewinter：Vlaams Belang），ダニエル・フェレ（Daniel Féret, 国民戦線）で，おもな選挙結果としては Vlaams Belang がアントワープの議会選挙で 33.5％を獲得。2004 年の欧州選挙で国民戦線に好意的な発言をしたフランス語圏の選挙区が 7.45％を獲得している。また活動形態と主張は北アフリカ系およびトルコからの移民に反対する闘争，反システム，反腐敗で，Vlaams Belang はフランドル地方の独立を要求している[39]。

　以上がベルギーの様子だが，隣接するオランダはどうだろうか？　この国もまたかなり早くから極右が政権入りした経験をもち，またその代表であるヘルト・ウィルダース（Geert Wilders）は有名である。しかも彼は極右の活動をする前に有力政党に属し，のちに EU の委員としてサービスの自由化などに尽力することになるフリッツ・ボルケシュタイン（Frits Bolkestein）のもとで政治経験を積んでいる[40]。同じく『極右辞典』によれば政党として，自由のための党（PVV），生きられるオランダ党（LN），ピム・フォルトゥイン（Pim Fortuyn）候補者リストグループ（LPF），唯一のオランダ党（LPF から分派）などがある。リーダーはヘルト・ウィルダース（自由のための党）で，おもな選挙結果として 2002 年国会議員選挙で LPF が 15％を得票し議会で 27 議席（150 のうち）を獲得，数日前にリーダーのピム・フォルトゥインを暗殺されたことによるショックが有利となった。活動形態と主張では，PVV がイスラム嫌悪で治安を優先，多文化主義と欧州連邦制を拒否。LN／LPF は外国人嫌悪のポピュリズムである[41]。ベルギーやオランダなどに共通する点として，極右が特定の地域で勢力をのばすという指摘は，パリ政治学院のドミニク・レイニエ（Dominique Reynié）にも見られる[42]。

　そのオランダで移民についてのイメージを形作るきっかけになった人物というと，ウィルダースとも一時期活動を共にした女性政治家のアヤーン・ヒルシ・アリ（Ayaan Hirsi Ali）が有名である。彼女はソマリア出身で，伝統に

従い父親から決められた結婚を拒んで1992年にオランダに難民としてわたった。2003年にウィルダースのもとで国会議員に当選したが、自らの体験を元にした反イスラムの論陣を張り、女性の地位を強く擁護して注目を浴びた[43]。

さてその北に位置する北欧の国々はどうだろうか。とりわけ2011年の夏にオスロ郊外では30名もの人々が殺害されるという痛ましい事件が起き、犯人はノルウェー人の青年で、排外主義的な言説にひかれていたとも言われた[44]。移民の受け入れに寛容で人権意識が高いというイメージのある北欧の国々で極右の状況はどうだろうか？　まずノルウェーであるが、政党としてはフレムスクリッツパルティエト（進歩党）でリーダーがシヴ・イェンセン（Siv Jensen）である。おもな選挙結果は2005年議会選挙で22.1％を得票し179のうち37議席を得て全国の第2党となった。また活動形態と主張は経済での超リベラル、反移民、保守的道徳観、欧州反対、そしてアメリカに友好的である[45]。

次にデンマークではデンマーク民族党（Dansk Folkeparti）とデンマーク人民党（DF）があり、進歩党（Fremskridtspartiet：FRP）を支援した。リーダーはピア・キエルスガート（Pia Kjaersgaard）でFEPが議会で初めて議席を獲得したヨーロッパで最初の極右政党の一つである（1937年）。おもな選挙結果は2005年の議会選挙でDFが13.2％（22議席）を獲得している。また活動形態と主張は反移民、反イスラム、ポピュリスム、外国人嫌悪、反ヨーロッパとなっている[46]。

デンマークというと数年前に学校給食における豚肉の取り扱いで話題となった。同国の伝統料理には豚のミートボールを使った料理があるが、イスラムに配慮してこれを控える、といった方針はとらないとしたのである。デンマークで移民に対する反感を強く印象付けたのが1997年のソマリア移民アリに関する記事であった。彼は内戦状態にあった同国からの政治難民で、社会援助を受けて生活し2人の妻と11人の子供がおり、妻はほぼ監禁状態での生活、そして社会補助はなんと年額7万ユーロ以上だった[47]。

このほかに気になる地域、そしてまた西欧とは異なる政治風土をもつのではないかと考えられるのが東欧である。

ポーランドでは政党としてポーランド家族同盟（Liga Polskich Rodzin：

LPR) が 2005 年の選挙で 7％を獲得し，サモーブロナ（自衛党）が 11.4％だった。2007 年からは両政党が保守系政府にポストをもち，彼らのリーダーたちは副首相格である。そのリーダーがロマンとマチエイ・ギェルティフ（Roman et Maciej Giertych）（LPR），アンドルジェイ・レッパー（自衛党）で，活動形態と主張として LPR は伝統主義的カトリックのメッセージ，堕胎に反対，同性愛に反対，反ユダヤ主義。自衛党は農民の党で欧州懐疑的，ポピュリストで反リベラルとされる[48]。

しかし東欧の中でひときわ目を引くのはハンガリーであり，その中心政党の党首から首相に上り詰めたヴィクトル・オルバン（Viktor Orban）こそ，拡大した EU の台風の目ともなっている。自国優先の主義主張を唱え，徹底した排外主義的な政策で国内世論をも二分するその姿は，ルペンやウィルダースの比ではない。極右の活動は以下の通りだが，中道右派とされるオルバンの主張にこそ目を向ける必要がある。中道の彼が極端な反移民，反 EU 政策を掲げる理由の一つは，セルビアからの大量の移民流入であり，ついに 2015 年 7 月に両国の国境にフェンスを築いたことは記憶に新しい。最近も国内で反 EU の世論を醸成するため自ら国民へのアンケート調査を実施するなど，支持のいっそうの拡大を狙っている。極右政党として MIEP（ハンガリーの公正と生活党），ヨッビク（よりよいハンガリーのための運動），64 委員会の運動（HVIM）があるが，MIEP の党首イストヴァーン・チュルカ（Istvan Csurka）は 2012 年に死去した[49]。

ハンガリーの世論がこうした排外主義に敏感なのは，フランスをはじめとする他の西欧諸国との歴史的事情の違いも関係していると言われる。それは第 1 次大戦のころにまでさかのぼる大きなテーマであるが，ハンガリーはヴェルサイユ条約と同時期に結ばれたトリアノン条約で隣接する国々へ領土の割譲を迫られ，大幅に弱体化した。こうした歴史的経験が社会主義体制の消滅後に再び息を吹き返し，人々が周辺の民族の移動や国境をめぐる記憶に敏感な政治情勢を作り出したと考えられる。つまり西欧の国々と違い，移民や領土の問題は内部化された経済や治安の問題ではなく，21 世紀の今も過去の栄光に結び付く敏感な国際問題というイデオロギー的価値を保っているのではないだろうか[50]。

おわりに

　フランスを中心にしてヨーロッパの極右の歴史と台頭を近年の社会変化のダイナミズムという文脈において考察してきたが，国民戦線結成当時のイデオロギーの一つがアルジェリアの独立に反対する植民地主義にあったことが思い出される。ルペンに揺れるフランスとEU脱退に混乱するイギリスという欧州の二大国が，100年以上前に世界に冠たる植民地帝国を築き，戦後の経済成長期においてもその支配と交流が続き，世界的な移民の流れを形成してきたことは歴史の重要なページを占めている。今やその移民と子供たちがそれぞれの社会において世論を二分するような大きな社会問題となり，二つの社会を根底から変化させているさまを思うなら，帝国主義の覇権が現下の多様で多民族の国境なき社会をもたらしたという，まさに予期せざる歴史の変転が極右勢力を生み出した要因の一つなのだと思いいたる。イギリスのヨークシャーに，「白人に権利を」と極右が1979年に行進を呼びかけた町がある。ここサヴィル・タウンはムスリムが人口の95％に達するからだが[51]，そうした町を生みだした歴史を私たちは振り返る時に来ている。

　翻って日本では，モノや資金の移動に主軸を置いたグローバル化の恩恵にあずかり世界屈指の経済大国を築いてきた。旅行者は急増したが難民や移民が目につくほどではなく，グローバル化もむしろ恩恵をもたらすとの意識のもと，欧米にみられるポピュリズムの洗礼を蒙っていないという意味で，稀有な先進経済大国となっているといえるかもしれない。G7の国々の中でみると，移民問題や不況に伴うグローバル化反対運動の盛り上がりがあまり見られないという，世界でもまれな無風状況下にあるとする論者もいる[52]。もし人口減少に伴って外国人労働力が増加し，もしまた不況が吹き荒れ，グローバル化がリストラや工場移転の猛威を振るう時代が来れば，ポピュリズムそしてファシズムへの道がこの国でも再びパンドラの箱のように容易に開かれていくのかもしれない。

(山下雅之)

注

1 なお populism はポピュリズムと呼ばれるのが普通だが,フランスでは populisme ポピュリスムと言う。両者は同じものである。
2 Taguieff (2012), p.74
3 Camus (1997), p.10
4 Igounet (2014), p.173
5 Wieviorka (2013), p.70
6 ibid., p.20
7 Giblin (2009), p.92, "la banlieue rouge"
8 Giblin (2014), p.10
9 Wieviorka, op.cit., p.77
10 Giblin, op.cit., p.7
11 Reynié (2011), p.179
12 Giblin (2009), p.50
13 ibid., p.17, p.47
14 ちなみにメランションは 2010 年にすでにポピュリスムと呼ばれることを受け入れる発言をしている。cf. Birnbaum (2010), p.15
15 Taguieff, op.cit., p.95
16 ibid., p.99
17 Camus, op.cit., p.5
18 ibid., p.11
19 ibid., p.12
20 Igounet, op.cit., p.132
21 ibid., p.21
22 ibid., p.141
23 Mayer et Perrineau (1997),
24 Giblin (2014), p.30
25 Khosrokhavar et Gaspard (1995), p.12
26 Mucchielli (1997), p.103
27 Tribalat (2013), p.77
28 Wieviorka, op.cit., p.74
29 Giblin, op.cit., p.77
30 Igounet, op.cit., p.217
31 Braconnier et Mayer (2015)
32 Paugam (2000)
33 Dorna (1999), p.10-14
34 ibid., p.7
35 Giblin, op.cit., p.5
36 Lecoeur (2007), p.17
37 ibid., p.19
38 Giblin, op.cit., p.17

39　Lecoeur, *op. cit.*, p.19
40　Giblin, *op. cit.*, p.104
41　Lecoeur, *op. cit.*, p.20
42　Reynié (2011), p.173
43　Giblin, *op. cit.*, p.107
44　ibid., p.12
45　Lecoeur, *op. cit.* p.20
46　ibid., p.19
47　Giblm, *op. cit.*, p.94
48　Lecoeur, *op. cit.* p.21
49　ibid., p.20
50　Giblin, *op. cit.*, p.17
51　Giblin, *op. cit.*, p.177。また同じジブラン編の『郊外辞典』によれば「一つの例としてヴァル・フレ（パリ西方約 50 kmのマント=ラ=ジョリ）にあるエクリヴァン地区は 1990 年代に外国人が 70％を占めた」とある。cf. Giblin (2009), p.21
52　Reynié (2011), p. 257

参考文献
Birnbaum, Pierre (2010), *Genèse du populisme: le peuple et les gros*, Plon
Braconnier, Céline et Mayer, Nonna (2015), *Les inaudibles: sociologie politique des précaires*, Presses de Science Po
Camus, Jean-Yves (1997), *Le front national*, éditions Milan
Dorna, Alexandre (1999), *Le populisme*, PUF
Giblin, Béatrice (2014), *L'extrême droite en Europe*, La découverte
Giblin, Béatrice (2009), *Dictionnaire des banlieues*, Larousse
Igounet, Valérie (2014), *Le Front national*, éditions du seuil
Jardin, Xavier (2007), *Dictionnaire de la droite*, Larousse
Khosrokhavar, Farhad et Gaspard, Françoise (1995), *Le foulard et la république*, La dccouverte
Lecoeur, Erwan (2007), *Dictionnaire de l'extrême droite*, Larousse
Mayer, Nonna et Perrineau, Pascal (1997), *Le Front national à découvert*, Presses de la Fondation nationale des sciences politiques
Mucchielli, Laurent (1997), La découverte du social, editions la découverte
Paugam, Serge (2000), *Le salarié de la précarité*, PUF
Reynié, Dominique (2011), Populismes?: *la pente fatale*, Plon
Taguieff, Pierre-André (2012), *le nouveau national-populisme*, CNRS éditions
Tribalat, Michèle (2013), *Assimilation : la fin du modèle français*, Télégraphe/Editions du Toucan
Wieviorka, Michel (2013), *Front national : entre extrémise, populisme et démocratie*, éditions de la MSH

第 11 章

EU の移民アジェンダの理想と現実
―― EU は難民を受け入れられるのか

はじめに

　移民問題は EU の危機の重要な要素となったが,Brexit の論争においては,政策決定(移民政策)の権限がブリュッセルにあり,加盟国(イギリス)が独自の政策決定をできないことが批判された。その際,EU の移民問題には,単一市場における加盟国民の他の加盟国への移民(域内移民)と,域外国からの移民の流入があるわけだが,Brexit,あるいは反 EU の政治運動においてはそれらが明確に区別されていたとは思えない。前者は,単一市場を完成させたとされる EU では政策判断の問題ではないというのが委員会の立場であろう。

　他方,域外からの移民についても,合法的な経済移民と不法な密入国,さらには中東・アフリカにおける政治的紛争を主たる原因とする避難民がいる。その中には国連から認定を受けた庇護対象者とそうでない人たちが混在し,その状況に密入国の斡旋や人身売買などの組織犯罪がからんでいる。

　これら,移民労働の諸側面のうち,域内移民は本書の第 II 部で取り上げられている問題であり,域外からの経済移民も,危機をテーマとする本書の問題意識とはずれるので,基本的には視野からはずした。したがって,ここでの中心テーマは,EU へ殺到する難民,不法移民への EU の対応とした。ただ,EU はその問題を EU の移民政策という枠組みで捉えているので,本章のタイトルは移民アジェンダとした。

1．EU 移民政策の登場

　移民問題は EU にとって古くて新しい問題である。EU（当時は EEC）は創設期から旧植民地との特別な関係が共同体の一つの側面をなし（植民地の関係の共同体化），人の移動にも一定の配慮がなされてきが，人の受け入れは国家単位で行われ，EU の共通制度が整備されることはなかった。

　1990 年代にはいると，EU 統合のステップアップとアフリカ難民の増加を背景に，EU は移民問題に対して政策手段を積み上げ始めた[1]。2000 年代には，「EU の拡大」と北アフリカの政治的変化によって移民・難民への対応が本格化したのであったが，EU の役割は結局，加盟国の協調の誘導と環境整備に留まる。現在のように移民・難民が爆発的に増加する状況に，実は EU は直接対応する機能を持たず，押し寄せる避難民の流入に対して EU は無力であったし，結果的に地中海での悲劇を防止できず，特定地域に流入してしまった庇護希望者が非人道的環境で放置されることへの手立ても持たなかった。

　ユンケル欧州委員会委員長が 2015 年 9 月の欧州議会での「現状報告」[2]のなかで，「私たち欧州人は忘れてはならない。欧州はほぼすべての人が一度は難民となった経験のあることを」として，事態に緊急に対処するよう加盟国の政治的意思を喚起した。しかし深刻な事態に直面しながらも，当初は EU 政策に対する加盟国の反応は緩慢だった。問題は，反 EU の潮流の中で表面化した移民に対する EU 市民の不寛容にあるわけではなかった。

　経済統合を中核として始まった欧州統合にとって，人権や国内の治安，社会的統合といった範疇と深く関わる移民問題は，統合の枠組みとは最も遠いところにあった。当然ながら，その分野の政策は純粋に国内政治的なものとして扱われ，その権限は一元的に国家が保持してきた。

　司法・内務問題の権限が徐々に EU レベルに移りはじめたのは，1987 年にはじまる「域内市場完成プログラム」の取り組みが始まってからであり，その入り口となったのは労働の自由移動であった。それは単なる自由化という単純な作業では完結せず，（域内）出入国，居住，社会統合などの問題を EU レベ

ルのものとし,最終的には市民社会の秩序に関する問題の権限に対する国家の独占状態が解消されてゆく過程が進行することになった。

このように,市場統合を推進するという作業が EU の政策範疇を波及的に拡大してゆく過程は機能的統合と呼ばれる。この手法は,EU 統合が深化するうえで重要な推進力であった。つまり,EU が何者であるのかを明らかにせず,最終ゴールの全体像が確定されないまま(困難な議論を回避し),必要性,効率性を規範とする部分的な解を求め続けたということである。これは現実的な対応ではあったが,欧州社会におけるその存在の正当性を問われるような危機に際して,その弱点が表面化する。移民・難民危機に際して露呈した EU の脆弱性はその表れということができる。

2. 欧州移民政策の指針:EU 移民政策の構図

EU の移民政策は出自の異なる多様な手段とアプローチから構成され,担当部局も複数にまたがり,きわめて複雑な政策体系となっている。逆にいえば,様々なニーズに対応して組み立てられてきた,熟度に大きな差がある既存の政策手段が大部分を占めている。それらの多様なピースを一つの構図にまとめ上げ,合意の困難なピースを実効的にし,個別政策相互の整合性・論理的一貫性を作り上げることが,危機に際して EU が行った作業であった。

2.1 欧州移民政策の指針

危機に際して提供されたそのような条件を背景に一つのグランド・デザインを提供したのが 2015 年 5 月の「欧州移民政策の指針(A European Agenda on Migration;「政策指針」)である[3]。移民問題は,ユンケル委員長が欧州委員会委員長の候補者として欧州議会に提示した公約,『Political Guideline (= PG)』(2014 年)[4] のなかで提示された 10 項目の優先事項の中に位置づけられ,委員長に就任したユンケルのイニシャティヴで「政策指針」の策定が促される。不法移民・難民が爆発的に増加するのは 2015 年であるが,2014 年にはす

でに，中央地中海ルートでは277％増，東地中海では104％増，西バルカンは87％増と欧州への到着の増加はすでに始まっていたのである。

ユンケル委員会のスタート（2015年1月）から半年もたたない2015年5月に，早くも「欧州移民政策の指針」が組み立てられ，提案された。そのスピードからもわかるように，それは異なる歴史的経過で形成・具体化されてきたEUの政策手段のパッチワークである。と同時に，グランド・デザインは，加盟国ごとに個別のニーズや社会的，歴史的背景をもって形成されてきた諸手段に対してEUレベルで覆いかぶせられた枠組みであった。それ故に，「政策指針」に基づいて次々と発表される決議や規則・指令は既存の手段の修正やアップグレードがほとんどで，それら修正は主として実効性，包括性，一貫性という概念に基づいて見直されたものである。すなわち，加盟国が実務的責任を有する個別的政策手段をEU化し（共通化・標準化），政策手段間に整合性を与えると同時に，緊急事態に対応できるように政策手段の即時的実施を誘導することを目指すものであった。

時としてこのようなEUの政策は，個別の事情を超えたところで発想される理念先行型のものとなりがちで，それが，現実と向き合う加盟国の実務的手段との間に摩擦を生み出す。また，加盟国市民には国家主権の範疇として意識されてきた分野で，EUの枠組みが押し付けられているという印象は，EUがその枠組みの実効性を求めるほどに強まることになる。これが反EU運動とEUの移民性政策批判の連動をもたらした。

2.2　EUの移民政策とタンペレ欧州理事会

さて，EUの移民問題と取り組む「政策指針」が，それぞれの分野で異なるニーズと論理で築かれてきた経過をたどってみよう。「政策指針」を構成する主要な項目は以下の通りである。即時的行動として①海洋での人命の救助，②密輸入の犯罪ネットワークの対策，③大量の移民到着への対応，④「保護」に対する共通アプローチの確立，⑤第三国とのパートナーシップ協力，⑥移民問題の前線に位置する加盟国への手段などが課題とされる。そして，長期的に移民の管理を改善する4つの柱として，①不法移民の誘因を縮減する，②国境管

理(危険な渡航手段によってEUにアクセスする人たちの生命を救い,不法な渡航者を特定,対外国境の安全を確保),③欧州にとっての保護義務の実行(強力な共通庇護政策)と帰還(送還)の促進,④合法的移民に対する新しい政策などが目標として立てられた。

ユンケル委員長がPGで「地中海での悲惨なできごと:それは何よりも,EUが国際社会のなかでの人道主義的責務を果たすべきであることを物語っている」と述べているように,EU移民政策の中核には欧州統合が共有する価値を近隣諸国・諸国民においても享受し得るようにするという理念が据えられ,「政策指針」における最初の緊急課題となっている。

その理念の実現に向けての出発点となったのが1999年にフィンランドのタンペレでの欧州理事会決議と,それを実行計画としたタンペレ計画である。2013年にCecilia Mamlström(内務担当委員)は「タンペレは自由・安全と司法の分野のゆり籠と考えられ,1999年にこの地(タンペレ)において欧州理事会は,この分野でのEUの活動の一里塚を据えた」と語っている[5]。

タンペレ欧州理事会が開催された1999年は,単一市場に共通通貨ユーロが導入された年である。この市場統合から経済統合へのステップアップの延長上に現れたのが,欧州統合における「共通の価値」をすべてのEU市民の日常生活において実現するという課題である。先述のとおり,単一経済において,ヒトの自由移動が市民権として保障されるとき,それは加盟国全体で同等の欧州市民権の保障に行きつくわけで,そうでないと自由移動そのものが担保されないわけである。

ヒトの自由移動と国境管理,難民と庇護,移民問題などをEUレベルの課題として位置づけたアムステルダム条約(1997年)は,上記の課題をカバーし,EU統合の新しい局面を開拓するものであった。タンペレはその課題を具体化し,計画化するものであったといえる[6]。さらに「共通の価値」を,自由を享受し得ないでいるEU域外の近隣諸国の人たちとも共有する,というのがタンペレの精神であり,加盟国別に組み立てられてきた移民・難民に対する既存の政策手段に対して「共通欧州庇護システム(Common European Asylum System:CEAS)」というEUの枠組みをかぶせる原型が提示される。しかし,その合意には15年という長い時間を要し,その合意もEUを襲った危機

に際して十分な対応力を備えていなかった

2.3　国境・沿岸警備庁（FRONTEX）

　さて，「政策指針」が最優先課題とした，Lampedusa（ランペドゥーサ）の悲劇[7]を繰り返さないための人命の救済と，危険な渡航の背景にある密入国や人身売買をビジネスとする組織的犯罪ネットワークの撲滅，というEUの政策課題を担うのが国境・沿岸警備庁（FRONTEX）である。現在の組織は2016年に設立に合意し，10月に活動を始めたものであるが，その起源はシェンゲン協定（1994年）に遡る。

　同様の課題を担う機関としては，シェンゲン協定が発効する前年に参加国（当時は5カ国）が地域内での自由と安全のバランスをとるために，警察と司法当局の協調を促す目的で特別の組織を設立したのが起源となる。1999年，アムステルダム条約の発効時にこの組織はEUの枠組みに組み入れられた。1999年以降EUが移民，亡命，安全の分野での権限を徐々に与えられることになり，国境管理の目的で域外国境実務家ユニットが設立され，6つの臨時センターが設けられた。2年後に，さらにステップアップして，欧州国境・沿岸警備局（FRONTEX）がワルシャワを本部として設立された[8]。しかし2016年に制度的に強化されたときにも，315人のスタッフしかもたず，その役割はリスクの調査・分析，訓練，共同行動の調整などであった。緊急事態対応として，欧州国境警備チームを展開することも職分のうちだが，実践主体はあくまでも加盟国（の軍隊）である。FRONTEXが，あるいはEUが移民政策の枠内で人命救助をすることはなく，密入国を取り締まるわけでもない。この機能の限界は，EUという存在の実像を探るうえで象徴的である。

　Tritonの実態がこのことを例証する。Tritonというのはイタリア政府の要請で2014年11月以降に始まった中央地中海での活動に与えられた名称である[9]。イタリアはLampedusaの悲劇をうけて地中海での捜査と救出活動を始めた（Mare Nostrum）が，その増強の要請をEUに求めた。この作戦には21の加盟国が参加意思を表明し，人的資源（65名の客員将校），12の技術的資源（＝装備：航空機4，ヘリコプター1，open shore vessels4，沿岸パトロール船

1，パロールボート2）が提供される（2014年現在）。作戦地域と必要な装備はイタリアとFRONTEXで合意し，FRONTEXの役割はイタリアの支援（国境，地中海での非人道的緊急事態と海外での救出）にとどめられる。要するにこの作戦自体はイタリアが国家手段を用いて行うものであり，EU（参加加盟国）はその枠の中で活動をするのである。

2.4　域内移動，再定住と共通欧州庇護政策

「政策指針」における緊急課題の3番目は，大量にEUに移民・難民が入国し，特定の加盟国に過重な負担を与えていることへの対応として，過重負担国から他の加盟国に定住地を移動させること（relocation：域内移動）であり，4番目は国際的庇護を認定され，EUへの定住を希望している人たちに安全で合法的な門戸を開き（resettlement：再定住）[10]，避難民が犯罪ネットワークに巻き込まれて自由を奪われ，生命の危険にさらされたりすることを回避することである。2015年の6月に開催された欧州理事会では，ギリシャとイタリアにすでに入国している移民・難民40000人を，さらに，この年の5月から8月の間に20万人近い不法入国が両国に入り込んだことをFRONTEXが確認しているという事実を受けて，9月にはさらに12万人を他の加盟国に移動させる（域内移動）ことに合意した。これらの措置は，緊急ならびに時限措置（2年程度）として成立したものであるが，移民・難民が殺到する前線に立たされて危機的状況におかれた加盟国の支援によって，加盟国全体に移民問題に関する連帯性が生まれることをねらったものである。また同時に，審査待ちの避難民が手続きの進まないままイタリア最南部や島しょ部，ギリシャのトルコに近接した島しょ部にとどめられたまま，非人道的な環境におかれる事態を早急に解消しないといけないという事情もあった。

ギリシャとイタリアに対しては，「政策指針」の緊急課題の6番目に上げられた過重負担地域（hotspot）アプローチも適用される。移民・難民が殺到しているギリシャとイタリアのなかで，申請手続き待ちの大量の避難民が滞留している地域（ギリシャ6カ所，イタリア5カ所）がhotspotに指定された。そしてそれらの地域で実行すべき，当事者の容量をはるかに超える作業，例えば

本人確認，登録，指紋の押捺，庇護手続き，不法移民の帰還，密輸・輸送ネットワークの捜査と排除などに対する支援が，欧州庇護支援局（EASO），Frontex，Europol によって提供され，その活動に対して緊急基金の積み増し（600億ユーロ）が行われた[11]。

他方では，同時期に委員会が，域外国境において EU の庇護を求めている避難民のうち220504人を特定して，加盟国が分担して受け入れる（再定住）という目標を提案し，6月20日に理事会がこれを採択した。こちらも2年間という期限を切った時限措置である。

再定住に対しては「国際的保護の必要が明らかな避難民の域外から加盟国への移送」と定義されている。ただし，移送された加盟国でとりあえず滞在権が認められ，各国の意思に基づいて国内的な手続きが進められ，認定された庇護者の権利に関しては加盟国の国内法の適用が許容されるというように，期限内の移送の実現のための暫定的な措置という性格が強かった。

2.5　共通欧州庇護システム

さて，域内移動と再定住は緊急避難的対応として合意されたものであるが，最終的には加盟国の責任において決定・実施されるものである。それらをいかにして EU の共通の枠組みのもとにおくのか，すなわち共通欧州庇護システム（CEAS）をどのように完成させるのかが次なる課題となる。それは，「政策指針」では長期的な課題に位置づけられているが，暫定的な対応にあわせて早期の合意が促されることになった。

Mamlström は先述のスピーチに続けて，「2カ月前に（2013年7月），私たちは欧州庇護パッケージを最終的に採択した。1999年には，15年足らずで私たちがこのような成果を得ると考えた者は少なかったというのが正直なところであろう」[12]と語っている。この分野での合意がいかに困難な作業であるのかを物語る発言であるが，しかし，そこで合意された CEAS が十分には機能しなかった。「政策指針」では「2014年には60万人の亡命申請があったが，その受け入れで露呈した事実は，EU 加盟国間にはこの問題に関する相互信頼が不足しており，難民たちを惑わせ，EU 市民に不公平感を抱かせている。移民

危機に際してCEASの均等な履行が必要であり,そのための新しい組織的な監視手続きを創設し,委員会による受け入れ基準の改善が行われ,欧州庇護支援局（European Asylum Support Office）と加盟国との共同作業を促進する必要がある」と述べられている。

2013年に合意に達したCEASを構成しているのは,国際的庇護を求める難民に対する「庇護手続き指令（2005/2013年）」,決定待ちの申請者に与えられる食料,住居,医療などの条件を定める「受け入れ条件指令（2003/2013年）」,申請者が庇護を受ける際に認められる権利に関する「資格指令（2004/2011年）」,申請者の審査を担当する責任国に関して定めた「ダブリン規則（2003/2013年）」,申請者の本人確認のための指紋データベースに関する「Eurodac：指紋データベース規則（2003/2013年）」である。いずれも2003～2005年の間に合意されたものが2013年に見直されたている。CEASの完全実施はシェンゲン地域が機能する必要条件でもあるが,この時点でできあがった合意もいまだに不完全なものであったわけである。2016年には「政策指針」を受けて,「持続可能で公正なCEASを目指して[13]」と題する提案によって再び見直される。新しい枠組みは既存のものを全般的に見直したものであり,情報システムの強化と欧州庇護局の創設（真の亡命・庇護機関）によってEU自身の実効性を高めようという部分もあるが,改革の焦点はダブリンシステムにあったといえる[14]。「政策指針」が示したように,2014年に申請全体の72%を5つの加盟国が処理したという実態が問題の中心にあった。

ダブリン規則については,最初の規則で到着国審査責任原則を打ち立てられ,それが2013年に改正された。修正の基本精神は特定国への負担が集中する状態の解消にあるとされ,多少柔軟な判断基準が加えられたが,それは2014年以降の流入規模を想定したものではなく,危機に際して実効性をもたなかったわけである。2016年の改正は,連帯性に基づく「公正な負担の分担」という理念が前面に出され,受け入れ手続き担当国の再配分メカニズムは,定められた基準に基づいて自動的に発動されるものとされた。この改正によってダブリン規則については連帯の枠組みが確立され,再定住の審査手続きが大いに加速されることになる。

3. 移民・難民政策の対外的側面

　移民政策の手段としては，これまで述べてきた域内的課題だけでなく，対外的取り組みも不可欠の要素となる。域内においても移民政策は合意を形成するのに長い時間を要したが，域内的作業だけでは完結しないことが移民政策をさらに複雑な体系にする。

　「政策指針」では，緊急対応の5番目に「第三国とのパートナーシップ協力」というタイトルで，移民の出身国・経由国での流出の増加に対して，パートナー国との連携によって流出に歯止めをかけることが課題とされている。いわゆる移民・難民のプッシュ要因の軽減といわれる問題である。この政策手段の実施主体は対外活動局（European External Action Service：EEAS）であり，委員会としては域内での移民政策の主体となっている「移民・内務総局」とは異なる「近隣諸国政策と拡大交渉局」が担当局となる。「政策指針」のかかげる手段は，①地域開発と避難民の庇護プログラム（北アフリカ，「アフリカの角」，中東において；2015〜2016年に300万ユーロの拠出を予定），②2015年末までに実験的多目的センター（現地での避難民対策の支援）をナイジェリアに創設，③共通安保・防衛政策（CSDP）を確立し，国境管理を強化する（ナイジェリアとマリで先行的取り組みを予定）などである。いずれも避難民の国外への流出を現地でとどめようとする手段である。

　「政策指針」が示すこのような課題に対して移民・難民政策の対外的取り組みが進められる。中核にあるのは個別的なパートナーシップ・アプローチであり，外交関係全般を視野においたより大きな枠組みがEUの「近隣諸国政策」（European Neighborhood Policy; ENP）である。ENPは多角的地域枠組みとしての東方政策と南部地中海政策の2本の柱からなる。その後，移民流入ルートの変化を背景に西バルカン諸国との新しい枠組みが加えられた

　この近隣諸国へのアプローチはこの度の危機に際して始まったものではない。パートナーシップ・アプローチは，先に述べたタンペレ計画の最初の項目として取り上げられている。危機に至るまでに15年以上にわたって組み立て

の作業が続けられてきて，その過程において2つの転換局面を経験してきた。一つは2003〜2004年で，この時期にENPが具体的に組み立てられる。その背景にあったのはEUが15カ国から25カ国へと，主として東方に拡大したことである。EUの域外国境が大きく変化したことをうけて，2004年に「広域EU（wider Europe）[15]」という概念をキーワードに委員会が提案した枠組みが採択され，ENPが実質的にスタートする。この"wider EU"というアプローチは，タンペレに関して述べた「欧州共通の価値」をEUの域外国境を越えて近隣諸国とも共有していくという基本精神に基づく概念である。主管するのは外交・安全保障担当高級代表Federica Mogheriniが率いるEU対外活動局（EEAS）であり，進捗レポートはEEASから出されている。

ENPは，対象国のうちイスラエル，ヨルダン，モルドヴァ，モロッコ，パレスチナ自治政府，チュニジア，ウクライナなど，すでにパートナー協力協定，あるいは連合協定を持つ国との対話がすぐに始められ，同時に当時のそれらの国々の政治経済的現状分析が進められた。その現状分析の成果に基づいて欧州近隣諸国政策を具体的に組み立てて，スタートさせた。この時点では，とりわけ南部地中海諸国の政治的不安定性と社会改革圧力などを通じて，避難民がEUを目指すであろうことが特に意識されていた。現在この枠組みが包含するのは16カ国に拡大している[16]。

続く2005年に移民に対するグローバル・アプローチが組み立てられる。これは移民問題にかかわるすべての問題に対して，非EU諸国とのパートナーシップを通じてバランスのとれた包括的な方法で関係形成を進めることを目的とするものであった。ENPの主導権が外交を中心課題とするEEASにあるのに対して，移民・内務総局が移民政策だけでなくEU政策全体との整合性を念頭に対外活動局の交渉に枠組みを与えたものと考えられる。その優先課題は不法移民・組織的犯罪の防止，合法移民の制度化による促進とそのインパクトの最大化，国際的保護の促進とされ，それら優先項目を念頭にパートナー国との個別の交渉，東方・南方地域の近隣諸国との多角的協力関係の交渉が進められた。いずれにしても，移民政策に対外関係が組み込まれて，政策体系がさらに複雑なものになっている。

ENPおよびグローバル・アプローチは2011年に見直される[17]。EU自身の

戦略目標が Europe2020 によって更新されたことへの対応でもあるが，グローバリゼーションの負の側面が顕在化し，「アラブの春」とその後の経過のなかで移民・難民問題が深刻化した，などの要素を念頭に，移民政策と非 EU 近隣諸国との協力強化を目指したものである。

とりわけ南部地中海の情勢の不安定化は，大量の避難民・難民を生み出し，この年に主としてチュニジア経由でイタリアとマルタに到着した避難民は 35,000 人に達した。こうした事態を背景に移民の受け入れに関して 4 つの柱が建てられる。それは，①合法的移民の組織化と促進，②不法移民・人身売買の防止と縮減，③国際的保護の促進と庇護政策の対外的側面を拡張する，④移民・移動の開発インパクトの最大化，の 4 つである。こうした柱に基づいて 2011 年以降，対象国とのパートナーシップ関係や移民管理能力に応じて段階的に対話が始められる。それらの対話が最終ゴールとしたのは「移動パートナーシップ（mobility partnership）協定」の合意である。それはヴィザ促進協定を通じての近隣諸国との「移動の自由化」の促進によって，そしてまた，不法移民の送還に関する再入国協定の締結を通じて不法移民の芽を摘むことを目指したものである。2014 年現在 9 カ国とこの協定を締結している。

このような先行的取り組みを背景に「政策指針」では，先に述べたように，緊急対応としてパートナー国との連携によって移民・難民の流入管理への取り組みを進めることとしている。しかし，2015 年には再び ENP の見直しが行われた[18]。提案は『新しい ENP へ向けて』と題され，根本的な見直しが必要であるとされた。移民・難民問題の想定外の規模が背景にあるとはいえ，15 年にわたっての取り組みの成果が乏しいことを自認したものと受け取れる。

新しい方向性のキーワードは，①個別化（differentiation），②集中化（focus），③柔軟性（flexibility），そして④当事者意識（ownership）と具体性とされ，いかにすれば ENP がもっと効果的なものになるかを模索しているわけだが，EU 側の一方通行という実態が垣間見える。その中で，「集中化」が新しい方向性の内容を示しているといえる。それは，①貿易と経済発展による雇用の拡大，②運輸・エネルギーインフラの整備，③治安に対する脅威と協働で取り組む，④各国の国内的なガバナンスの改善，⑤移民と移動環境の改善などがそれである。また，「柔軟性」の方は，"Wider EU" 概念に基づく「欧州

「共通の価値」の共有というアプローチの硬直的適用が，合意可能な事項での前進を妨げてしまう経験に基づいて，原則を柔軟に適用しようという修正である。この見直しの 1 年後に Mogherini は，「EU は東方と南方の近隣諸国の経済発展，関係の柔軟性，諸国の安全，法の支配と民主主義に多大の投資を続けてきたが，さらに焦点を絞った見直しが必要である」[19]と述べ，アプローチがいまだ十分な実効性を有するものとなっていないことを指摘している。

近隣諸国のなかでは，トルコが加盟候補国であることから ENP の対象外であるが，「近隣諸国と拡大交渉総局」の中では南部近隣諸国，東部近隣諸国，西バルカン諸国と並んで「戦略とトルコ」という名称の局が設けられている。このトルコとの関係が最も多くの避難民が流入するルートとして脚光を浴びる。移民・難民問題におけるトルコとの関係の重要性をふまえて，2015 年 11 月から交渉を重ねられ 2016 年 3 月に『EU ―トルコ宣言』が発表された[20]。

その内容は，まずは，2015 年 11 月に合意していた『共同行動計画』[21]の実行を約束したものである。それは①トルコ労働市場のシリア人への開放，②トルコ沿岸警備局と警察による，沿岸の安全確保努力の積み上げ，③情報共有の促進，④トルコの難民受け入れの具体的作業に対する EU による 30 億ユーロ拠出などである。続いて 2016 年 3 月 7 日に，難民認定を受けずにトルコからギリシアに入国した，あるいはトルコの領海で捕らえられた不法移民の送還をトルコが迅速に受け入れることに合意し，また密入国業者に対する手段の積み上げの継続と NATO のエーゲ海での活動の受け入れに合意した。

この宣言で新たにつけ加えられたのは，密入国業者のビジネスモデルを破壊し，移民に対して危険な生活に代替する道を提供し，不法移民問題に終止符を打つという目標である。主要な合意項目は次の通りである。① 2016 年 3 月 20 日以降，トルコからギリシャの島への新規の不法な越境者はトルコに送還される，②ギリシアの島からトルコに帰還した人数と同数のシリア人難民を EU が再定住者として受け入れる（以前に不法に EU に入った，あるいは入ろうしたことのない者が優先される），③トルコは海上，陸上ルートで不法に EU に入り込むことの防止に必要な手段を講じる，④ EU 側によるトルコ市民のビザなし受け入れの促進，⑤「共同行動」で合意している 30 億ユーロのトルコにおける難民受け入れに対する資金提供のスピードアップ，⑥既存の関税同盟の深

化などである。①の項目については，人権の尊重において問題が指摘されるトルコへの難民の送還は国際的批判にさらされたが，宣言では「人間が傷つくことを終わらせ，社会秩序を回復するための一時的な非常手段である」として，緊急避難の側面が強調された。

4．現局面

　ここまで見てきたように，移民・難民危機が深刻に受け止められ，「政策指針」が採択されて以降，EU は度重なる枠組みの改定によって危機処理を進めてきた。2017 年の移民・内務総局の「運営計画 2017」[22] の冒頭では，2017 年は EU が持続可能な形で移民・難民危機に取り組み，EU に域内の治安を改善する能力があることを証明する，決定的な年になるだろうと述べられている。問題解決の体制が整って，様々な手段の行使によって状況が画期的に改善されることを示唆しているものである。持続可能性というのはもちろん，連帯の精神に基づく負担の均等化を恒久的枠組みとして受け入れることを意味している。しかし，「運営計画 2017」の内容そのものが，皮肉にも，すでに整ったとされる体制が十分に機能するものとなっていないことを示してもいる。EU 内部で委員会を中心に，課題に対して自己完結的な整合性を確立することはできるのかもしれないが，EU はほとんどの課題において最終的な実践主体ではない。そこに EU 政策全般の困難な現実があり，EU の政策がどのように実践され，それがどのように EU 市民に受け入れられてゆくのかは，これからの問題であろう。その過程は EU の歴史そのものが示しているように，決して平たんな道ではないと思われる。

　「政策指針」に基づく取り組みにおいて，客観的に見て最も成果が表れているのは Hotspot における申請手続きの分担と域内移動・再定住であろう。しかしその分野でも，立ち上がりは緩慢であった。2016 年 5 月の第 3 次レポートでは，再定住が 6,321 人，域内移動が 1,500 人（ギリシャ 591 人，イタリア 909 人）であった。成果が目に見えて改善したのは 2016 年の後半以降で，11 月末にはそれぞれ，11,852 人（再定住）と 6,925 人（域内移動）に，2017 年 4

月には 15,492 人と 16,340 人と増加している。9 月の最新データによると，再定住はほぼ目標を達成したとされているが，域内移動は 27,695 人（ギリシャ 19,244 人，イタリア 8,451 人）に終わっている。9 月末には 37,000 人に達するということだが，これでも目標を充足できると予測されている。

　流入する避難民の数も目に見えて減少している。2015 年 10 月 20 日のピークにおけるトルコからギリシャへの流入が 1 日に 10,000 人だったが，12 月には 5,000 人に，2016 年 3 月の EU‐トルコ宣言の後は 80 人以下となっている。人権擁護の観点から問題視された宣言ではあるが，効果は劇的だったようである。しかし他方では，2017 年 2 月のマルタサミットに提出されたレポート[23]で，中央地中海ルートでのイタリアへの不法移民が増加しており，流入ルートがシフトしていることが指摘された。これも最新の情報では，主要な出発国であるリビアとの協力によって沿岸警備が強化され，減少傾向にあるという。また，西地中海ルートでのスペインへの入国者は対前年同期比 115％増とされ，さらに西方にシフトが進んでいるようである。結局 2017 年の 9 月末現在の EU に到着した移民は 99,846 人で，前年に対して微減にとどまり，深刻な状況は継続している。

　その他成果とされているのは国境管理の強化である。不法移民の流入がわずかながら減少する傾向にあるのは，一つには FRONTEX の制度的強化の成果であり，そして近隣諸国とのパートナーシップ関係の再構築も少なからず貢献している。中央地中海ルートでの取り組みはその象徴的な存在であろう。FRONTEX のスタッフは 1,550 人に増員され，プールされている人的・物的資源も増強された。要請がある場合には独自の作戦を展開できる余地も確保された。整備されるデータベースの活用も進み，帰還政策にも大きな役割を期待されている。しかしながら，FRONTEX が国家機能を支援し補完する存在であるということに変わりはない。パートナーシップ・アプローチも，複数の基金による援助をてこに，移民・難民のコントロールという部分では成果が見られるようだが，ENP の本質は近隣諸国の社会経済的変化によるプッシュ・ファクターの軽減にある。当然ながらその道のりははるかに遠い。

　2017 年の 9 月末に出された EU の移民政策に関する「現状報告」[24]で，危機に際して移民政策によって得られた具体的成果としてあげられているのが，

EU-トルコ宣言，近隣諸国とのパートナーシップ枠組み，中央地中海での活動，域外国境の管理，Hotspot の取り組みなどである。しかしながら，移民・難民政策の中核にあるのは CEAS であり，この部分では恒久的な手段に対する合意が得られているわけではない。目に見えた成果はいずれも暫定的合意に基づくものであり，緊急避難措置の諸手段であった。委員会は「政策指針」以降の総括報告の中で，完全装備（full-fledged）の CEAS が必要であることを訴えている。しかしながら，改革の項目としてあがってくるのは，タンペレ以来の見慣れたものばかりである。EU の市民社会の将来を拘束する恒久的共通移民政策の合意がいかに困難なものであるのかが察しられる。

「現状報告」の公表に合わせて委員会は，移民政策の「次なるステップ」[25] を提案している。その中で委員会は，2015 年の欧州理事会決議による目標を充足した「再定住」政策の拡大的延長を提案している。次なる 2 年間で 50,000 人という目標がそれであるが，それは依然として暫定的措置である。この目標に対する今後の取り組みは，EU の恒久的「再定住枠組み」（2016 年 5 月に提案[26]）が採択されるまでのつなぎの措置であるとされている。当然ながら，この枠組みの合意は CEAS そのものの合意の一部となるはずのものである。

さて，EU の移民・難民政策の経過をたどってきたが，緊急対応としては一定の成果が見られたものの，今後も継続することが予想される移民・難民の圧力に対して EU が恒久的な共通枠組みをもつという意味では，あまり成果が残されてはいない。ましてや，危機の鎮静化で移民政策の目的が果たされるわけでもない。いま成果とされるのは避難民が移送され，受け入れられて，加盟各国の臨時の施設に収容されていることに過ぎない。もっとも，わずか 2 年半ばかりの期間でこれ以上の成果を求めるのは酷であるのかもしれない。しかし，移民政策の真の課題は，その社会的統合にある。教育，雇用など，避難民に EU 市民と同等の人権が保障され，欧州社会の一員となってはじめて政策は完結する。そういう意味では EU の移民政策はいまだ危機対応の段階にあり，真価が問われるのはこれからである。欧州の社会的分断が懸念される現下の環境は，大量の避難民が欧州社会に統合されていく展望が決して明るくないことを感じさせる。

(棚池康信)

注
1 EUROPEAN COMMISSION（2015a）
2 EUROPEAN COMMISSION（2015d）
3 EUROPEAN COMMISSION（2015c）
4 EUROPEAN COMMISSION（2014a）；8. 移民政策（その内容は，人道主義的責務：連帯の精神で対処，保護の必要：共通庇護政策，合法的移民に対する新しい政策＝Blue Card，不法移民＝第3国との協力で排除，再入国），担当委員の指名，欧州国境を守る＝FRONTEX・EBG，人身売買を罰するなどである）
5 EUROPEAN COMMISSION（2013）
6 EUROPEAN COUNCIL（1999）
7 チュニジア東方にあるランペドゥーサ島はイタリア領最南端の島であるが，2013年の10月に，主としてエリトリア，ガーナ，ソマリアからの避難民がこの島にたどりつこうとして命を失った。
8 http://frontex.europa.eu/about-frontex/origin/
9 EUROPEAN COMMISSION（2014b）
10 COUNCIL of the EUROPEAN UNION（2014）；COUNCIL of the EUROPEAN UNION（2015）
11 基金は避難民の移送や収容施設の建設，その他の緊急対応費用に充当。
12 EUROPEAN COMMISSION（2013）
13 EUROPEAN COMMISSION（2016a）
14 EUROPEAN COMMISSION（2016b）
15 EUROPEAN COMMISSION（2004）
16 アルジェリア，アルメニア，アゼルバイジャン，ベラルーシ，エジプト，ジョージア，イスラエル，ヨルダン，レバノン，リビア，モルドヴァ共和国，モロッコ，シリア，パレスチナ自治区，チュニジア，ウクライナ
17 EUROPEAN COMMISSION（2011）
18 EUROPEAN COMMISSION（2015a）
19 EUROPEAN COMMISSION（2017c）
20 Council of the EUROEAN UNION（2016）
21 EUROPEAN COMMISSION（2015e）
22 EUROPEAN COMMISSION（2017a）
23 EUROPEAN COMMISSION, HIGH REPRESENTATIVE OF THE UNION FOR FOREIGN AFFAIRS AND SECURITY POLICY（2017b）
24 EUROPEAN COMMISSION（2017f）
25 EUROPEAN COMMISSION（2017g）.
26 EUROPEAN COMMISSION（2016a）

参考文献
COUNCIL of the EUROPEAN UNION（2014），"Resolution of the Representatives of the Governments of the Member States meeting within the Council on relocating from Greece and Italy 40,000 persons in clear need of international protection" 22 July 2015.
　（http://data.consilium.europa.eu/doc/document/ST-11131-2015-INIT/en/pdf）
COUNCIL of the EUROPEAN UNION（2015），"Conclusions of the Representatives of the

Governments of the Member States meeting within the Council on resettling through multilateral and national schemes 20000 persons in clear need of international protection" 22 July 2015.
(http://data.consilium.europa.eu/doc/document/ST-11130-2015-INIT/en/pdf)
Council of the EUROPEAN UNION (2016), "EU-Turkey statement, 18 Mach 2016", Press Release, 18 Mach 2016.
EUROPEAN COMMISSION (2004), "COMMUNICATION FROM THE COMMISSION European Neighbourhood Policy: STRATEGY PAPER", COM (2004) 373 final 12 May 2004.
(https://ec.europa.eu/neighbourhood-enlargement/sites/near/files/2004_communication_from_the_commission_-_european_neighbourhood_policy_-_strategy_paper.pdf)
EUROPEAN COMMISSION (2011), "Cooperation with non-EU countries in the Global Approach to Migration and Mobility" (MEMO/11/801) 18 November 2011.
(europa.eu/rapid/press-release_MEMO-11-801_en.htm)
EUROPEAN COMMISSION (2013), "Cecilia Mamlström (EU Commissioner for Home Affairs): Progress in EU migration policy since 1999, 13 September 2013.
europa.eu/rapid/press-release_SPEECH-13-702_en.htm
EUROPEAN COMMISSION (2014a), "J, Claude Juncker: Political Guidelines for the next European Commission", 15 July 2014.
(https://ec.europa.eu/commission/sites/beta-political/files/juncker-political-guidelines_speech_en.pdf)
EUROPEAN COMMISSION (2014b), "Frontex Joint Operation 'Triton'? Concerted efforts to manage migration in the Central Mediterranean" (memo), 7 October 2014.
(europa.eu/rapid/press-release_MEMO-14-566_en.htm)
EUROPEAN COMMISSION (2015a), "Towards a Comprehensive European Migration Policy: 20 years of EU Action" (Fact Sheet), 04 March 2015.
(europa.eu/rapid/press-release_MEMO-15-4526_en.htm)
EUROPEAN COMMISSION (2015b) "Speech by President Jean-Claude Juncker at the debate in the European Parliament on the conclusions of the Special European Council on 23 April: Tackling the migration crisis" (speech), 29 April 2015.
EUROPEAN COMMISSION (2015c), "COMMUNICATION FROM THE COMMISSION: A EUROPEAN AGENDA ON MIGRATION", COM (2015) 240 final, 13 May 2015.
(https://ec.europa.eu/home-affairs/sites/homeaffairs/files/what-we-do/policies/european-agenda-migration/background-information/docs/communication_on_the_european_agenda_on_migration_en_pdf)
EUROPEAN COMMISSION (2015d), " State of the Union Address by President Juncker: Time for Honesty, Unity and Solidarity" (Announcement), 9 September 2015.
EUROPEAN COMMISSION (2015e), "EU-Turkey joint action plan" (Fact Sheet), 15 October 2015.
EUROPEAN COMMISSION (2015f), "COMMUNICATION FROM THE COMMISSION; Progress Report on the Implementation of the hotspots in Italy", 15 Dec 2015, COM (2015) 679 final
(https://ec.europa.eu/home-affairs/sites/homeaffairs/files/what-we-do-policies/european-agenda-migration/proposal-implementation-)
EUROPEAN COMMISSION (2016a), "Towards a sustainable and fair Common European Asylum System" (Press Release), 4 May 2016.

europa.eu/rapid/press-release_WM-16-2270_en.htm
EUROPEAN COMMISSION (2016b) "Proposal establishing the criteria and mechanisms for determining the Member State responsible for examining an application for international protection lodged in one of the Member States by a third-country national or a stateless person (recast)", COM (2016) 270 final , 4 May 2016.
(https://ec.europa.eu/home-affairs/sites/homeaffairs/files/what-we do/policies/european-agenda-migration/proposal-implementation-package/docs/20160504/dublin_reform_proposal_en.pdf)
EUROPEAN COMMISSION (2016c), "State of the Union 2016: Paving the way towards a genuine and effective Security Union ? Questions & Answers" (Fact Sheet), 14 September 2016.
(europa.eu/rapid/press-release_MEMO-16-3004_en.htm)
EUROPEAN COMMISSION (2017a) - Migration and Home Affairs, "Management plan 2017" ", 15 Feb 2017. https://ec.europa.eu/info/sites/info/files/management-plan-home-2017_en_0.pdf
EUROPEAN COMMISSION (2017b), "Relocation and Resettlement: Commission calls on all Member States to deliver and meet obligations", 16 May 2017.
(https://ec.europa.eu/home-affairs/sites/homeaffairs/files/what-we-do/policies/european-agenda-migration/20170516_twelfth_report_on_relocation_and_resettlement_en.pdf)
EUROPEAN COMMISSION (2017c), "Revised European Neighbourhood Policy: Supporting stabilization, resilience, security", 18 May 2017.
(http://europa.eu/rapid/press-release_IP-17-1334_en.htm)
EUROPEAN COMMISSION (2017d), "Central Mediterranean Route: Remarks by Commissioner Avramopoulos following the informal JHA Council in Tallinn" (Speech- Check Against Delivery), 6 July 2017.
(europa.eu/rapid/press-release_SPEECH-17-1933_en.htm)
EUROPEAN COMMISSION (2017e), "REPORT FROM THE COMMISSION: Fifth Progress Report on the Partnership Framework with third countries under the European Agenda on Migration" COM (2017) 471 final 6 Sep 2017.
(https//eeas.europa.eu/headquarters/headquarters-homepage/31673/5th-progress-report-migration-partenershuip-framework)
EUROPEAN COMMISSION (2017f), "COMMUNICATION FROM THE COMMISSION on the Delivery of the European Agenda on Migration", COM (2017) 558 final, 27 Sep 2017.
https://ec.europa.eu/home-affairs/sites/homeaffairs/files/what-we-do/policies/european-agenda-migration/20170927_communication_on_the_delivery_of_the_eam_en.pdf
EUROPEAN COMMISSION (2017g), "State of Union2017 — Commission presents next steps towards a stronger, more effective and fairer EU migration and asylum policy" (press Release), 27 Sep 2017.
http://europa.eu/rapid/press-release_IP-17-3407_en.htm
EUROPEAN COUNCIL (1999) "PRESIDENCY CONCLUSIONS: TAMPERE EUROPEAN COUNCIL", 15 and 16 Oct 1999.
(http://www.consilium.europa.eu/media/21059/tampere-european-council-presidency-conclusions.pdf)
EUROPEAN COUNCIL (2017), "Malta Declaration by the members of the European Council on the external aspects of migration: addressing the Central Mediterranean route", 3 Feb 2017.
(/http://www.consilium.europa.eu/en/press/press-releases/2017/02/03/malta-declaration/)

EUROPEAN COMMISSION, HIGH REPRESENTATIVE OF THE UNION FOR FOREIGN AFFAIRS AND SECURITY POLICY (2015), "JOINT COMMUNICATION: Review of the European Neighbourhood Policy", JOIN (2015) 50 final 18 Nov 2015.
(http://eeas.europa.eu/archives/docs/enp/documents/2015/151118_joint communication_review-of-the-enp_en.pdf)

EUROPEAN COMMISSION, HIGH REPRESENTATIVE OF THE UNION FOR FOREIGN AFFAIRS AND SECURITY POLICY (2017a), "JOINT REPORT : Report on the Implementation of the European Neighbourhood Policy Review", JOIN (2017) 18 final 18 Mar 2017.
(https://eeas.europa.eu/sites/eeas/files/2_en_act_part1_v9_3.pdf)

EUROPEAN COMMISSION, HIGH REPRESENTATIVE OF THE UNION FOR FOREIGN AFFAIRS AND SECURITY POLICY (2017b), "JOINT COMMUNICATION: Migration on the Central Mediterranean route Managing flows, saving lives" 4 July 2017.
(https://ec.europa.eu/home-affairs/sites/homeaffairs/files/what-we-do/policies/european-agenda-migration/proposal-implementation-package/docs/20170125_migration_on_the_central_mediterranean_route_-_managing_flows_saving_lives_en.pdf)

第 12 章

イギリスの移民政策と Brexit の選択
―― なぜイギリスは EU 離脱を選択したのか

はじめに：国民投票によるイギリス国民の総意表明

　イギリス国民に対し，2013 年 1 月 23 日にキャメロン首相は国民投票により国民の総意を問うことを発表し，2016 年 6 月 23 日に国民投票が行われた。今回の国民投票では，約 3,350 万人が投票し，投票率は 72.2％ と比較的高いものであった。そのうち 51.9％ が離脱を選択し，48.1％ が残留を望んだ。北アイルランドを含む 12 の投票郡のうち，9 つの地域で離脱支持が過半数を超え，3 つ地域で残留支持が過半数を超える結果であった。北アイルランド，ジブラルタルを含め，382 小投票区で投票が行われた。最も離脱支持が高かった地域はリンカンシャー郡のボストンで 76％，最も残留支持が高かったのはジブラルタルの 96％ であった。
　イギリスでは民意を確認する国民投票は歴史的にみれば珍しいものではなく，イギリスの EU に対する 2 つのアプローチ「離脱」と「残留」に関して国民投票を行うことは政治の選択としてはありうるものである。ただし，キャメロン首相や多くのエリート層が予期していた結果と違っていたことが物議を醸し出したのである。本章では，このような Brexit（イギリスの EU 離脱）を選択した背景を政治状況と経済条件を軸にして論ずることを目的とする。第 1 節ではイギリス国民投票の歴史的経緯，第 2 節では移民政策とイギリス，第 3 節では国民投票結果と経済状況，第 4 節ではむすびとして，イギリスの EU 離脱が意味することを検討し今後の EU 統合への示唆を考察する。

1．イギリス国民投票の歴史的経緯：イギリスと EU との関係を中心に

イギリスの今回の離脱に至る要因に関して，イギリス国内の経済的格差の問題や若年層と老年層の意見の乖離など様々な要因が関係しており，一部の報道であったようなメディア合戦による一時的な世論の誘導だけが結果を左右したわけでない。移民政策をめぐるイギリス国内の政治的状況を理解するために EU とイギリスとの歴史的な関係を検証しておく。EU は経済協力と域内の政策的な収斂を大きな主軸として欧州の統合を目指したが，イギリスは欧州をいずれかの一国の主導による統一的な支配を望んだわけでもなく，理想的なバランスを保った連合に加盟することを念頭においていたわけでもない[1]。むしろ，移民政策においては国益を守るために欧州に積極的に関与すべきだと判断し，関与を一種独特のスタンスで EU との関係性を保っていたほうが的確であろうと考えたのである[2]。イギリスは欧州統合以前に大英帝国として過去には世界の多くの地域を植民地として統治した経験をもっており，欧州統合がイギリスの経済政策に有利であることなどの国益に合致する限り協調してきたのである。

20世紀に展開されたフランスを中心とする戦後の収拾と EU 萌芽の経緯をイギリスは快く受け入れていたわけではない。フランス首相ド・ゴールによる当初のイギリスの単一市場への参入の拒否もあり，大戦を共に戦ったイギリスに対し，フランスのとった態度は欧州の一員とみなすことへの拒絶であったのである。そのために当初 EC 設立にイギリスは加盟できなかった。こうした歴史の中でのわだかまりも「一つの欧州へ」というメンタリティーが十分に浸透しない連合への根強い不信感の素因であろう[3]。1975年の国民投票を行ったのもこうした経緯を踏まえた上で，国民の総意をはかるためであった。結果は，今回と違い EU への残留であった。

1979年から1990年までのサッチャー政権時では，単一市場の深化に伴い，ある程度の政策上の協調は行ったが，通貨統合を含めたイギリスの本格的な参入に対しては政治的に反対の意を示した。サッチャー政権以後もイギリスのこ

うした強硬なスタンスは崩されることなく，単一通貨の導入も見送り，政策面ではEUと協調する方向で足並みをそろえつつも通貨統合に対する拒否は依然維持し，EU単一市場に参加しても共通の政策に対し自国の政策決定の権限をEUに委ねる方向への同化する姿勢はとらなかった。イギリス国民にとっても共通の政策を進め加盟国としての立場を維持することは，政策上での主権委譲し欧州裁判所の判断とEU法の制定を納得いかないまま受け入れることを意味すると捉えていたと理解するほうがよいであろう[4]。こうした政治上の選択がイギリスにとって，欧州は一つではなく，多層になっていることを実感させていたのである。

EUの単一市場の大きな骨子の一つである「人の自由移動」を実現した入国管理上の協定であるシェンゲン協定（Schengen Agreement）にイギリスは未加盟である。当初，シェンゲン協定はEUの政策として進められたものではなく，加盟国間で見解に相違があり，EUの枠組みの外で制定された協定であった。しかし，1997年署名のアムステルダム条約以降，欧州連合の枠組みであるアキ・コミュノテールにシェンゲン・アキとして組み入れられ，このとき欧州連合理事会により共同決定手続きを経て全会一致し，欧州議会が欧州共同体設立条約第4部に第61条〜第69条として挿入している。これにより，「ビザ，亡命，移民およびそのほかの個人の自由な移動に関する政策」をEUの政策として明確にし，移民政策も共同で取り組む姿勢を基礎においた。その後，2009年にリスボン条約で基本条約が改正され，「欧州連合の機能に関する条約」となり，第5部「自由，安全および正義の空間」と改正された。5章にわたり「一般規定」「国境検査，亡命，移民に関する政策」「民事案件置ける司法協力」「刑事案件における司法協力」「警察協力」として法的根拠を含めて内包したのである。

しかし，他のEU加盟国が国境検査の撤廃を進める中でイギリスは島国であるという立地も考慮され，シェンゲン協定の国境検査撤廃適用の対象から除外されている。司法協力および刑事面での協力に関する規定には参加しているが，国境検査は撤廃しないという移民における対策の土壌としては他の加盟国とは違ったスタンスを守っている。こうしたイギリスのEUとの間に一線を引いた関係も今回の離脱の結果を導く根底にあることも考慮すべきであろう。

EU が共通政策を通して政策的にも加盟国から EU へと部分的に権限委譲を進め国内政策への影響力を強め著しく巨大化していく中で，一国で内政をうまく機能させているイギリスにとっては，欧州拡大により新規参入国が抱える問題を EU 全体で取組むことになるために，自国の負担を重くし，疲弊させる可能性のある問題として捉えていたと推察できる。

　こうした背景の中で，国民投票にいたる 3 年半の間に，政権交代を狙う離脱派運動を主導した元ロンドン市長のボリス・ジョンソンのような政治家たちによって経済的な不安の要因や社会保障制度への不満の原因と EU からの影響と結びつけたプロパガンダで労働移民による制度の悪用が社会保障の負担や格差社会の不安材料であり，イギリスが加盟国であるために EU 移民政策方針や EU への拠出金の負担などが強く関係しているといった見解を表明し，マスコミを使った報道合戦がイギリス国民を惑わせた。そして加盟以降これまでの拠出金の払戻金のあることや共通政策へのイギリスの EU との間の有利な関係も含む独特なスタンスを不明瞭にさせた。確かにマスコミの扇動で誇張された表層的な問題はきっかけであったが，それまでに積み重ねられた歴史上のイギリスの EU に対する姿勢が根本的な原因であった。

2．移民政策とイギリス

2.1　1997 年までのイギリス移民政策

　イギリスは大英帝国時代からインドやパキスタンなどの国から他国籍の民族が国籍を取得して移住する移民を受け入れており，制度的に移民を自国民としてどのように受け入れるのかという模索では十分経験を積んできた。

　1962 年にイギリス連邦移民法を制定し，1945 年以降に独立した旧イギリス植民地国からの移民の入国制限を強化するに至っている。これは 1958 年 8 月に発生したノッティングヒル人種暴動事件[5]を契機に外国人労働者に対する感情的な反発が強くなり，移民の入国制限の必要性が高まったからである。その後も 1971 年にはイギリス市民で両親のいずれかがイギリスで生まれている場

合に付与される居住権（Right of Abode: Immigration Act 1971）の有無で移民を階層化するなどの移民政策の基本概念が確立されている。1981年には国籍法で家族の呼び寄せ等による移民が問題となり，市民権の取得要件が厳格化された。両親のいずれかがイギリス本土生まれでないことや不法入国している場合は，その子供はイギリスで出生してから10年にわたって年間90日以上イギリスに在住していることの証明が課され，証明がなければ市民権の取得は適わないとするなど，社会保障が流用され，国民の税金が移民に不当に使われることのないように，移民に対する資格要件が厳格化された。労働党政権が誕生する1997年までは移民法は大きく改正されることはなく，移民の定義も市民の理解も定着してきていた。移民定住者の割合の高いロンドンで残留の支持が高かったことからもそれは推察できる。

　また，人種問題や移民問題に関する暴動は1976年のノッティングヒル・カーニバル暴動，1981年のブリクストン暴動，1985年のブロードウォーター・ファーム暴動，1990年代の人頭税反対デモ，2001年のブラッドフォードとオールダムでの人種問題暴動，2011年ロンドン学生デモなどが起こっている。これらの暴動により，コミュニティーや社会全体に潜在している問題が表面化し，それぞれの暴動を契機にイギリスでは政治的にも急速な改革がもたらされている。

　1980年代から2000年代まで移民政策の中心課題は，「難民認定申請者」であった[6]。1988年以前には1万人以下であった難民認定申請者が1991年には4万人規模に，2002年には8万人規模に達したこともあり，難民申請の実態がイギリスの社会福祉制度への依存と雇用機会を求めたものであり，制度の悪用が進んでいるのではないかという疑問が広がり問題視されていた[7]。対策として，イギリス政府は申請者に対し，福祉サービスや住宅供給に関する権利を縮小し，就労に関する制限を設けるなどの策を講じて，2002年までに申請者数の減少と難民救済制度への本来の趣旨にあう制度への整備を行った。このときの成果に対して，政府は難民認定申請者の制度の悪用防止への成果として，厳しい規制を敷いたことで達成できたことを主張したが，世論では，自国に安心できる社会制度や福祉制度が求められず難民申請する者への本来の制度の活用を制限しているものであるとの批判も強かった。政府の認識が国民の感覚から

少し違ってきていたことがうかがえる。確かに，入国者数ではEU全体でも2003年以降からは難民認定申請者の数は減少傾向にあり，難民送り出し国の状況の変化に要因があるとの見方もある。難民認定申請による移民数は現在2万人規模で安定しており，移民問題の中心課題ではなくなった。しかし，2010年以降の連立政権下においても厳しい申請制限の傾向は変わっていない。

1997年までは移民への対策は言語教育や教育制度の中での異文化対応や公共機関での多国語表記などを通して，多言語対応や多文化対応を推進していく一方で，実社会の中では，移民たちが生活利便性を求めて居住する地域を集約させていき，都市部に近いところに同一民族が多く住むことで地域的にある意味コロニー化させていくことで差別ではなく，イギリス国民は区別して理解するという手法で取り組んできた。また，それに伴う人種や異文化に対する嫌悪や恐れといったことに関しては暴動やデモなどをきっかけとしながらも政治を動かし，国の政策としても国民生活のレベルでも受け入れを進めてきていたのである。

このような経緯からわかるように，移民政策に関してイギリスはここに至るまで無策であったわけでも，また試行錯誤の経験が不足していたわけではない。また，立地条件の上でもイギリスは他のEU加盟国と違い，人の移動に関しても島国であることもあり可視化がしやすい状況にある。政府がどのような移民政策をとり，成果や影響がどのように変化しているのかを掌握し，国民への理解を求める国内政治を行うことが難しい状況にあるわけではない。

2.2　1997年以降のイギリス移民政策の転換とEU移民政策

1997年に労働党政権が誕生し，イギリス国内の経済成長の持続と向上のためには労働力の不足が大きな課題であるとの分析から，政府は労働者の獲得を移民政策に求めたのである。労働力としての移民に対する政府の思惑は，政権交代と同時に自国の経済再興期に政策的にそれまでの移民政策と違ったアプローチを展開する大きな転換期をむかえた。

EU加盟当時には労働市場の解放に関して，きわめて懐疑的で，消極的であったうえに，シェンゲン協定への限定的な同調のみで，人の移動に対しても

独自のスタンスを取り続けたイギリスが,それまでの移民対策や難民対策とその定着の経験を根拠として,政策の転換を決意し,また,これに対して国民も同意したと考えられる。

　西欧の先進工業国では少子高齢化の人口問題が進み,国際的な競争が激化する中で移民による労働人口の補填が必須であると理解された[8]。そのために政府はマクロ経済の観点から労働移民は規制するのではなく,管理し,経済利益を最大化するために促進すべきだと主張した。政府の移民政策は,これ以降,国内の労働力不足解消への対策として,移民を労働移民として受け入れる方向に舵を切ったのである。受け入れ態勢に関しては,制度の強化と法令による規定でバランスをとることができるものであるとして新しい移民体制の導入に踏み切った。

　すぐさま移民政策を大きく転換させたのではなく,基本的にはそれまでの移民政策を踏襲しながらも,徐々に緩やかな移民政策へと転換していった。1999年に英連邦の移民法で移民および移民庇護法(Immigration and Asylum Act 1999)を制定し,まずは高度技術労働移民の受入れを積極的に進めた。対象は医師,看護士,教員,IT 関連職種に従事する移民の受け入れの規制緩和を行い,2000 年には労働許可制度の基準緩和(就業経験要件の撤廃など)を行った。2001 年には新しい就労許可制度を開始して,移民規制の緩和を 30 年ぶりに実施したのである。

　移民管理政策の第一段階として,労働許可証の発給規制を一部緩和し,高度技術をもつ外国人労働者に労働市場を開放し,積極的に受け入れを開始した。「高度技術移民受入れプログラム(High Skilled Migrant Programme: HSMP)」を導入して,「季節農業労働者スキーム(SAWS: Seasonal Agricultural Workers' Scheme)」,食品加工や宿泊・ケイタリング業の従事者不足の解決手段として部門別にスキームを展開した。

　労働移民の受入れは低熟練技能移民を含め数量割り当て型の枠組みとともに運用され,管理された移民政策で社会福祉の制度は守られるはずであった[9]。イギリスの中の各産業の需要にあわせた度量で移民による労働力補完を行い経済的にも貢献をデザインしたのである。

　イギリスの移民政策の転換は,他の加盟国と比較すると EU の理想に基づい

た移民の受入れを積極的に同調する形ですすめられた。積極的に EU の移民政策を受け入れ，国内の移民政策と連動させて活用した。

2004 年以降には EU の東方拡大があり，多くの既存の EU 加盟国では新規加盟国（東欧 8 カ国：EU8）からの労働者に自国の労働市場の解放を躊躇したため，国によっては最大 2010 年まで労働市場開放を延期することを決定する中，イギリスは即時の解放を実施している。2005 年には移民管理政策を第二段階へと進め，「入国管理 5 カ年計画」をたて，移民政策の見直し案をイギリス内務省が発表した[10]。2004 年には EU8 の労働者に対して採用された労働者登録制度が導入されている。

積極的に受け入れを推進しながら，高度技能移民を含める労働移民をより管理するために 2008 年からポイント・システム（Point Based System）を導入した。ポイント・システムとはそれまでに導入された様々なスキームを整理し，外国人の受入れを 5 段階の階層とカテゴリーに分け，その中で第一階層の高度技術労働者であれば属性（教育資格｛30 ～ 50 ポイント｝・過去の収入｛5 ～ 45 ポイント｝・イギリスでの経験 5 ポイント・年齢｛30 ～ 31 歳 5 ポイント，28 ～ 29 歳 10 ポイント，28 歳未満 20 ポイント｝，英語運用能力 10 ポイント），自己の生活維持資金 10 でポイント評価し，合計で 75 ポイント以上を要件とするといった在留許可を付与する制度である[11]。政府では労働移民を管理する制度を整え段階的に導入してきたが，これは労働移民にとって明瞭な資格審査となりえても，イギリス国民に対して，職場に進出してくる外国人労働者，特に EU8 からの低技能労働移民が自分たちの日々の労働の機会を奪う印象を強めた労働者たちには EU 移民政策を迎合した移民政策を進めているという政府に対する不信感を払拭できるものではなかったであろう。そして，2013 年 1 月 23 日にキャメロン首相は「EU に委譲してきたイギリスの権限を取り戻す」という内容の演説を行い，国民投票を実施する考えを表明した。

ユーロ圏の債務危機の問題が欧州経済に不安を広げ，EU に対する疑念をさらに強めた。ユーロの導入はしていないものの EU の政策にイギリスが引きずられ，自国の協調を失策とみて EU 離脱を求めるイギリス独立党（UKIP:UK Independence Party）が勢力を伸ばした。保守党内からも政府の EU との付き合い方を批判する声も挙がり始め首相として政府に対する不満に対処する方法

として国民投票を選択し，「柔軟で順応性のある改革を EU との間ですすめるためにも EU に残留すべきだ」と残留か離脱かの政治的な選択したのである。投票状況を見ると，ロンドンとその他の地方との間では投票結果には明らかな差がでた。次節以降で大学進学率や経済状況などの分析を踏まえ国民投票の結果を分析し，それによる EU 統合への示唆を検証する。

3．国民投票結果と経済的状況

3.1 国民投票結果の経済分析

第3節ではイギリスの国民投票の結果がなぜ導かれたのかを経済状況から解明したい。今回のイギリス国民投票の状況と経済状況を地域別に概観したのが図表 12-1 である。これより，ロンドン以外のイングランド地域は離脱を選択し，スコットランド，北アイルランドは残留を選択している。歴史的にイギリスは4つの国が連合した国であり，地域差があるのは当然ともいえるが、地域差と経済関係を示したのが図表 12-1 の2列以降である。図表 12-1 では労働者の人的資本としての質として大学進学率を採用した[12]。それより，地域別に大学進学率にばらつきがあり，また平均年収にもばらつきがあることがわかる。また進学率と年収とは正の相関，また進学率と失業率は負の相関があることを確認しており，イギリス国内で進学率の低い地域の年収は低く、失業する確率も高くなることが推察される[13]。図表 12-1 内の投票結果とあわせると、今回の EU 離脱に投票した層は，高等教育を受けていない比較的低賃金の非グローバル企業に働く家族をもつ，ロンドン以外のイングランド在住者がイギリス離脱に投票したと推察できる。

また，各地域別の主要産業を図表 12-1 の右3列に掲げている。1位はどの地域も卸・小売業であるが，2位以下に地域差がでている。投票結果と照らし合わせると、製造業のウェイトが高い地域ほど離脱を選択している。また産業別成長率を比較すると，2000 年代に入って大きく伸びているのは金融を含むサービス業であり，製造業は停滞ないしは低下している。これよりイギリス製

第12章　イギリスの移民政策とBrexitの選択　227

図表12-1　イギリスの各地域の国民投票結果，大学進学率と経済状況

	国民投票の結果	大学進学率（%）	失業率（%）	平均年収（ユーロ）	被雇用者のシェア順位（2015）		
					1位	2位	3位
イングランド北東部	離脱（58.04）	41.2	8.8	31,238	卸・小売り業	製造業	教育
イングランド北西部	離脱（53.65）	44.8	7.6	31,557	卸・小売り業	製造業	専門・科学・技術活動
ヨークシャーとハンバー	離脱（57.71）	37.2	7.9	30,979	卸・小売り業	製造業建設業	
東ミッドランド	離脱（58.82）	42.4	6.7	31,522	卸・小売り業	製造業	運輸・倉庫業
西ミッドランド	離脱（59.26）	45.5	7.6	31,881	卸・小売り業	製造業	宿泊・飲食業
イングランド東部	離脱（56.48）	49.5	5.7	33,277	卸・小売り業	管理・補助的サービス	宿泊・飲食業
ロンドン	残留（40.07）	55.5	8.3	55,451	卸・小売り業	専門・科学・技術活動	管理・補助的サービス
イングランド南東部	離脱（51.78）	51.6	5.4	37,007	卸・小売り業	管理・補助的サービス	専門・科学・技術活動
イングランド南西部	離脱（52.63）	46.6	5.1	31,915	卸・小売り業	製造業建設業	
ウェールズ	離脱（52.53）	47.7	7.3	29,287	卸・小売り業	製造業	管理・補助的サービス
スコットランド	残留（38）	47.5	7.0	32,756	卸・小売り業	金融・保険業	製造業
北アイルランド	残留（44.22）	52.6	7.2	29,710	卸・小売り業	製造業建設業	

注：1）（　）内は全投票数のうち離脱票の割合を示す。単位は％である。
　　2）ロンドンの被雇用者シェアのうち，金融・保険業は4位である。
　　3）大学進学率、失業率、平均年収は2010年時点である。
出所：高屋（2016）より。データはイギリス　Office of National Statistics, Business Population Estimates 2015, EUROSTATより。

造業の輸出競争力が低く，それによる社会的な不満が労働者に蓄積されていることが推察される。シティの金融市場としての国際競争力が高いため，かえっ

て製造業との対比が浮き彫りになる。

この背景を「新々貿易理論」に基づき考察しよう。まず，労働者に異質性があることを仮定し，生産性の高く賃金の高い労働者と，生産性が低く賃金が低い労働者がいることを想定する。また前者の労働者は世界との競争にさらされているグローバル企業で働き，後者の労働者は非グローバル企業に働いているとする。また雇用する企業には労働者のこのような異質性を見抜くために雇用費用がかかるものとし，それが労働市場での摩擦を生み出す。したがって，この労働市場での摩擦が存在するので、生産性の高い労働者を雇用できるのは生産性の高いグローバル企業である。

このような状況は先進国にみられ，イギリスでも例外ではないであろう。イギリスでのグローバル企業の代表産業として金融・保険業を、非グローバル企業の代表として建設業と健康・社会福祉産業として，それらを比較すると（図表12-2)、およそ倍の格差があり，データがとれる数年間においてその差は縮小しておらず賃金格差は残存している。無論，賃金格差が短期間に縮小するものではないが，少なくとも今回の国民投票を投じたイギリス国民は格差の拡大を感じていたといえるであろう。移民・難民が流入するという外的ショックが起きた際に、格差への不満が今回のEU離脱という投票行動に結びついたものと考えられる。

さらに，イギリス各地域の移民居住者の状況を示したのが，図表12-3である。ロンドンは突出して移民居住者が多いが，それ以外の地域には10％前後

図表12-2 イギリスの部門別年収

（単位：ユーロ）

	2008	2009	2010	2011
金融・保険	70,792	59,713	66,498	74,636
サービス	40,404	36,437	38,349	38,482
建設業	42,052	38,733	40,285	39,015
健康・社会福祉	34,655	32,346	34,930	34,461
製造業	37,923	34,642	35,473	36,099

注：10人以上の事業所でのフルタイム
出所：高屋（2016）より。データはEurostat。

図表 12-3　イギリス国勢調査からみた移民居住者比率

(％)

	居住者のうちの イギリス人以外の比率	居住者のうちの EU 加盟国の民族
イングランド北東部	6.34	1.06
イングランド北西部	12.87	2.07
ヨークシャーとハンバー	14.19	1.73
東ミッドランド	14.55	2.26
西ミッドランド	20.75	2.32
イングランド東部	14.66	3.03
ロンドン	54.84	7.53
イングランド南東部	14.71	2.92
イングランド南西部	8.14	2.04
ウェールズ	6.75	1.45

注：1）表中にイギリス人とあるのは，イングランド，ウェールズ，スコットランド，北アイルランドの合計である。
　　2）表中の EU 加盟国の民族としては，国勢調査の分類の中のアイルランド，クロアチア，キプロス，ギリシャ，イタリア，ポーランド，その他西ヨーロッパとされている人数の合計として筆者が集計している。
出所：Office for National Statistics, UK nomis, 2011 Census (http://www.nomisweb.co.uk/) より作成。

の移民者であり，EU 加盟国の居住者を見てもロンドン以外は 2 から 3％である。総じて多くの移民者が居住しているわけではない[14]。しかし，失業が比較的多く衰退産業をかかえる地域では，多くはない移民居住者が職を奪ったり，社会保障を利用したりするという不安感を呼び起こしたのかもしれない。

　ロンドン以外のイングランド地域では非グローバル企業も多く賃金は相対的に低い。また失業率も比較的高く，その状態が続いていると考えられる。その状態に移民の存在が重ね合わせられると，移民への反発やそれを認めている EU への不信，反感が生まれてきたものと推察される。実際，イギリスでの移民は 2000 年に規制緩和と 04 年の EU の東方拡大によって急速に増加した。特に東欧からの移民数は 04 年の 16.7 万人から 12 年に 101.4 万人に増加している[15]。しかし中東欧からの移民が必ずしもイギリス製造業の職に就いていると

は限らず、むしろ EU からの移民は高学歴の若年層も多い。さらに彼らは納税もしており、イギリス労働者の職を奪っているとはいえない[16]。しかし、移民や難民の流入がイギリス国民感情を刺激し、それが離脱投票を促したのは確かであろう。そして、このような状況はイギリスだけとは限らない。欧州大陸で広がる反 EU 感情、EU への信頼感の低下もイギリスと類似した状況にあるのではないだろうか。それを次項で確認する。

3.2　EU への期待感に関するパネル推定

　ここでは、原加盟国 15 カ国の EU への期待感に経済要因がどのように影響を与えたのかをパネル推定する。それにより、EU への期待感の変化が Brexit のような状況を他の加盟国でも生ずる可能性があるのかどうかを検証する。ここで非説明変数（出所：Eurobarometer）として EU への支持の変化（5 段階の 4，5 のウェイトの和）、説明変数（出所：AMECO）として失業率、ジニ係数（等価再分配所得）、政権党派指数（CPSD 指数の平均値、正値ほど右傾化）、政府債務の変化、実質成長率を採用した。また推定期間を 2001 〜 2016 年とした。

　ここでは推定方法として、強外生性の検定により強外生性の条件が満たされない可能性があるためパネル操作変数法で推定した。操作変数としては、1 期前の非説明変数、説明変数を選択し、分散不均一性を考慮し、Period-SUR で修正した一般化最小二乗法（GLS）を用いて推定した。またハウスマン検定によって固定効果を選択した。

　推定結果は図表 12-4 に掲げられる。この結果の解釈として次のようなことが挙げられる。まず、失業率の変化の上昇には EU への支持に負の影響があることがわかる。また格差を示すジニ係数の上昇が見られても EU への支持を下落させることがわかる。しかし政府債務比率の変化と GDP 成長率には影響は有意にはないことがわかる。したがって、EU への期待感は経済的要因に影響を受けることがわかるものの、労働者にとって身近な経済変数である失業率やジニ係数には有意に反応するものの、マクロ変数には影響を受けづらいことがわかる。すなわち、ユーロバロメータがアンケート調査する対象者にとって関

図表 12-4　パネル推定の結果　非説明変数：EU への 支持の変化

変数	係数	t 値	P 値
定数項	0.109	2.176	0.031
失業率の変化	-0.038	-2.662	0.008
政府債務比率の変化	0.004	0.644	0.520
GDP 成長率	0.052	0.091	0.928
ジニ係数	-0.004	-1.878	0.062
自由度調整済み決定係数	0.570		
Instrument rank	0.019		
Prob (J-statistic)	0.159		
D.W. stat	2.1094		

出所：著者作成。

心の高い調査項目が自分の置かれた状況であり，それと EU への支持との関連も高いものと推察される。

　このようなイギリスでの EU への不満感は，EU 加盟国にも共通する可能性がある。ただし，被説明変数はあくまでも世論調査によるものであり，その調査が安定した結果かどうかは慎重に検討する必要がある。その点を留意しても，一定の世論が，国民投票や選挙に影響を及ぼしうることは排除できない。世論の形成により，それが現実に国民投票の結果に反映されうる。したがって，格差の拡大や失業率の上昇によってイギリスの EU 離脱が選択されたと解釈できる[17]。国民投票前には移民問題がクローズアップされていたが，その移民問題のより根底には格差や失業という経済問題があると推察される。

4．イギリスの EU 離脱から得られる EU 統合への今後の示唆

　前節では，イギリスの EU 離脱問題の背景には，経済格差や地域的な失業率の高さといった経済問題があることを確認した。したがって，分配問題や失業といった労働市場関連の経済問題が国民の投票行動に影響を与えたといえる。このような分配問題はイギリスに限ったことではなく，前節で明らかとなった

図表 12-5　理想的な EMU と社会的欧州の関係のイメージ図

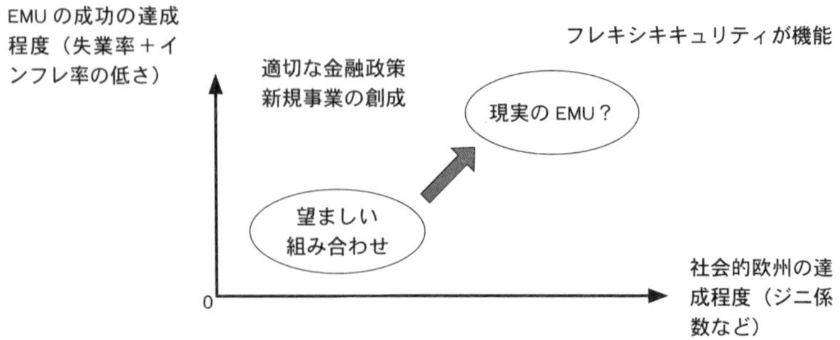

縦軸：EMU の成功の達成程度（失業率＋インフレ率の低さ）
横軸：社会的欧州の達成程度（ジニ係数など）

- 適切な金融政策 新規事業の創成
- フレキシキュリティが機能
- 現実の EMU？
- 望ましい組み合わせ

出所：著者作成。

ように EU への支持と経済問題との関係を考慮すれば格差が拡大しつつあるドイツ，フランス，その他の加盟国にも想定できる。

　イギリス離脱問題が示すことは現在の EU 加盟国のかかえる共通の問題ともいえる。しかし，その是正を EU 全体で取り組んできたかというと，そうではないことに問題がある。その理由は各国間での分配問題を是正する仕組みがないことである。そのため，EMU の目指すインフレ率の低さと低い失業率という状態と，社会的欧州の目指す平等な社会との間に齟齬が生じていたともいえる（図表 12-5）。

　さらにそのことが放置されてきたのには，各国間の制度的な硬直性があるのではないかと考えられる。国内での再分配制度が完備すれば，国内での格差がある程度，是正され EU への信頼度の低下も防ぐことができるかもしれなかった。しかし，各国間の制度的硬直性は EU での公開調整方式（Open Method of Coordination）の採用により，各国間の相違の是正はなかなか進捗せず，国内の分配制度の不徹底が挙げられる。さらに，国内での分配のための財政資金に余裕がないのであれば，他の加盟国からの支援も理論上は想定できるが，現在，加盟国間での財政移転のフレームワークはない。現時点では緊縮財政を求めるフレームワークであり，財政移転に関しては，ドイツ政府が反対しており，今後の実現も困難であろう。

　第 1 章で述べたように，平時では緊縮財政が望まれており，もし加盟国間の財政移転を実現するなら，加盟国ごとに緊縮財政を維持しつつ移転を実現する

ことが必要となる。したがって，そのために再分配のための資金プールが必要かもしれない。これに関連して，すでに構造基金，結束基金がEUにはあるものの，それが地域開発に利用されるものであり，ここでの分配是正を必ずしも促すものではない。

今後，EU統合を安定して維持するためには、加盟国の国内分配を是正するための汎EU的なフレームワークと共に，加盟国間での資金移転を促すための規模の大きな基金の創設も必要かもしれない。その整備がないと，EUへの政治経済的な不満へとつながるものと考える。

(小西幸男：第1節・第2節，高屋定美：第3節・第4節)

注
1 移民政策においても同様の判断をBecker and Fetzer (2016) が経緯を追って詳説している。
2 若松によれば「自由な開放というよりは，イギリス国内の各産業の需要に基づく，あくまでも労働力の人為的な管理」をし，「移民の経済的メリットを強調し，経済政策の観点から入国管理を運用する姿勢」が「ニューレーバー」に適合的であり，イギリス内の政策の脱政治化を意図したものであるとしている。岡部 (2016)，81頁。
3 チャーチル首相は1930年2月15日のサンデー・イブニング・ポスト紙の論説 "We are with Europe but not of it. (欧州と共にあるがその一部ではないのだ)" で，その姿勢はこれまで根強くイギリスの基本姿勢としてかわっていない。
4 Gardian紙をはじめ，多くのメディアはEUの主導による共通政策は加盟国の主権委譲が進むのではなかという懸念を1992年のアムステルダム条約締結以降たびたび取上げ，2009年のリスボン条約以降はUKIPの台頭により一層，イギリスの主権を取り戻すべきだという運動が強まり世論も次第にイギリスの権限委譲を懸念するようになった。
5 1958年にロンドンのノッティングヒルで黒人移民青年と「テディボーイズ (Teddy Boys)」と呼ばれる白人青年が衝突し，人種暴動に至った事件。ノッティングヒルはカリブ諸国出身の黒人移民がはじめて定着した場所で白人が黒人の家に放火し移民への襲撃事件を起こした。
6 労働政策研究・研修機構 (2006)，115-117頁。
7 大和総研 (2014)，2頁。
8 菅野幹雄 (2016)，24-26頁。
9 Kaufmann (2016) pp.12-15
10 「入国管理5カ年計画」は，労働政策研究報告書 (2006) の中で独・仏・英・伊・蘭の5カ国で比較調査されている。その中でイギリスに関して，労働許可等による外国人受入れ制度，労働許可以外の就労制度，例えばワーキングホリデーや季節農業労働者スキームのようなものがイギリスでは採用されていることを報告している。
11 ポイントベースシステムに関しては，次のイギリス政府のHPが有益である。制度の詳細はイギリス政府のホームページを参照 (https://www.gov.uk/asylum-support)
12 大学の学位取得率を採用するのが望ましいであろうが，データの利用上，進学率を採用した。
13 紙幅の関係でここでは省略したが、イギリス内の各地域別に，それぞれ両者には正の相関と負の相関があることを確認している。その結果，大学進学率が高いほど相対的に所得が高く，また失業

率も低い傾向にある。ただし，この相関関係の例外は北アイルランドである。北アイルランドでは大学進学率はイギリス内で2番目の高さであるが平均年収は下位2番目にある。北アイルランドが発展途上地域であり，高生産性の産業が少なく，高学歴者が地域外に流出していることを示唆している。

14 このデータは国勢調査に基づいているので，調査に参加していない不法移民などは除外されており，実際の移民居住者数を過小評価している可能性はある。そのため，実際にはより多くの移民居住者が各地域に居住する可能性は高い。

15 増加数のもっとも多いのはポーランドからであり，04年で居住者数は6.9万人だったのが12年には64.6万人になっている。その他，東欧からの移住者も多く，社会保障費関連の支出増が懸念される。

16 これらの点については今後，データが蓄積されて精緻な実証分析が求められる。

17 また，メディアによる世論への働きかけも投票行動にとっては重要な要因となる。

参考文献

岡部みどり編 (2016)『人の国際移動とEU』法律文化社。
菅野幹雄 (2016)『英EU離脱の衝撃』日本経済新聞出版社。
菅幹雄・森博美 (2014)「日本とイギリスのビジネスデモグラフィーの比較分析」リサーチペーパー第33号，総務省統計研修所。
大和総研 (2014)『EUの移民政策とイギリスへの影響』ユーロウェイヴ@欧州経済・金融市場 Vol.28。
田中鮎夢 (2015)『新々貿易理論とは何か：企業の異質性と21世紀の国際経済』ミネルヴァ書房。
田中友義 (2016)「欧州の反グローバリズム台頭の背景—経済格差，難民危機，エリート・大衆，ポピュリズムという要因—」季刊『国際貿易と投資』Autumn, No.105, 16-33。
高屋定美 (2015)『検証 欧州債務危機』中央経済社。
高屋定美 (2016)「イギリス離脱の背景と欧州統合へのインパクト」Eco-Forum, vol.32, No.2, pp.19-26，統計研究会。
高屋定美・西尾亜希子 (2010)「社会的排除と高等教育政策に関する国際比較研究〜高等教育の経済効果の視点から〜」『公募研究シリーズ (12)』全労済協会。
細谷雄一 (2009)『イギリスとヨーロッパ』勁草書店。
細谷雄一 (2016)『迷走するイギリス』慶應義塾大学出版会。
労働政策研究・研修機構 (2006)『欧州における外国人労働者受入れ制度と社会統合』No.59, 労働政策研究報告書。
エマニュエル・トッド (2016) 堀茂樹翻訳『問題はイギリスではない，EUなのだ—21世紀の新・国家論—』文芸春秋。
Becker, S. O, F Fetzer and D Novy (2016), "Who Voted for Brexit? A Comprehensive District-Lever Analysis" CAGE Working Paper 305, October.
Becker, S. O, and F Fetzer (2016), "Does Migration Cause Extreme Voting", CAGE Working Paper 306, October.
Burn-Murdoch. J (2016), "Brexit:nVoter Turnout by Age", Finacial Times, 24 June.
Elise Uberoi (2016)" European Union Referendum 2016" House of Commons Library, Briefing Paper No. CBP 7639, 29 June 2016.
Ford, R and M Goodwin (2014), Revolt on the Right: Explaining Support for the Radical Right in Britain , Abingdon, UK: Rutledge. ,
Goodwin, M. and C. Milazzo (2015), "Britain, the European Union and the Referendum: What

Drives Euroscepticism?" European Programme, Chatham House. (https://www.chathamhouse.org/sites/files/chathamhouse/publications/research/20151209Eur oscepticismGoodwinMilazzo.pdf).
Helpman, E., O. Itskhoki and S. Redding (2010), "Inequality and Unemployment in a Global Economy," *Econometrica, 78* (4), 1239-1283.
House of Lords (2012), "referendums in the United Kingdom Report with Evidence", 12th Report of session 2009-10, HL Paper 99.
Innes, D and G Tetlow (2015), "Deilivering Fiscal Squeeze by Cutting Local Government Spending", Fiscal Studies 36 (3), pp. 303-325.
Kaufmann, E. (2016), "It's NOT the Economy, Stupid: Brexit as a Story of Personal Values", British Politics and Policy Blog, London School of Economics and Political Science, July.
Melitz, M. J. (2003), "The Impact of Trade on Intra-Industry Reallocations and Aggregate Industry Productivity," *Econometrica, 71* (6), 1695-1725.

第 13 章

ポスト Brexit のイギリスの FTA 政策
――EU 離脱交渉はソフトランディングするのか

はじめに

　本章では，第 1 節において EU からの離脱（Brexit）の背景を明らかにする。国内政治動向を分析した先行研究等をまとめた上で，Brexit を唱えた代表的世論を例示しその特徴を分析する。第 2 節において EU 条約（TEU）50 条に基づく離脱交渉の構造と現状を分析する。グリーンランドの EC「離脱」とも比較し，イギリス政府報告書や EU の交渉指針を分析し，交渉の対立点や妥結可能性を明らかにする。第 3 節においてポスト Brexit のイギリスの単一市場等との通商関係，特に FTA 政策について論じる。本章は，これらを通じて，EU 離脱交渉が期限内に妥結し新たな通商関係を構築する（ソフトランディングするいわゆるソフト Brexit）のか，それとも交渉は決裂し特恵的通商関係も解消する（ハードランディングするいわゆるハード Brexit）のかという問いに答える。

1．イギリスが Brexit を選択した背景

1.1　EEC 加盟から Brexit に至るまで

　イギリスには，EU 離脱派，欧州懐疑派，統合派が見られる。EU 離脱を唱えるイギリス独立党は伝統的に少数派である。Brexit を選択した 2016 年 6 月の国民投票では，フランスのように極右政党が大衆迎合し急激に支持を拡大し

たわけでもない。多様な価値観や主張がEU離脱という一点で同期したに過ぎない。この意味で、政治的幻想の現代的な一形態であり民衆と指導者層とのあり得ない一致を本質とするポピュリズムがBrexitを選択させたと言える[1]。遠藤（2016）や水島（2016）も、特定の政治的主張や価値観が選択される通常の政治過程と全く異なっており、ポピュリズムがBrexitを選択させたと指摘する。

イギリスでは、自由主義的市場統合政策に伴う副作用に対する国民の反発が強まっていた。企業間競争の熾烈化を背景に他のEU域内からの国外送出労働者がイギリスの労働条件を悪化させる原因になっていた（第7章参照）。それにもかかわらず、サッチャー政権とそれ以降の政権は、保守党であれ労働党であれ、新自由主義的経済政策を推し進め、労働者や弱者の保護が手薄になっていた。統合派の一部も、財政緊縮政策に反発したり社会政策が遅々として進まないことに苛ら立ち社会的欧州の幻想に幻惑して棄権したり離脱賛成派に回った。

二大政党である保守党も労働党も時期によって統合派だったり欧州懐疑派であったりした。

イギリスのEEC加盟申請はフランスの反対で2度拒否された。1970年6月に3度目の加盟申請を行い加盟交渉を開始したのは保守党のヒース内閣で、1973年1月1日に加盟した。イギリスでは、条約は国内法上効果がなく条約上の義務を議会による国内立法で担保しなければならない。そこで、1972年にEC法（以下、1972年EC法という）を立法し、条約（一次法）およびEC機関が制定する二次法・規則の国内的効果、直接効果、国内法に対する優位を認めた。EC法は、議会主権を明示している（18条）。

1974年、労働党のウィルソン首相は、分担金が高すぎてECから何ら利益を得られないことを理由に加盟条件の再交渉を行った。しかし、再交渉は大きな成果が得られなかった[2]。1975年6月にEC残留・離脱を問う国民投票が行われたが、残留派が多数であった。

イギリスの特権的地位はその後拡大されていった。1984年保守党のサッチャー首相は分担金を軽減するよう要求し、予算払戻制度ができた。社会憲章からオプトアウトした。保守党のメージャー首相はマーストリヒト条約を締結

したが，経済通貨同盟，社会政策[3]，自由安全司法領域からオプトアウトした。アムステルダム条約によりシェンゲン協定がEUの権限内に取り込まれたがオプトアウトした。

　2010年の総選挙で保守党は第1党になったが単独過半数に至らなかった。保守党と自由民主党の連立内閣を組織したキャメロン首相は，財政協定に不参加を表明し，1972年のEC法を改正してEUへさらなる権限移譲を行う場合国民投票を義務付けた（6条）。イギリス政府は，EUへの権限移譲が適正であるか否かについて単一市場，人の移動，EU予算，EU市民権等の32分野について分野毎の分析報告書（『権限バランス報告書（Review of Balance of Competence）』）を2012年7月から2014年12月にかけて公表した。政策的帰結（EU残留・離脱）は明記していないが，概ね権限配分は適正であるという結論を導く。EUに過剰に権限移譲されていると結論付ける政府報告書をEUとの交渉材料として用いるのがキャメロン首相の真意であり，報告書の結論に当惑したとされる[4]。2013年1月23日，キャメロン首相は，2015年の総選挙で保守党が勝利した場合，2017年までにEU残留・離脱を問う国民投票を実施することを表明した。

　2015年の総選挙で保守党が単独過半数を獲得した。キャメロン首相は，2015年6月の欧州理事会でEU改革を要求し，11月に「イギリスのためのEU改革の新たな解決」という改革案を提示した。2016年2月19日の欧州理事会はEU改革案に合意[5]した。この改革案は，国民投票で残留派が多数を占めた場合，イギリスがその旨通知すれば発効する。離脱派が多数を占めた場合この合意自体が存在しないとみなされる（通知案パラ4）。

　このEU改革案は，キャメロン首相の提案に沿いイギリスに有利な内容である。ユーロ圏の非公式閣僚会合は閣僚理事会の立法権限と経済政策調整の権限を尊重することが義務付けられた。ユーロ圏と非ユーロ圏の意見が対立した場合閣僚理事会で特定多数決に基づき直ちに採択せずに欧州理事会に問題を付託し解決策を模索する手続が設けられた[6]。中小企業等の行政負担および規制遵守費用の削減，野心的通商政策の追及を謳う宣言を行う。イギリスは今後の統合深化からのオプトアウトが保障された。補完性遵守確認手続が強化された。各国議会がEU立法案に対し意見を表明し，閣僚理事会議長は各国議会の意見

を審議して，一定の場合には各国議会が表明した懸念に対応するよう EU 立法案を修正しない限り審議を停止することとされた。労働者の自由移動に関し，雇用・報酬その他の労働条件について原則として国籍による差別を禁止するが，公共の福祉等の制限に服することが認められた。公共の利益を害する場合労働者の自由移動を制限することが認められた。労働者の自由移動にかかる社会保障について一定の制限を設けることが認められた。このように，EU 改革案はイギリスの主張を十分に反映したものである。

　2016 年 2 月，イギリス政府は，EU からの離脱手続についての報告書『The Process for withdrawing from the European Union』を発表した。ここで，TEU50 条に基づき離脱交渉を行うことを公式に認めた。離脱交渉は複雑で不確実性が高く，交渉期限内に妥結させることは難しいと認めている。政府の交渉能力に限界があり，交渉期間の延長を希望すること，交渉優先順位としてはEU 離脱，EU との将来関係を規定する取極，域外国との通商交渉の順で行うとしている。離脱にかかる国内手続について全く言及がなく，この時点で後に問題が発生することを予測していなかったと思われる。

　2016 年 3 月 EU 残留が望ましいとする結論を導く報告書『Alternatives to Membership: Possible Models for the United Kingdom outside the European Union』を公表した。EU 残留はそれに代わる政策選択肢（①ノルウェーモデル，②二国間協定，③ WTO 協定の 3 点。詳しくは後述する）よりもイギリスの権益保護に役立つと結論付ける。

　これら 2 つの政府報告書は国民投票法に基づき政府が議会に提出したもので，その結論も共通で EU 残留が最良の選択肢であると明言する。こうした政府の努力にもかかわらず，2016 年 6 月 23 日に行われた国民投票では，離脱派（51.9％）が残留派（48.1％）を上回った。投票率は 72.2％であった。キャメロン首相が，国民投票で EU 離脱が多数を占めた場合直ちに TEU50 条に基づき離脱交渉を開始することを宣言していた。しかし，選挙結果を受けてキャメロン首相は辞任しメイ首相が就任した。メイ首相は就任後しばらく離脱交渉をいつ開始するのかについて立場を明らかにしなかった。

　議会の承認なしに政府が離脱交渉を開始することができるか否かは高等法院と最高裁で争われた。政府は，議会の承認は不必要で国王大権に基づき EU に

離脱を通知できると主張していた。しかし，高等法院および最高裁は政府の主張を退け，議会主権を認めて離脱通知に 1972 年 EC 法を廃止することが必要であると判示した（高等法院判決 2016 年 11 月 3 日，最高裁判決 2017 年 1 月 24 日）。

　メイ首相は，2017 年 1 月 17 日の国会演説において EU 離脱の立場を明らかにした。イギリスは国内法に対する支配を強化し，入国管理を強化することを優先して，円滑で秩序ある離脱交渉を行う。EU 残留を希望せず，EU と大胆野心的な FTA を締結する。EU 域外国とも独自の通商交渉を行う。メイ首相は，確かに政策裁量の最も大きい自由度の高い選択肢を選択したと言える。しかし，最も時間と労力がかかる選択肢である。

　2017 年 2 月政府は，メイ首相が国会演説で示した方針を具体化した報告書を公表した。3 月 13 日，1972 年 EC 法を廃止する法律案（EC 法廃止法案）(Great Repeal Bill) が可決され，3 月 16 日に女王の裁可を得た。政府の白書『Legislating for the United Kingdom's Withdrawal from the European Union』によれば，EC 法廃止法は，単に 1972 年 EC 法を廃止するだけでなく，イギリスで適用されている EU 二次規則をイギリス国内法へ転換することを認めている。EC 法廃止法は，各大臣に対し二次規則を必要があれば修正する暫定的権限も付与している。2017 年 3 月 29 日，イギリスは，TEU50 条に基づき離脱の意図を EU に通知した。これにより交渉期限は 2019 年 3 月 29 日とされた。

　2017 年 6 月メイ首相は総選挙に打って出た。保守党内はハード Brexit を提唱する強硬派から離脱反対派まで多様であった。国内基盤を強化して離脱交渉を有利に進めようと意図したと言われる。下院議員の任期は 2020 年までであったから，期限が近づき離脱交渉が難航していた場合選挙で劣勢に立たされる恐れがあったことも背景にあった。しかし，選挙結果は保守党が敗退し単独過半数を失った。総選挙では EU 残留・離脱が争われたのではない。ソフト Brexit かハード Brexit のいずれの離脱方法を選ぶかが争点にされるはずであった。それにもかかわらず，高齢者課税等の国内問題が争点になったため，与党に不利であったとされている。メイ首相は，民主統一党の閣外協力を得て政権を維持した。

1.2　Brexit を唱えた代表的世論

イギリスは，上述の通り巧妙な交渉戦術で自らの特権的地位を拡大してきた。2016 年 6 月の国民投票においても，こうした戦略的な立場から Brexit を唱えていたのかというと，実態は大きく異なる。本節では，Brexit を提唱していた代表的 NGO である Vote Leave がどのような主張を行っていたのか検討する。

Vote Leave は，先に述べたキャメロン首相が主導した EU 改革案は何らの成果もないと評価する。EU の問題点として，①欧州司法裁判所の判決の法的拘束力，特に EU 基本権憲章に法的拘束力が付与されたこと，②独自の国境管理ができないこと，③分担金が高すぎること，④欧州委員会の官僚主義の拡大，ユーロ圏が投票総数で多数を占めること，⑤イギリスが経済と通商に対する主権を失ったこと，⑥EU の様々な規制やエネルギー規制が経済損失をもたらしていること，⑦インドや中国のような新興国と独自の通商交渉を行えないことを挙げている[7]。

EU 離脱後の通商政策を楽観視する。アメリカやインドとの強固な歴史的関係から，これらの経済大国と FTA 交渉を加速化できると見込む[8]。世界 5 位の経済大国であるから，EU が FTA を締結しないわけがないと見込む[9]。しかし，このような主張は FTA 締結まで長い時間と労力がかかるという不確実性を無視・軽視する非常に安直な発想と言うべきであろう。

2．EU 条約（TEU）50 条に基づく離脱交渉

リスボン条約に基づく EU 条約の改正までは，離脱手続がなった EU から加盟国が離脱（脱退）できるか否かについて解釈に争いがあった[10]。

2.1 グリーンランドの EC「離脱」

1982年2月,デンマークの自治領域であるグリーンランドにおいて,EC 離脱・残留を問う住民投票が行われ,離脱派が多数を占めた。同年3月グリーンランド自治議会は,EC 諸条約の適用を終了させ,代えてグリーンランドが「海外領土」としての地位を得られるよう EC と交渉するよう自治政府に対し要請した。これが EC「離脱」として論じられる[11]。グリーンランドは正確には「離脱」を希望したわけではなく,「加盟国」から「海外領土」にその地位を変更することを希望していた。この「離脱」問題は,設立条約上離脱に関する規定がなかったことも相まって,設立条約に基づく適用の地理的範囲と海外領土に関する規定の改正として取り扱われた。

同年5月,デンマークは閣僚理事会に対しグリーンランドの「離脱」について提案を行った。同提案は,設立条約の関連規定に「グリーンランドに適用しない」という文言を加え,「海外領土」の規定にグリーンランドを追加するもので,発効規定まで含めてもわずか6条で構成されていた。デンマークの認識としては,簡潔な方法で設立条約を改正すればグリーンランドを「離脱」させることができると考えていた。

1983年2月,欧州委員会は閣僚理事会に意見書を提出した[12]。この中で,設立条約の適用の地理的範囲と海外領土に関する規定の改正を含め,欧州委員会が必要と考える「離脱」手続が詳細に提案されている。その後閣僚理事会で交渉が行われ,①設立条約を改正するための条約[13],②グリーンランドに対する特別取極に関する議定書[14],③共同体・デンマーク政府・グリーンランド自治政府間の漁業協定[15],④共同体・デンマーク政府・グリーンランド自治政府間の漁業条件に関する議定書[16] の4つの条約が1984年3月に署名された。これらの条約は EC 全加盟国の批准を必要とするため,アイルランドの批准が遅れて1985年2月1日に発効した。

グリーンランドの EC「離脱」とイギリスと EU 離脱を比較すると興味深い。グリーンランドは,フェロー諸島と同様の FTA を締結するだけで十分な利益を得られると考えていた。イギリスが FTA を締結すれば何ら問題がない

と考えるのと共通する。グリーンランドの「離脱」は住民投票の実施から改正条約の署名まで約2年，改正条約の発効まで約3年かかっていることから，イギリスも2年もあれば十分な時間的余裕があると考えたと思われる。TEU50条が定める離脱のための合意が設立条約の改正だけを指すのであれば，グリーンランドに関して設立条約を改正するための条約が発効規定を含めてわずか7条から構成されるので，極めて簡潔に行いうると考えられる。グリーンランドに対する特別取極に関する議定書はグリーンランド原産の水産物のEC域内市場への輸入に対する関税免除を規定するもので，加えて漁業協定も同時に締結されたことから，グリーンランドの主要輸出品はEC「離脱」から悪影響を受けなかった。欧州委員会が，グリーンランドの特殊性に配慮し経済に悪影響を与えないようにするために，設立条約の簡素な改正と，関税免除，漁業協定の締結にまで配慮した結果，イギリスも離脱交渉と将来関係の交渉を同時に行えば悪影響は避けられると考えたのだろう。だからこそいま，EU側は他国の離脱にも拍車がかかることを懸念し，イギリスに極めて強硬な姿勢で臨んでいると考えられる。

　離脱は法技術的には設立条約の改正と同様である。これまでEUでは設立条約の改正が頻繁に行われてきたことから，イギリスは離脱交渉が比較的短期間で妥結するはずであると考えたのであろう。グリーンランドの「離脱」では，欧州委員会の意見書は，設立条約の改正に加え，財政精算，将来関係（通商，人権）等にも及び，設立条約の改正も離脱後の将来関係も同時進行的に交渉することを前提としている。グリーンランドは経済規模が極めて小さく，分担金問題等財政精算問題は全く問題にならなかった。確かに，グリーンランドがECから農林水産業等に対する補助金をもらう受益者であったことは事実である。しかし，産業自体の規模が小さかったため，補助金がなくなってもその影響は軽微であった。二次規則の不適用についても，人口や経済規模が小さすぎてグリーンランドにとってもデンマークとってもそれらの影響も軽微だったのである。

2.2 TEU50条の離脱交渉の法的構造と現状

TEU50条は離脱手続を規定する。憲法上の要件に従い離脱を決定した加盟国は，離脱意図を欧州理事会に通知する（第1項）。EUは，欧州理事会が定める指針に従い加盟国と交渉を行い，将来的な枠組を考慮しつつ，離脱協定を締結する。離脱協定は，欧州議会の同意を得た後，閣僚理事会の特別多数決により締結される（第2項）。TEUと運営条約は，離脱協定が発効した日に，または，それが存在しない場合には，欧州理事会が全会一致で交渉期限を延長しない限り，離脱意図通知から2年後に適用を終了する（第3項）。

手続的には，欧州委員会が勧告を閣僚理事会に提出する。閣僚理事会は交渉開始を許可し，交渉担当者及び交渉団長を指名する決定を行う。EUは，2017年4月29日に交渉指針を採択し，2017年5月22日に交渉指令を採択した。2017年6月12日付の市民権に関する交渉方針，財政清算に関する交渉方針を明らかにした。

離脱交渉の初期に欧州委員会の勧告が出て交渉の進め方が決まること，離脱に伴う設立条約の改正という技術的交渉と，通商関係を含む将来関係の交渉は別であることはグリーンランドの前例に沿っている。狭義の離脱交渉は，設立条約の文言を改正する技術的交渉や財政精算等を議題とする。TEU50条では，将来関係の交渉と狭義の離脱交渉は同時に行われることが義務付けられていない。

2017年6月19日，イギリスとEUは交渉付託事項に合意した。付託事項によれば，市民権，財政清算，その他の3つの交渉グループが設けられ，4週間に1回交渉を行う。第1回交渉は，6月19日～23日に行われた。第2回は，7月17日～20日に行われた。市民権，財政清算，その他の問題としてアイルランド問題とEURATOM問題が交渉された。第2回交渉の直前に，EU側は，EURATOM，民事，行政，EU機関の地位，貿易物品の地位，ガバナンスの各項目について交渉方針を明らかにした。本章は，8月28日に行われた第3回交渉までの動向を踏まえて執筆したものである。

交渉の進め方はイギリスに不利である。市民権と財政清算といった狭義の離

脱交渉を早期に妥結しなければ，通商関係を含む将来関係の交渉ができない。その他の議題の交渉グループで通商政策を含む将来関係も交渉できないわけではないが，アイルランド問題や EURATOM 問題などの多様な問題がすでに交渉されている上，EU は将来の通商政策に関する交渉方針を未だ公表していない。イギリスは交渉期限の延長を求めているが EU が軽々に応じるとは思えない。

2.3 イギリスの交渉方針

メイ首相は，交渉方針に関する政府報告書の中で，離脱交渉は失敗できないとの強い決意を示している。EU との新たな建設的なパートナーシップを提唱し，自国の法律に対する主権回復，移民制限，イギリス在住の EU 市民と EU 在住のイギリス国民の権利保障，労働者権利保障，EU との FTA 締結等 12 項目について交渉指針を定め，円滑で秩序ある離脱を提唱している。

法律への主権回復とは，議会主権の回復，欧州司法裁判所の管轄権の終了，EU カナダ FTA 等に準じた新たな紛争解決手続を提唱する。

移民制限について，人の自由移動を廃止し EU の移民はイギリス国内法に服する規制を行う。EU との FTA 締結について，単一市場と同様に物品およびサービス貿易の完全自由化を目指すとしている。EU 域外国に対する通商政策は，FTA の締結に加え，WTO を通じた多角的自由化，WTO の紛争解決制度や貿易救済制度の活用，途上国に対する特恵制度の制定等を目指すとしている。

総じて言えることは，この政府報告書は，これまでの報告書等に比べて内容が抽象的・一般的で，交渉の目標を説明しているだけである。イギリス政府は，6月26日に市民権に関する交渉方針，7月13日に司法制度等に関する交渉方針，8月21日に貿易物品の地位，紛争処理制度等に関する交渉方針を相次いで公表したが，いずれも EU の交渉方針の公表後に離脱交渉の進展を受けて公表されたものである。

2.4 EU の交渉方針

　EU の交渉方針は，EU の一体性を堅持し，すべての加盟国にとって公正かつ衡平な結果を出すことを目的とする。交渉は困難で失敗することも覚悟する必要があるとされている。

　交渉の基本原則として，権利義務の均衡のとれた合意を行うこと，単一市場の一体性を維持するために分野別アプローチは行わないこと，EU 非加盟国と加盟国の権利義務は同一ではないこと，物品・サービス・資本・人の移動の 4 つの自由は不可分であること，EU の意思決定と欧州司法裁判所に関する自律性を堅持すること，すべてを合意しない限り何らの合意もないという一括受諾方式をとること，EU は一体として行動し各加盟国が別々にイギリスと交渉する余地はないことを挙げた。これらの基本原則は，離脱交渉，将来関係に関する交渉，暫定協定のいずれに対しても適用される。

　交渉は二段階で行う。第一段階は狭義の離脱交渉である。第二段階では，第一段階の交渉が十分に進展してから行う。第二段階において通商関係を含む将来関係についての交渉を行う。市民権の問題や分担金等の財政清算等の交渉を優先し，FTA 等将来関係に関する交渉は後回しにされた。

　できる限り不確実性を排除し予見可能な離脱交渉を行うために，暫定協定を締結することを提唱している。暫定協定では，規制，予算，執行機関等は当面の間そのまま適用・運用されるものとされている。

　市民権についてイギリスと EU の考え方の違いは大きい。EU は，イギリス国内の EU 市民と他の EU 各国に住むイギリス国民に平等の権利を保障すること，離脱後も欧州司法裁判所の管轄を認めることを要求している。これに対し，イギリスは 5 年以上の居住により定住資格を認めると答えるに過ぎない。両者は，欧州司法裁判所の管轄権を認めるか否かについて激しく対立している。

　EU のすべての機関と一体的な財政精算を行う。イギリスは EU の全分担金の 15% 程度を負担しているが，EU が要求する 600 億ユーロは多年度財政枠組の将来の負担分や分担金以外の EU 機関に対する拠出・出資等を考慮に入れて

もかなりの高額と言わざるを得ない。多年度財政枠組の将来負担分まで支払いを要求するのは，イギリス以外の国の分担率が上昇すると他国でも反 EU の動きが高まりかねないと考えるからであろう。

　ガバナンスについて，離脱協定の履行監視制度が提唱されている。離脱協定の解釈適用に関する紛争は離脱協定が定める紛争処理手続によってのみ解決する。イギリスと EU が共同委員会を設立し離脱協定の履行を監視する。市民権については欧州委員会が監視権限を有する。共同委員会に付託し解決できなければ一方的に欧州司法裁判所に提訴できるとされている。

3．イギリスの FTA 政策：単一市場との FTA を中心に

3.1　政策の変遷

　Booth, Stephen and Howarth, Christopher（2012）は，EU 残留が望ましいと結論付けているが，EU 離脱派に配慮して，イギリスが加盟条件を交渉しオプトアウトを拡大することを提唱した。イギリスは，関税同盟と単一市場に残留するが，経済通貨同盟，自由安全司法領域，社会政策，シェンゲン協定，共通農業政策等からオプトアウトし，分担金を引き下げてもらうことを提唱している。欧州経済領域（EEA）と比べ，単一市場と EU が第三国と締結した特恵協定へのアクセスが保障され，新たな原産地規則の充足と証明が不必要である点，EU 立法過程に参加する点で優れているが，EU 側がこれだけイギリスに有利な改革に応じるのか疑問が残る。

　ノルウェーモデル，二国間協定モデル，WTO モデルの 3 つの選択肢を検討し結局 EU 残留が最良の選択肢と結論付けたイギリスの政府の報告書を参考に，以下イギリスの FTA 政策を検討する。

　第一のノルウェーモデルとは，EEA 加盟を指す。EEA とは，物品・サービス・資本・人の移動の自由化を保障する FTA で，EU 加盟国[17]とノルウェー，リヒテンシュタイン，アイスランドとの間で締結されている。スイスは欧州自由貿易連合（EFTA）の加盟国である[18]が，EEA の加盟国ではない。EEA 加

盟国は，EU 法の適用や拠出金の支払義務を負い，人の自由移動についても EU と実質的に同等の高水準の自由化を約束している。

　EEA 加盟国は EU 法の適用と優越を認める努力義務を負う。例外的に EU 法の適用停止が認められる（102 条 5 項）。EU との連携協定では EU 法の即時実施義務が規定される場合が多いが，EEA では即時実施は義務付けられていない。Piris, Jean-Claude（2015）によれば，EEA 加盟国は金融サービスについて重要な EU 規則を実施しておらず，2014 年の時点で約 7000 件の EU 法令を実施し約 580 件が未実施である。

　第二の二国間協定モデルとは，EU と FTA を締結することを指す。二国間協定の内容は交渉次第だが，交渉は複雑で時間と労力が必要である。スイスは 1972 年の FTA，1999 年の第一次協定，2004 年の第二次協定等，多数の二国間協定を EU との間で締結している。Tobler（2014）が指摘するように，スイスは EU 法の実施義務を負わないが，実質的に EU 法と同様の規制を行わざるを得ない。スイスは金融サービス分野で EU 法を事実上適用しているにもかかわらず，それでも二国間協定による金融サービスの自由化は単一市場に到底及ばない。

　2002 年人の自由移動について EU 域内と実質的に同等となる高水準の自由化を約束する二国間協定を締結した[19]。2004 年の第 2 次協定では，自由安全司法領域，シェンゲン協定およびダブリン協定，貯蓄課税等の分野で広範な協力を約束し，EU 基金への拠出金の支払にも合意した。スイスの例を見ても，単一市場へのアクセスを得るためには，事実上の EU 法の履行，拠出金の負担，人の自由移動が不可避である。

　第三の WTO モデルは，EU との特恵関係を解消して WTO 協定が適用されることを指す。一般にハード Brexit と言われているのは，通商政策について WTO 協定が適用されることを指す。

　EU 離脱に伴い，イギリスは WTO に独自の関税譲許表，サービス自由化約束表，農業補助金削減約束を提出しなければならない。仮に対外共通通商政策よりも関税を引き上げたりサービス自由化を後退させることになれば補償交渉を行わなければならない。交渉人員の制約で WTO での補償交渉に手が回らないだろうから，イギリスは EU と同じ内容の関税譲許表とサービス自由化約束

表を提出せざるを得ない。特恵マージン（WTO での最恵国待遇と FTA による特恵の差）が大きければ大きいほど，すなわちできるだけ WTO で自由化していない方が多くの国に FTA を締結させる誘因になる。しかし，補償交渉が必要なため，現実的には EU と同じ水準から交渉を開始することになろう。

イギリスは，EU とそれ以外の主要国との間の両方と FTA を締結しなければならない。FTA には貿易転換効果があり，金融サービスについては後述する「パスポート」制度により他の EU 加盟国・EEA 加盟国に事業者が移転する可能性があるため，イギリスが FTA を締結するまでの間イギリスは不利益を被る。仮にイギリスと EU が FTA の締結に合意できたとしても，合意発効までに長い時間がかかれば，その間の不確実性を背景に，シティの拠点が EU 加盟国に移転する恐れもある。

3.2　野心的 FTA は可能か？

イギリスの政府報告書は，締結を目指す野心的 FTA には参考とすべき先例はないと言う。本項では，野心的な FTA の規律内容について他の FTA を参考にして考察する。

物品貿易自由化については，自由化率（関税撤廃の対象となる品目の比率）よりもむしろ原産地規則が問題となる。どれだけ高水準の自由化を義務付けても新たな原産地規則の充足と証明は避けられない。理想論を言えば，EU が第三国と締結する FTA でできるだけ閾値（満たすべき原産地比率）を下げてもらうか，日本の EPA が認める ASEAN 累積のように他国での累積も認めてもらうほかない。しかし，こうした柔軟性を認めることは特恵の意義をなくすため，EU が容易に応じるとは思われない。

サービス自由化については FTA を通じて高度の自由化を図るほかない。特にイギリスが関心を有する金融サービスについてはウルグアイラウンド後の継続交渉を合わせても WTO での自由化水準は先進国から見て不十分である。高水準の自由化を義務付ける FTA では金融サービスの自由化に特化した規定が置かれるのが通例であるが，とりわけ着目されているのが金融サービス事業者に対するいわゆる「パスポート」の付与である。「パスポート」とは，EU あ

るいは EEA 加盟国のいずれか 1 国で免許を取得すれば，単一市場と EEA 加盟国のどこでも支店開設が認められる単一銀行免許制がその典型例である。EU および EEA では EU の銀行指令が適用されているため，銀行は銀行業務に加えリース業，証券業，投資顧問業を営むことができる。加えて，EU および EEA では保険業についても「パスポート」が認められているため，広く金融サービス全般について「パスポート」が認められていると言える。スイスは1989 年の二国間保険協定の締結により，災害保険（自宅財産保険，自動車保険等）について相互主義によりスイスの保険業者が EU 及び EEA 各国で，EU の保険業者がスイスで支店開設が認められるようになった。生命保険や年金保険は対象外である。スイスは金融サービス全般について「パスポート」が認められていない。FTA により金融サービス全般について「パスポート」を保障することは極めて難しいと考えられる。なお，EU 側が同等の金融監督規制を行っていると認める国で免許を取得すれば，同様に単一市場と EEA 加盟国のどこでも支店開設が認められるので，EU と同等の金融監督規制を行うことにより「パスポート」が認められることになるが，実質的に EU 法の適用を義務付けられているのと同様になる。もっとも，第 15 章で論じられるように，イギリスはすでに独自の銀行税を導入したり，銀行のリテール部門の保護を行っており，規制緩和による誘致を積極的に行えないし，EU と全く同じ金融監督規制を行っているわけでもない。

　確かに，「パスポート」問題だけが原因でシティから雇用が EU 加盟国に流出するかと言えば，必ずしもそうではないだろう。シティには多数の拠点が集積されており，シティの拠点を残したまま，他の EU 加盟国の拠点で「パスポート」を取得すれば足りるという楽観論もある。

　人の移動はサービス貿易一般協定でサービス提供者の移動（第 4 モード）のみ自由化されただけである。FTA を通じた人の移動の自由化は，大別すれば，①人の自由移動を保障し居住権や社会保障の権利を規定する極めて高水準の自由化を約束するもの（EU，EEA 等），②貿易や投資に関連した活動を行う特定の労働者の移動を自由化するもの（EU カナダ FTA 等），③ WTO の第 4 モードの自由化を補完する比較的低水準の自由化に留まるもの（EU メキシコ FTA 等）に分類できる。第 2 類型では，商用訪問者，投資家，企業内転勤

者，契約に基づくサービス提供者，独立の自由職業者，短期の商用訪問者等に一定の期間の一時的な入国，滞在，経済活動の自由が保障される。EU は 4 つの自由を一体と考えているため，EEA やスイスに対して第 1 類型の高水準の自由化を要求し，その実現を図ってきた。イギリスは，Brexit により人の移動については自由化約束を大きく後退させることを意図している。しかし，現実的に見れば，スイスと同様に，金融サービスで高度自由化を約束してもらう代わりに，人の移動で譲歩するよう迫られるだろう。もっとも，スイスでは人の自由移動に対する二国間協定に対し国民投票で再交渉が義務付けられた[20]ため，イギリスは人の移動の自由化では EU 側もイギリスの国内事情に配慮するはずだと考えているだろう。

　FTA は双務契約的性格を有しイギリスだけが利益を得ることはできない。日本が農産物の自由化を避けようとするあまり，FTA の自由化度が低水準に留まったり，あるいは代償を求められたのと同様に，人の移動で自由化を避けかつ金融サービスで高度自由化を目指すのは至難の業である。さらに，第 14 章が論じるように，近年の FTA は，非貿易的価値の保護（人権保護（特に児童強制労働禁止等の労働基準遵守），環境保護，麻薬撲滅等）を目的とする社会条項を有する。先に述べた交渉方針に関する政府報告書でも物品貿易に関する交渉方針でも，こうした社会条項については何ら触れられていない。すなわち，政府は伝統的な通商政策に手一杯で，FTA を通じた非貿易的価値の実現まで検討する余裕がないということであろう。

　2 年という交渉期間で，離脱協定と EU との将来関係に関する協定の両方を締結したうえで，他の主要貿易投資相手国との間で FTA を締結することは到底不可能である。イギリスは独自の FTA を締結しなくても EEA や EFTA に加盟することで，単一市場へのアクセス等ある程度の利益を得られるはずである。EEA や EFTA に加盟すれば EU 法の適用や拠出金の支払義務を免れない。しかし，独自の FTA を締結するスイスですら，EU 法の事実上の適用を認めざるを得ない状況にある。しかも，イギリスは，EC 法廃止法により既存の EU 法の国内法への転換や規則制定権の移譲を認めており，EU 法の適用をすでに一定程度保障したも同然である。

　あくまでもイギリスが独自の FTA の締結を目指す場合，EU の交渉方針が

暫定協定の締結可能性に言及していることが注目される。両者は暫定協定を締結し，イギリスが今後も長期間これまで通りの条件で EU に加盟し続け，離脱交渉と FTA 交渉が妥結すれば離脱するという方策を取らざるを得ないであろう。

（濱田太郎）

注
1 ポピュリズム・ポピュリスムについて，詳しくは第 10 章参照。
2 庄司（2016），147 頁。
3 社会憲章と社会政策からのオプトアウトについて，詳しくは第 5 章参照。
4 庄司前掲書，157 頁。
5 O J, A New Settlement for the United Kingdom within the European Union, C69 I/1.
6 庄司前掲書，156 頁。
7 Why should We Vote Leave on 23 June Vote Leave, Take Back Control, , downloaded from VoteLeave.org（2017 年 3 月 7 日閲覧）
8 Economist Interviews Vote Leave Campaign Director Dominic Commings , January 22 2016, downloaded from VoteLeave.org（2017 年 3 月 7 日閲覧）
9 Michael Gove, Boris Johnson, Gisela Stuart on the Risks of Remain, June 5 2016, downloaded from VoteLeave.org（2017 年 3 月 7 日閲覧）
10 中村民雄（2016）「EU 脱退の法的諸問題― Brexit を素材として―」福田耕治編『EU の連帯とリスクガバナンス』成文堂，104-107 頁。
11 グリーンランドの「離脱」問題について多くの研究が行われているが，とりわけ，吉武（1989），Berglund（2006）を参照。
12 Commission Opinion, 1983, Status of Greenland, Bulletin Supplement 1/83.
13 O J L29 1985, pp.1-6.
14 *Ibid.*, p.7.
15 *Ibid.*, pp.9-12
16 *Ibid.*, pp.14-17.
17 EU 加盟国は EEA 加盟国となる義務があり，スイスとその他の欧州諸国は EEA に加盟することができる（128 条）。
18 EEA に加盟せず EFTA だけに加盟することは可能である。EFTA も，物品・サービス・資本・人の自由化を保障している。農産物や水産物の一部は，スイスが締結する FTA 等で自由化対象ではなく EFTA で自由化対象に含まれている。EFTA には航空輸送等他の FTA に見られない自由化分野もある。
19 O J L 114/6 2002.
20 小久保（2016），278 頁。

第 13 章　ポスト Brexit のイギリスの FTA 政策　253

参考文献

伊藤さゆり（2016）『EU 分裂と世界経済危機―イギリス離脱は何をもたらすか』NHK 出版。
遠藤乾（2016）『欧州複合危機―苦悶する EU，揺れる世界』中央公論新社。
小久保康之（2016）「スイスの EU 政策」『日本 EU 学会年報』第 36 号，268-286 頁。
庄司克宏（2016）『欧州の危機』東洋経済新報社。
菅野幹雄（2016）『英 EU 離脱の衝撃』日本経済新聞出版社。
細谷雄一（2016）『迷走するイギリス― EU 離脱と欧州の危機』慶應義塾大学出版会。
吉武信彦（1989）「EC とグリーンランド脱退問題の展開と帰結―」慶應義塾大学大学院法学政治学論究編集委員会『法学政治学論究』第 2 号，101-131 頁，1989 年 9 月。
水島治郎（2016）『ポピュリズムとは何か』中央公論新社。
Bassiri, Niuscha and Draye, Maarten (2016), *"Britain Alone!: The Implications and Consequences of United Kingdom Exit from the EU"*, Wolters Kluwer, January 2016.
Berglund, Sara (2006), "Prison or Voluntary Cooperation? The Possibility of Withdrawal from the European Union", *Scandinavian Political Studies*, 29-2, Blackwell Publishing Ltd, pp.147-167.
Booth, Stephen and Howarth, Christopher (2012), *"Trading Places: Is EU membership still the best option for UK trade and what are the alternatives?"*, Open Europe, June 2012. Downloaded from www.openeurope.org.uk
Booth, Stephen (2016), *"As the UK searches for a post-Brexit plan, is the EEA a viable option?"*, Open Europe, August 2016. Downloaded from www.openeurope.org.uk
Emerson, Michael ed. (2015), *"Britain's Future in Europe Reform, renegotiation, repatriation or secession"*, Rowman & Littlefield International Ltd.
Garcia, Luis González (2016), "Brexit: Challenges for the UK in negotiating an FTA with the EU", Matrix Chambers, February 2016.
Lannoo, Karel (2016), " EU Financial Market Access after Brexit", Intereconomics.
Matthews, Alan (2016), "The Potential Implications of a Brexit for Future EU Agri-food Policies", *EURO Choices* , 15（2）, pp.17-23, May 2016.
Piris, Jean-Claude (2015), "Which options would be available to the United Kingdom in case of a withdrawal from the EU?", *CSF‐SSSUP Working Paper Series*, January 2015.
Swinbank, Alan (2016), "Brexit or Bremain? Future Options for UK Agricultural Policy and the CAP‐Brexit or Bremain?", *EURO Choices*, 15（2）, pp.5-10, May 2016.
Tobler, Christa (2014), "A look at the EEA from Switzerland", EFTA Court ed., *The EEA and the EFTA Court: Decentred Integration*, Hart Publishing, pp.541-554.
Wolfson, Eleanor Shawcross ed. (2016), *"How the UK's financial services sector can continue thriving after Brexit"*, Open Europe, October 2016. Downloaded from www.openeurope.org.uk

第 14 章

ポスト Brexit の EU メガ FTA 政策
―― EU 共通通商政策は欧州的価値を実現するのか

はじめに

　本章は，EU のメガ FTA (Mega Free Trade Agreement) 政策が，Brexit 後の EU 域内外の人々の社会生活に与える影響を検討する。とりわけ 2017 年 7 月に大枠合意し，12 月に交渉妥結を見た，EU‐日本 EPA (Economic Partnership Agreement, 経済連携協定) に焦点を当てて考察を進める[1]。但し，当該協定の内容についての詳細な紹介・解説は交渉を担当した日本の省や政府系機関および欧州委員会貿易総局 (DG Trade) が行っているので[2]，本章では協定の持つ社会的意味 (欧州的価値) と，協定は 2019 年発効予定ということから，今後の可能性に関する考察を中心とする。

　2001 年に開始された WTO ドーハ・ラウンド交渉が長年にわたり停滞している中，近年，FTA/EPA の交渉・締結数が増加し，とりわけメガ FTA が事実上のグローバルな通商秩序形成の一翼を担いつつある。通常の FTA が単一の二国間 (bilateral) 協定を想定しているのに対し，ここにいう「メガ FTA」は，二国間協定を構成要素としながらも，協定当事国が複数 (plurilateral) かつ広域に亘り (regional)，ある場合には複数の地域に跨り (interregional)，さらに複数の FTA は内容的にも統一された上，WTO のカバーする政策領域を超え (WTO+)，自由化のレベルも高い性質を有する FTA を指す。広域・大規模・自由化高水準 FTA と言い換えることができ，また狭義の FTA が文字通り貿易自由化に関する協定であるのに対し，近年の FTA は広義の FTA として，伝統的な財貿易に加え，サービス貿易，投資，環境，労働，知的財産権，政府調達，電子商取引 (e-commerce) などの政策

領域も広く含んでいるのが特徴であり，しばしばEPA（Economic Partnership Agreement, 経済連携協定）と称される。本章で扱うEU‐日本EPAもそうした内容の協定である。

近年，EU，アメリカ，日本はメガFTAの交渉・締結に積極的に取り組んできたが，Brexitに続き，メガFTAの旗振り役であったアメリカで，トランプ大統領の誕生とともに通商政策が転換され，メガFTA推進の先導的存在であり12カ国で大筋合意さえ得ていたTPP（Trans-Pacific Strategic Economic Partnership Agreement, 環太平洋経済連携協定）からアメリカが一方的離脱を決定してから，その勢いが削がれたのが現状である。しかし日本とEUは，現在もなお，自らが当事者であるメガFTA推進の姿勢を変えておらず，むしろアメリカに代わる自由貿易の守護者としての役割を共同して任じようとしている。両者にとってのその象徴が，EU‐日本EPAである。

1．EUメガFTA政策の分析視角

1.1 EU‐日本EPAの背景

本章ではEU‐日本EPAを主要な分析対象とする。本来であればそれに加えて，文字通りの世界最大のメガFTAとなる予定であったが，トランプ大統領誕生と共に交渉が中断されているEUとアメリカ間のTTIP（Trans-Atlantic Trade and Investment Partnership, 環大西洋貿易投資パートナーシップ）の内容と今後の可能性についても考察すべきであるが，紙幅の関係で必要に応じて触れるにとどまる[3]。

EU‐日本EPAの貿易投資の拡大による経済効果は，日本政府によると，日本は1％，EUは0.76％程度のGDP（国内総生産）押し上げ効果を見込んでいる[4]。ただしEPAの効果はこれに限らないのは，経済統合に関する標準的経済理論から導かれる静態的効果，動態的効果からも推定される。さらに現在の国際経済情勢を鑑みると，2013年3月25日にEUと日本の首脳間でEPA交渉開始が決定され，2017年7月に大枠合意，同年12月に交渉妥結に至った

意義は以下の通り極めて大きい。

　時あたかも G20 開催直前という好機に，両当事者合わせて世界人口の約 1 割，GDP で世界の約 3 割，貿易額で約 4 割を占める日本と EU が，高度な内容を持つ EPA 締結の大枠合意をしたのは大きな意味があった。保護主義の台頭，地域統合への不信という戦後国際経済が確立してきた秩序や価値観が揺らぐ中，自由貿易と地域統合を地域横断的に推進するという確固たる政治的決意を世界に示すことが必要であるという日本と EU の思惑が一致し，EU‐日本 EPA の交渉妥結に結実した。日欧米という 3 極経済を結ぶメガ FTA 構想の内，TPP から米が離脱し，TTIP が交渉中断という状況の下で，かつて missing link と言われたヨーロッパとアジアを結ぶ経済的紐帯——とりわけ先進国間の紐帯——が，2013 年締結の EU‐韓国 FTA に次いで，GDP 世界第 3 位にある経済大国日本と EU 間で結ばれることになったことは，日本と EU にとってだけでなく，アジア諸国，世界経済にとっても大きな影響を及ぼす。現在の国際通商関係において，二国間（bilateral）の FTA/EPA が，他の二国間，複数国間（plurilateral），地域的（regional），地域統合間（interregional），多数国間（multilateral）の協定に直接・間接に影響を与えるからである。今回の EU‐日本 EPA の交渉・締結も，EU‐韓国 FTA の発効による日本企業（とりわけ自動車関連企業）の失地回復が，日本にとって大きな動機になっていることもその証左である。

　本節で，EU のメガ FTA 政策の意義と現状，2 節で欧州統合と EU の新貿易戦略について明らかにした上，3 節で今回の EU‐日本 EPA を分析し，その到達点と欧州統合における社会的意味を探る。そして最後に EU のメガ FTA 政策の展望を示す。

1.2　EU メガ FTA 政策の現状：EU‐日本 EPA 交渉の進捗と TTIP 交渉の中断

　EU は，世界各地域の国々と，歴史的関係を反映する様々な形態の通商・協力協定を締結してきた。欧州委員会の貿易総局（DG Trade）のサイトが示す世界地図 The State of EU Trade（Map of the EU's trade relations worldwide）に，その現状が示されている[5]。旧ソ連圏のロシア，中央アジア諸国をはじ

め，ラテンアメリカ，アフリカ大陸に通商関係がまだ形成されていない国々が散見されるが，全世界の国々と，関税同盟，EPA/FTA，連合協定等の特恵協定，投資協定を締結している，あるいは現在交渉中，または今後交渉予定であることがわかる。日米の FTA 網に比して広域をカバーしている。

これらの協定は，ヨーロッパの植民地だったアフリカ・カリブ海・太平洋 (ACP) 諸国，地中海沿岸諸国とその独立後も関係を維持するために結ばれた連合協定を淵源としている。「南北関係のモデル」と称賛されたロメ協定 (1975 年締結) はその象徴であった。さらに将来の EU (EC) の加盟候補国との関係を担保するためにも協定が締結された。したがって対象地域も限定されていたが，欧州統合の深化と拡大が進むと同時に，EU と旧植民地との関係も希釈され，発展途上国の経済的地位および政治的発言力の向上とともに，冷戦終焉後の 1990 年代を通じたグローバリゼーションの進展が，EU の対外通商関係のグローバル化をも促進したのである[6]。

政治的に二国間関係構築の困難な国家，その他破綻国家，内戦状態にある国家等を別として，EU にとって通商協定を締結する相手国は減少しつつある。EU は 2000 年頃までは，WTO での多国間での交渉を優先・尊重し，先進諸国との二国間通商協定は締結しない方針であったが，2010 年頃より方針を転換し始める。先進国市場の相互開放による，高付加価値市場の開拓と国内（域内）構造改革の促進，先進国主導の通商ルール構築がその主要な目的である。メガ FTA である，TTIP，EU‒日本 EPA は，そうした性質を持つ。EU と先進国間の FTA としては，先行した EU‒韓国 FTA，EU‒カナダ FTA (CETA) があるが，規模的にメガと言いうるのは，TTIP と EU‒日本 EPA であり，EU が当事者でなく途上国・新興国をも構成国とする TPP，RCEP（東アジア地域包括的経済連携）を加えた 4 つが現在メガ FTA と呼ばれる。EU にとっては，Brexit，TTIP の交渉中断という状況の下，メガ FTA 交渉の初の成功が EU‒日本 EPA であり，日本にとってそれは，米離脱後の TPP11，RCEP の交渉に向けての弾みをつけるものであり，実際にその後，TPP11 は大筋合意を達成し (2017 年 11 月)，署名式が開催される (2018 年 3 月)。

1.3　BrexitのもたらすEUメガFTA政策への影響

　2016年6月のBrexitによって，EUのメガFTA政策（EU‐日本EPA，TTIP）はどのような影響を受けたのか。イギリスは，EU全体の名目GDPの約16%を占め，EU対外財貿易においては，輸出額・輸入額ともにドイツに次ぐ2位で，それぞれ11.1%，16.6%を占めるという事実（2016年）から，BrexitはEUの総貿易額に当然にマイナスの影響を生じさせる。

　しかしここで問題にするのは，BrexitのEUの通商政策への影響である。EUにとって域外諸国との通商交渉は共通通商政策の一部であり交渉権限はEU（欧州委員会）に排他的に帰属するので，政策の基本的内容は変わらない。従来のEU内での政策決定プロセスにおける利害関係国の利益表出活動からイギリスが姿を消し，イギリス関連企業のロビー活動がなくなるだけである。イギリスの正式なEU離脱後のイギリスとEU間の通商交渉は，お互いに手の内を知ったタフな交渉が行われることとなろう。

　EUメガFTAの相手国（日本，アメリカ）にとっては，Brexitの確定後に，イギリスとの二国間FTA/EPAを交渉・締結する必要が生じた。従来EUの構成国として交渉・締結していたすべての貿易・投資関連事項を，二国間の協定に置き換えていくという，イギリスにとっても相手国にとっても厖大な時間とエネルギーを要する煩瑣なプロセスが待っていることは事実である。日本にとっては，離脱交渉を横目で睨みながら，EU‐日本EPAに準拠しつつ，イギリスとの通商上の各分野の個別事情に応じた微調整がされることとなろう。ただしイギリスに生産・営業拠点を置く日本企業にとって，今後はイギリスからEU共同市場への自由なアクセスは無くなるので，欧州戦略の見直しを迫られる（第13章参照）。

　トランプ政権にとっては，むしろ同質的な経済的指向性を持つイギリスがEUと袂を分かつことは政治的にプラスに働く。Brexitを問う国民投票の前に，オバマ前大統領は，イギリスがEUを離脱した場合には，「アメリカとの二国間交渉の列の最後に並ぶことになる」と言ってイギリスの動きを牽制していたが，二国間通商交渉を選好するトランプ大統領はBrexitを歓迎している。

イギリスのEUからの離脱交渉が終わり次第，米英FTAの交渉が開始され，欧州大陸に限定された大陸型EU経済圏と，大西洋を架橋するアングロサクソン型経済圏が形成されることとなろう。

他方で，今回のEU‐日本EPAは，Brexitにも関わらず，EUにとってアジア地域における先進的EPAのベンチマークとなり，東アジア地域における地域統合——ASEAN，日中韓FTA，RCEP——の進展に対して，地域統合間（interregional）のFTA/EPAを指向する弾みとなる。将来的にASEM（Asia-Europe Meeting）の制度化となるEU‐RCEP間のEPAが最も野心的で広域にわたるインターリージョナリズムの実現となり，新たな形態のメガFTAとなるであろうが，まずはRCEPが統合度を強めた地域統合協定となることが先決であることを鑑みると，EU‐RCEP間のEPA実現への途上には課題が山積している。

2．欧州統合におけるメガFTA

2.1　欧州統合と対外通商政策

EU共同市場は，イギリス市場を失うとはいえ，今後の加盟候補国としては，すでに加盟協議の開始された，トルコ（2005年10月協議開始，以下同じ），アイスランド（2010年7月），モンテネグロ（2012年6月），セルビア（2014年1月）の4カ国に加え，協議は開始されていないがマケドニアは加盟協議勧告を得ており（2009年10月），アルバニアは加盟候補国として承認されている（2013年10月）。さらにボスニア・ヘルツェゴビナとコソボも安定化・連合プロセス協定によって潜在的な加盟候補国と位置づけられている。EFTA加盟国であるアイスランド，リヒテンシュタイン，ノルウェーは，EEA（European Economic Area，欧州経済領域）によりEUの共同市場と一体化しており，スイスも2国間協定によって同様な状態にある。さらに加盟交渉は中断しているものの1996年に関税同盟を締結し，近年（2015年）さらに無関税品目の範囲を拡げたトルコとの関係も併せて考えると，EU経済圏はほ

図表 14-1　域内輸出と域外輸出の割合（2015 年）

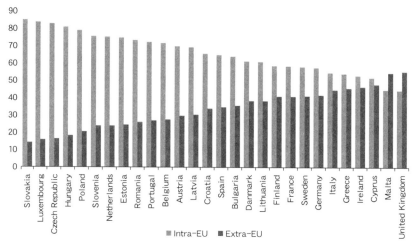

出所：File: Intra-EU exports of goods compared with Extra-EU exports of goods by Member State, 2015 (%) Source: Eurostat DS-018995, *sited from Intra-EU trade in goods - recent trends* http://ec.europa.eu/eurostat/statistics-explained/index.php/Intra-EU_trade_in_goods_-_recent_trends

ぼ欧州域内の地理的なフロンティアを開拓し尽くしつつある。

　長期的には，欧州諸国全体において人口減少傾向が続くので，域内市場の人口的拡大は，移民の積極的受入れ政策を取らない限り，今後これ以上望めなくなる。これまでの EU 構成国の財貿易は，関税同盟・共同市場の成立により，全体として EU 域外諸国よりも域内構成国との方が多い。しかし近年，EU 通商における，域内貿易と域外貿易の変化を見ると，変化が生じつつある（図表 14-1, 14-2）。2015 年において，マルタとイギリスは例外だが，構成国の財貿易の多くは EU 域内の構成国間で行われている（図表 14-1）。域内財貿易（輸出額）の割合は国によって，スロヴァキアの約 86%からイギリスの約 44%と，相対的に大きな開きがある。スロヴァキア，チェコ，ハンガリー，ポーランド，スロヴェニア等の中東欧諸国の域内輸出率の大きさは，これらの国々が EU 域内で生産拠点であることを示している。

　しかし 2003 年から 2015 年の間に，域内輸出率は 69%から 63%に低下した。4 カ国（イギリス，ギリシャ，スペイン，ラトビア）は 10%以上，とりわけイ

図表 14-2　域内輸出比率の変化（2003 年，2009 年，2015 年）

	%			
	2003	2009	2015	Change(2003-2015)
EU-28	69	67	63	-5.9
Belgium	77	76	72	-5.2
Bulgaria	64	66	64	0.4
Czech Republic	88	85	83	-4.6
Denmark	70	68	61	-9.0
Germany	65	63	58	-7.3
Estonia	82	70	75	-7.3
Ireland	62	61	53	-9.3
Greece	67	58	54	-12.8
Spain	75	70	65	-10.3
France	67	63	59	-8.0
Croatia	68	61	66	-2.4
Italy	63	58	55	-8.3
Cyprus	62	67	52	-9.6
Latvia	79	68	69	-10.0
Lithuania	63	64	61	-1.5
Luxembourg	89	87	84	-5.4
Hungary	85	80	81	-3.8
Malta	49	40	45	-3.7
Netherlands	81	78	76	-4.8
Austria	77	73	70	-6.5
Poland	82	80	79	-3.0
Portugal	81	75	73	-8.4
Romania	76	75	74	-2.3
Slovenia	77	77	76	-1.2
Slovakia	86	86	86	-1.0
Finland	60	56	59	-1.4
Sweden	59	58	59	-0.3
United Kingdom	59	55	44	-14.9

出所：Ratio of intra-EU exports of goods to extra-EU exports of goods, 2003, 2009 and 2015（%）
Source: Eurostat DS-018995, sited from *Intra-EU trade in goods – recent trends*, 図表14-1と同じ。

ギリスは約 15%，ギリシャは約 13%低下した。11 か国では 5 ～ 10%，12 カ国では 0 ～ 5%低下した。唯一ブルガリアだけは若干（0.4%）増加した（図表 14-2）。

この統計が示す 2003 年～ 2015 年の間に，EU 構成国は既存の 15 カ国に加えて，2004 年に 10 カ国，2007 年に 2 カ国，2013 年 1 カ国と，計 13 カ国増え

ており，関税同盟と共同市場のメリットをうけているにも関わらず，全体でみると域内貿易（輸出）比率は低下している。

これが成熟した欧州市場の成長・拡大の限界，EU 域内バリュー・チェーン形成の限界を示しているとするならば，EU は域外に成長の芽やバリュー・チェーンの展開先を見出すことになる。日・米という高付加価値の先進国市場の開拓と掘り下げに加えて，旺盛な実需によって長期的に大規模市場となりうる新興国・途上国，とりわけ ASEAN・中国・インド等のアジア諸国が通商政策の対象国・地域となろう。1990 年代半ばから始まった ASEM（Asia-Europe Meeting）はそのための枠組みである。EU‒ASEAN の地域統合間（interregional）FTA 交渉は，EU がその統合体としてのアイデンティティを交渉相手にも投影し，交渉を通じて EU の法体系（アキ・コミュノテール，acquis communautaire）を相手方に移植しうる EU ソフトパワー行使のモデルと位置づけられるであろうし，他の ASEM 参加国との二国間 FTA はそれを補完するものである。そして EU‒日本 EPA は，先進国でありかつアジア経済圏に形成されたバリュー・チェーンの要となる日本との通商協定である点，さらに内向き志向を強めるアメリカのアジア通商政策転換の間隙を縫って対アジア通商関係を強化するという点でも，EU にとって対アジア通商政策を展開する上で試金石となるものである。EU は長期的に ASEM 参加諸国（＝多くは RCEP 諸国）と interregional な通商協定を締結し，EU アジア間の自由貿易圏形成を構想していると考えられるからである。

2.2　新貿易戦略の意義

EU はこれまでに，時代の変化や域内外の要請に即して貿易戦略を提示してきた。2006 年 10 月に「グローバル・ヨーロッパ：国際競争への対応」を発表し，WTO ドーハ開発アジェンダによる多国間交渉を進める一方で，アジアを中心に FTA 締結に向けた交渉推進を明確に打ち出した。さらに関税だけでなく，公共調達，投資，知的財産権，競争政策など伝統的に FTA の対象外だった分野も重視する姿勢を示した。また 2010 年 11 月には，EU の 10 カ年経済成長戦略「欧州 2020」の一環として「EU の 2020 戦略の中核要素としての貿

易政策」を発表し，日本を含む戦略的パートナーとの関係について，FTA も視野に入れた関係強化を謳った。

EU は公式文書において「メガ FTA」という言葉は使用していないが，総合的な貿易政策の提言文書では，TTIP や EU‐日本 EPA を，他の FTA/EPA とともに，EU のグローバルな通商政策の中で位置づけている。その中でも 2015 年 10 月に欧州委員会が発表した新貿易戦略，Trade for all — Towards a more responsible trade and investment policy（「万人のための貿易」）が EU のメガ FTA 政策を考察する上で重要である[7]。

「万人のための貿易」（以下，新戦略）は，新たな貿易戦略の提示である。なぜ，この時期にこうした公式政策提言文書が出されたのか？　この文書名がその背景を示している。つまり「貿易は誰のためのものか？」，さらに，「共通通商政策は EU 市民の利益となるものなのか？」という欧州統合の進展に対する EU 市民からの根源的な問いがある。それはユーロクラート主導の統合の進展に対する，EU 市民の異議申し立てとして，折に触れて噴き出してきた。それに対する一つの対応として，リスボン条約による制度改革によって，欧州市民の代表機関としての欧州議会が欧州委員会の政策に対する監視の役割を担う機関としての権限が強化されたことがあろう[8]。それは，国際条約（通商協定も含まれる）の交渉の状況についても欧州委員会は議会へ情報を提供し，批准に欧州議会の承認が必要となったという事情にも表れている。それに加えて，EU‐カナダ間で締結された FTA，CETA（The Comprehensive Economic and Trade Agreement，包括的経済貿易協定）では，全 EU 加盟国議会での批准を経なければならない。条約・協定のチェック機能が，EU レベルのみならず各国レベルまで必要とされるに至った。

TTIP 交渉においても，米国との交渉内容が巨大多国籍企業の利益を優先するものではないかという疑念が EU 市民社会から出され，多国籍企業などの投資家が投資先の政府を訴えることを認める投資家対国家紛争解決手続（Investor-State Disputes Settlement, ISDS）もその観点から批判され争点とされている。ISDS は EU‐日本 EPA 交渉においても未解決の問題で先送りされている。新戦略で強調されている通商交渉の透明性を高めるということも，最重要課題の一つとなっている。ただし，その後の 2016 年 5 月の環境保護

図表 14-3　OECD 諸国の所得格差（2015 年）

順位	国名	ジニ係数	順位	国名	ジニ係数	順位	国名	ジニ係数
1	メキシコ	0.459	13	オーストラリア	0.337	25	ルクセンブルク	0.284
2	チリ	0.454	14	日本	0.33	26	オーストリア	0.274
3	トルコ	0.398	15	イタリア	0.326	27	スウェーデン	0.274
4	アメリカ	0.39	16	カナダ	0.313	28	ベルギー	0.266
5	イギリス	0.36	17	オランダ	0.303	29	フィンランド	0.26
6	イスラエル	0.36	18	アイルランド	0.298	30	チェコ	0.257
7	ラトビア	0.35	19	ポーランド	0.298	31	ノルウェー	0.257
8	ニュージーランド	0.349	20	スイス	0.297	32	デンマーク	0.256
9	エストニア	0.346	21	フランス	0.297	33	スロヴェニア	0.251
10	スペイン	0.344	22	韓国	0.295	34	スロヴァキア	0.247
11	ギリシャ	0.339	23	ドイツ	0.289	35	アイスランド	0.246
12	ポルトガル	0.338	24	ハンガリー	0.288			

出所：OECD Income Distribution Database (IDD): Gini, poverty, income, Methods and Concepts http://www.oecd.org/social/income-distribution-database.htm より筆者作成。網掛けは，EU 加盟国を示す。

　NGO グリーンピースによる，TTIP 交渉に関する内部文書のリークは，まだそうした課題が十分に果たされていないことを示しているが，リークの直後には速やかに欧州委員会の貿易担当委員マルムストロームによる公式見解が出されていたのは，そうした要請に応えようとする姿勢の表れであろう[9]。

　また新戦略は，近年，全世界的な課題として様々な場でも取り上げられている「格差」課題に対す通商の役割を明示した点も注目される。2015 年の OECD 加盟国のジニ係数を見ると（図 14-3），所得格差の大きい国として，先進国としてはアメリカを先頭に，EU 構成国のイギリスが次に続き，ラトビア，エストニア，さらにはスペイン，ギリシャ，ポルトガル，イタリア，アイルランド（かつて PIIGS あるいは GIIPS と呼ばれた）5 カ国が順に登場するのが目を引く。EU の対外貿易の推進が，Brexit，欧州債務危機の渦中にあった国々の抱える格差問題に対する一つの有効な対策として位置づけられたものと解することができよう。28 カ国の産業構造は大きく異なり，国際競争力のある大企業を多く有する国，地域の地場産業を支える中小企業の多くある国，ド

イツなどの製造業メーカーの生産拠点となっている国など，一律に格差是正と貿易との関連は論じられないが，「格差」問題を財政負担が伴う社会保障等によって解決を図るのではなく，新戦略は，「貿易により，加盟国の財政負担を増やさずに，経済成長を期待できる」として，貿易拡大による解決を提示する。さらに新戦略は，格差を EU 域内に限定せず，グローバルな格差，途上国の貧困是正を課題として貿易政策に組み入れ，国連の「持続可能な開発目標（SDGs）」との関連で位置づけている。

2.3 「万人のための貿易」とメガ FTA

　「万人のための貿易」戦略は，EU 域内では今後 10 〜 15 年位のあいだ成長は望めず，将来の世界の経済成長の 9 割が EU 域外で発生するという認識に基づき，貿易の重要性を主張している。現在，EU 域外への輸出産業は 3000 万人以上の雇用を支え，それは EU 域内の雇用の 7 分の 1 に相当する。また 60 万社以上の中小企業が EU の輸出の約 3 分の 1 を担い，600 万人の雇用を生み出しているとする。また輸出の促進は，EU 域内での構造改革を推進し，EU の共通農業政策においても市場志向型の改革が進められた結果，国際競争力が向上したと指摘している。

　「万人」として，取り上げられるのは，EU 域内の「消費者」「労働者」「中小企業」であり，EU 域外の「途上国の人々」である。「消費者」に対しては，輸入する商品がどこでどのように作られたのか，人権を尊重し社会・環境の保全に配慮して作られたものか，という安全性と信頼性に配慮する。これは現代の貿易に求められる倫理性に配慮したものと解される。新戦略文書の中では，"fair and ethical trade" という表現で示される。「労働者」に対しては，将来の経済成長の多くが欧州域外で発生するということから，貿易促進による輸出関連業種における EU 域内での雇用の創出を主たる目的とする。しかしこれからの FTA は，世界中で労働者の権利尊重を推進するための法的拘束力の強い条項も含むとする。貿易相手国に対し，児童就労の廃止，労働者の団結権の保障，職場での差別の撤廃といった主要な労働基準規定を施行することを優先事項とする。この点もまた，現代の，とりわけ途上国・新興国との FTA に求め

られる広義での倫理性と言えよう。「中小企業」に関しては，欧州企業の9割が中小企業であるという実態を踏まえ，新戦略は中小企業の成長にも重点を置いている。あらゆる貿易交渉において中小企業に関する特別条項を提案し，貿易協定が生み出す機会から中小企業が利益を得やすいような配慮を提言している。

　最後に，「途上国の人々」に対しても，公正で倫理的な貿易を提起する。新戦略は，途上国の人々にも利益をもたらす。EUは世界最大の輸入を行う地域でもあるので，輸出を行う途上国の人々にとって重要な市場である。EUは国連の進める「持続可能な開発目標（SDGs）」を強力に支持し，持続的開発の推進を積極的に貿易政策に盛り込んできた。EUは途上国，特に一般関税特恵制度の恩恵を受けている国々との人権に関する対話をいっそう活発に行う。EUが公正で倫理的な途上国との貿易を進め，サプライチェーンを責任をもって管理することが，途上国の小規模生産者に対し持続可能な貿易機会をもたらし，貧しい国々の労働者によりよい労働条件を与えることになるとする。

　このように，新戦略の「万人」はEU市民に限定されない。貿易政策の透明性を高め，交渉者が互いの市民社会への説明責任を果たすことで，双方の国や地域のできる限り多くの人々に恩恵をもたらす貿易が実現できると考えるのである。

　新戦略は今後の貿易交渉の指針として，WTOドーハ・ラウンド，TTIP，EU‐日本EPA，EU‐中国投資協定等，現在交渉中のメガFTAを含む大型案件の妥結に向け優先順位を明らかにする。さらにオーストラリア，ニュージーランド，フィリピン，インドネシアなど経済的活況を呈するアジア太平洋諸国との新たなFTA交渉や，アフリカ諸国との関係強化を提示する。またメキシコおよびチリとの間に結ばれた現行のFTAや，トルコとの関税同盟を見直す際にも新戦略に従うとしている。

　以上のように，新貿易戦略「万人のための貿易」は，現時点でのEUの通商政策の基本方針を定め，EU‐日本EPA，TTIP等，今後のあらゆる通商協定の交渉・内容を方向づけるものとなる。

3．自由貿易・技術革新と EU メガ FTA 政策

本節では，新貿易戦略で示された「万人のための貿易」の目指す，社会的・倫理的目的が，現実的に達成できるか，理論面と技術革新面から検討する。

3.1 「新々貿易理論」と EU メガ FTA

2016 年 6 月のイギリス国民投票による Brexit の決定，同年 12 月のアメリカ大統領選挙によるトランプの当選の決定まで，世界経済の大勢は自由貿易の推進であり，その象徴は各国が（とりわけアメリカが）競い合うように交渉を進めていた TPP，TTIP などのメガ FTA であった。

自由貿易に関する基本的な考え方によれば，比較優位の原則に基づいて各国間で競争優位の財・サービスの貿易が活発になれば，優位産業の生産が促進され，当該産業で増産を進める企業で雇用が創出される。ただし，生産・流通・消費のグローバル化が進む現代において，多国籍企業グループ間での貿易が世界貿易の 3 分の 1 以上に上るとも言われ，企業内貿易がかなりの割合を占めることが示すように，貿易と投資は表裏一体に捉えられねばならない。

近年の「新々貿易理論」によれば，こうした理は当該産業のあらゆる企業に当てはまる訳ではなく，全企業の数％に過ぎない生産性の高く，貿易に積極的な企業に当てはまる。なぜならば，生産性の高い企業は，固定費（直接投資による海外での工場・事業所の建築費）や生産委託費用を賄うことができるからである。政府の保護（補助金・支援金等）を受けているのは生産性の低い企業であり，世界的に関税が低くなれば生産性の高い企業が競争に残り，生産性の低い企業は淘汰され，資源の合理的配分が促進される。生産性が高く競争力のある企業は，生産規模の拡大により雇用を増やすことになる[10]。

では，EU においてメガ FTA を有効に活用しうる，生産性の高い輸出力のある企業はいかなる企業であろうか。先に「万人」に含めた全企業の 9 割を占める EU の中小企業は，EU（あるいは政府）の保護なくして高い生産性と輸

出力を実現しうるであろうか。EU－日本 EPA の発効は 2019 年の予定なので，検証は発効後となる[11]。

3.2 技術革新のもたらす EU 通商政策への影響

　EU－日本 EPA が発効すれば，EU と日本の消費者は関税引下げによる輸入品価格の低下で自由貿易の利益を享受する。競争激化の中で，生産性の高く競争力のある生産者は市場拡大による利益を得，競争力のない生産者は市場から退場する。工業生産者，例えば EU の自動車メーカーは，現在乗用車にかかる 10％の関税が 8 年後に撤廃されることにより EU 市場への日本車輸出が増加して競争は激しくなる。同時にすでに EU と FTA を締結している韓国の自動車メーカーは，日本メーカーに対する関税上の優位性がなくなり，FTA 締結後に EU 市場でのシェアを伸ばしていたものの，今後は日本メーカーとの競争が激しくなる。欧州自動車市場においては，EU，日本に限らず，韓国やアメリカ等も含めて全自動車メーカー間での競争の激化が自動車メーカーの淘汰を促進すると共に，消費者にはより良い製品がより安く手に入り経済厚生は向上する，という期待された FTA の経済効果が生ずるであろう。

　しかし長期的には，自動車という工業製品の根本的な性質の転換（自動車産業のパラダイム転換）が，技術革新によって遠からず確実に到来する。EV（Electric Vehicle，電気自動車）化である。EV は現在の内燃機関（エンジン）ではなくモーターで駆動する。近年の IoT，AI の急速な高性能化が相俟って，自動車は「車輪のついたコンピュータ」，動く電気・電子製品となり，現在 7,000〜8,000 個の部品から成る自動車の心臓部分であるエンジンがモーターに代わり，他の部品のモジュール化が進めば，自動車一台につき現状では約 3 万個の部品を供給する中小の部品サプライヤーは激減し，GDP の約 1 割，雇用労働者数でも 1 割以上をしめる自動車産業および関連産業のすそ野は，一気に収縮する。IoT，AI の普及，生産工程のロボット化が相俟って，自動車関連企業の労働者雇用は大幅に減少するであろう。

　すでに，ノルウェー，オランダでは，2025 年までに，インドでは 2030 年までに化石燃料自動車の販売を禁止すると宣言し，英仏両国は，2040 年までに

ガソリン車，ディーゼル車の新車販売を禁止する方針を打ち出している。世界最大の新車販売台数（2,800万台，2016年）を誇る中国も，EV車への転換を決めた。しかし欧州最大の自動車生産国であるドイツでは，2017年9月の選挙において，メルケル首相が，ドイツ国内の自動車関連企業の雇用問題に配慮した発言をした。ドイツの国策でもある環境重視の政策，上述のEVへの転換という世界的な趨勢にも関わらず，未だディーゼル車製造が主流であるドイツ自動車産業（と雇用労働者）の利益およびEVの買い替えを受け入れることに消極的なユーザー（消費者）の利益の双方を尊重しなければならないというジレンマの中での苦しい決断であったろう。今後，EV生産の拡大により，大手メーカーだけでなく自動車部品の製造を担ってきた中小企業は淘汰の波に晒されるのは必定である。

　これまで先進国の基幹産業であった自動車産業に，遠からず大転換が訪れようとしているとき，さらにデジタル化が全社会的に普及し，IoTやAIによる既存の産業を超えた生産・消費のシステムが形成されているときに，既存のシステムを前提としたFTA/EPAの限界は早晩明らかになろう。EU‐日本EPAの交渉の焦点として自動車および部品の関税削減・撤廃の日本にとっての重要性が指摘されたが，今後の財貿易にはこうした視点が不可欠となる。

3.3　EU‐日本EPAの課題

　本章の冒頭に記したように，EU‐日本EPAは，2017年7月に大枠合意し，さらに2017年12月に交渉妥結に漕ぎ着けた。ここでは，「万人のための貿易」の観点から，今後克服すべき問題点の指摘を行う。

　在EU日系企業は，製造業で約3割，非製造業で約4割が日本から部品や原材料を調達しているという現状からは，関税引下げは輸出入の活性化を招き，企業の雇用の創出につながる。そうした企業が「中小企業」の場合，本EPAを活用しやすい環境の整備と促進の政策が望まれよう。協定には，中小企業への情報提供や担当部局の設置を定めているが，既存のFTAの活用は必ずしも活発ではないので，対策の強化が必要となる。本EPAでもこうした条項が規定され，先に見た「万人のための貿易」においても中小企業対策が強調され，

日本国内でもFTA/EPAを管轄する経済産業省やJETRO，原産地証明を発行する商工会議所等がFTA/EPAの説明会やセミナーを盛んに行っているのは，コスト的にも人材的にも余裕のない中小企業によるFTA/EPAの活用が活発ではないことの裏返しであり，既述の（3.1参照）新々貿易理論の指摘する「生産性の高く，貿易に積極的な企業」しかFTA/EPAを有効に活用できていないことの証しであろう。

また「貿易と持続可能な開発」に関する環境・労働分野に関わる規定の実施につき，特別委員会の設置や市民社会との共同対話の開催等について定めているが，官制の「市民社会」や国際競争力のある大企業が「市民」を標榜する「市民社会」とならぬシステムの工夫が必要である。また「地理的表示（GI）」は生産者の知的財産権を保護するものであるが，「万人のための貿易」で指摘された消費者保護の観点からは，GIによる高付加価値食品・製品以外の食品の安全性の担保，トレイサビリティー，情報の公開（透明性）が検討されるべきであろう。

おわりに

本章では，EU－日本EPAの検討を中心に，締結されたメガFTAが両当事国の利害関係者にどのような影響を及ぼし，EUの社会的価値の実現に寄与するものであるかを検討してきた。現代は，貿易・通商において社会的・倫理的規範（fair and ethical trade）の遵守が求められるだけでなく，企業活動においてもグローバルなCSR（企業の社会的責任）として環境，人権，開発等への配慮と貢献が企業価値をも高める時代である。それらの社会的価値の実現が生産性の向上や競争力の強化につながるような産業やビジネスが，現代のEUにおいても求められている。

EU－日本EPAは比較的，同質の社会的価値観を共有しやすい協定であった。EUは，将来のアメリカとのTTIP交渉の再開，あるいは新たな形態のFTA交渉において，GMO（遺伝子組み換え），GI（地理的表示），ISDS（投資家対国家紛争解決手続）等，その背後に双方社会の簡単には妥協を許さない

価値観が横たわる問題につき，さらに厳しい試練を迎えることになろう。

（鈴井清巳）

注
1 TPP では完全合意に近い意味で「大筋」合意とされたが，2017 年 7 月の EU-日本 EPA の合意はまだ詳細の詰めが残っている事項もあるが情勢が合意を急いだので，区別するために「大枠」合意という表現が使われた。日本経済新聞 2017 年 7 月 7 日。
2 外務省 HP に各省のサイトが載っている。http://www.mofa.go.jp/mofaj/gaiko/page6_000042.html（2017 年 9 月 30 日閲覧）。また駐日欧州連合代表部（2017）参照。
3 欧州委員会の TTIP に関するサイト：http://ec.europa.eu/trade/policy/in-focus/ttip/ （2017 年 9 月 30 日閲覧）および USTR の TTIP に関するサイト：https://ustr.gov/ttip 2017 年 9 月 30 日閲覧）。前者は 2017 年 3 月 9 日の Meeting Report で，後者は 2017 年 1 月 17 日の Press Releases, U.S.-EU Joint Report on T-TIP Progress to Date で止まったままである。
4 日本経済新聞 2017 年 7 月 20 日。日独の研究者による共同研究では，場合分けをして GDP の押し上げ効果の試算をしている。全産業分野における関税削減と非関税障壁が撤廃された場合には，日本は 1.63％，EU28 ヵ国は 0.42％の実質 GDP の増加が試算されている。GED Study, On the Economics of an EU-Japan Free Trade Agreement: Study of IFO Institute on behalf of the Bertelsmann Foundation Final Report on March 3, 2017, p.46
5 The State of EU Trade. http://trade.ec.europa.eu/doclib/html/149622.htm （2017 年 9 月 30 日閲覧）
6 「特権のピラミッド」から「ハブ・アンド・スポーク」への転換と特徴づけられる。鈴井清巳（2002）。
7 http://ec.europa.eu/trade/policy/in-focus/new-trade-strategy/ （2017 年 9 月 30 日閲覧）http://eumag.jp/feature/b0216/ （2017 年 9 月 30 日閲覧），および日本貿易振興機構（2015 年）。
8 鈴井清巳（2011 年）。
9 Greenpeace によってリークされた交渉の内部文書は，https://www.ttip-leaks.org/ より download 可能（2017 年 9 月 30 日閲覧）。
10 田中鮎夢氏が，RIETI（独立行政法人経済産業研究所）のサイトで展開された一連の論考，http://www.rieti.go.jp/users/tanaka-ayumu/（2017 年 9 月 30 日閲覧）および，同（2015）参照。
11 ただし EU-日本 EPA の経済効果についてシミュレートした研究もあり（前出注（4）の GED Study），EU 構成国別，産業別に経済効果が示され，全般的に大きくはないがプラスの効果を予測しているものの，国ごとの産業分布による国民一人当たりの所得への影響，雇用の創出，企業規模別の効果分析などは示されていない。

参考文献
石川幸一・馬田啓一・高橋俊樹編著（2015）『メガ FTA 時代の新通商戦略―現状と課題』文眞堂。
石川幸一・馬田啓一・国際貿易投資研究会編著（2015）『FTA 戦略の潮流―課題と展望』文眞堂。
長部重康編著（2016）『日・EU 経済連携協定が意味するものは何か―新たなメガ FTA への挑戦と課題―』ミネルヴァ書房。
鈴井清巳（2002 年）「EU の対発展途上国通商政策の転換」『世界経済評論』Vol.46, No.10, P.18-28。
鈴井清巳（2011 年）「リスボン条約後の EU 通商政策」日本貿易学会年報『JAFTAB』第 48 号，pp.156-165。
田中鮎夢（2015）『新々貿易理論とは何か―企業の異質性と 21 世紀の国際経済―』ミネルヴァ書房。

駐日欧州連合代表部（2017）「経済連携協定で保護主義に対抗する EU と日本」europe magazine EU MAG（2017 年 7 月 11 日メール配信・閲覧）。

日本貿易振興機構（2015）『EU の新貿易・投資戦略「万人のための貿易」の概要』，ブリュッセル事務所海外調査部欧州ロシア CIS 課。

ECORYS (2016), *Trade SIA on the Transatlantic Trade and Investment Partnership (TTIP) between the EU and the USA*, Draft Interim Technical Report.

GED Study (2017), *On the Economics of an EU-Japan Free Trade Agreement: Study of IFO* Institute on behalf of the Bertelsmann Foundation Final Report on March 3, 2017

Woolcock, Stephen (2011), "European Union Economic Diplomacy", in Nicholas Bayne and, Stephen Woolcock (eds.), *The New Economic Diplomacy, Decision-Making and Negotiation in International Economic Relations*, Third Edition (Surrey and Burlington: Ashgate), pp.169-186.

Woolcock, Stephen (2010), "Trade Policy: A Further Shift Towards Brussels", in Helen Wallace, Mark A. Pollack, and Alasdair R. Young (eds.), *Policy-Making in the European Union*, Sixth Ed. (Oxford and New York: Oxford University Press), pp.381-399.

第 15 章

ポスト Brexit のシティと EU 金融市場
—— Brexit はシティを衰退させるのか

はじめに

　イギリスはユーロに参加していないにもかかわらず，単一免許により EU 市場にアクセスできるため，ロンドンのシティに EU 域内での活動拠点を構える金融機関も多い。そのため，今回の Brexit の意思を示した国民投票は金融市場としてのシティにとってネガティブな影響を与える可能性がある。TheCityUK（2016）は金融関連の産業が 220 万人の雇用を生み[1]，GDP の 12％を産出するイギリス経済の核であり，Brexit が金融産業ひいてはイギリス経済に与える負の影響を懸念している。ただし，TheCityUK（2016）は IT 化やオフショア化の影響で 2010 年以降，イギリスにおける金融関連産業の雇用の減少がすでに起きていることを指摘している。Brexit はすでに起きている金融関連産業の雇用の喪失あるいは流出の傾向を加速させうる要因に過ぎない点は注意が必要である。一方で Brexit により EU の金融規制監督にしたがう必要がなくなるため，シティが一種のオフショア市場として存在感を高める可能性も十分ありうる。

　そこで本章では Brexit が与えるシティひいてはイギリスの金融業への影響を検証する。まず第 1 節では Brexit がシティひいてはイギリスの金融経済に与える影響を考察するための先行研究を参照し，本章の分析枠組みを明確にする。また第 2 節では Brexit 前後のイギリスおよび EU の金融市場の動向について，いくつかのデータを確認しながら考察する。その上で第 3 節では Brexit がシティひいてはイギリスにおける金融業の衰退をもたらすか，またその結果として EU 金融市場に対してどのような影響があるかについて検証す

る。そして「むすびにかえて」では本章の内容をまとめつつ，分析内容から考えられる今後の展望について述べる。

1．Brexit と金融市場

　本節では Brexit が与えるシティへの影響について参考となる先行研究を参照したうえで，本章の問題意識を明確化し，次節以降の分析につなげたい。

1.1　先行研究

　Brexit が与えるシティへの影響について，国民投票直後にわが国で示された論評はまさしく両極端なものであった。廉（2016）は，EU 離脱の決定がシティからの金融機関ひいては雇用の流出につながるおそれを指摘し，国際金融センターとしてのシティの地位が低下する，との懸念を示した。加えてシティの地位低下がイギリス金融当局の発言力の低下をも招き，バーゼル合意など国際的な金融規制監督の議論にも影響する，との見解を示した。これに対し長谷川（2016）は，むしろ EU で議論されている金融取引税などの金融規制・政策こそがシティの競争優位をそぎかねないことを指摘している。そのうえで，シティ本来の伝統的な姿であるオープンな市場を目指すことで，シティの競争優位を向上させる，との見解を示した。

　上記の2つの論評は両極端なものであったが，国民投票から1年以上が経過した現時点からみても双方の見解いずれにも説得力があり，どちらが正しいかという見通しは立っていない。ただし，ハード Brexit を想定し，シティが EU 関連の取引を一定程度失うことを見越している点は両者に共通していると思われる。両者の違いは廉（2016）が Brexit によりシティが被る経済的な損失が大きいとみているのに対し，長谷川（2016）はオープンな市場を目指すことで Brexit によって失う損失を補ってあまりある取引が得られる可能性を指摘している，という点にある。この論点を考える上では，シティの競争優位がどのように形成されていて，Brexit 後も維持・向上できるのかを考える必要があ

る。

　そこでまずシティの競争優位に関する先行研究を確認したい。Kuah（2005）はシティの競争優位の源泉について，ポリティカル・パワーと国際金融市場へのアクセス，生産性の高い労働力，という3つがあると説明している。つまり，政府の戦略を含むポリティカルパワーが市場に参加する金融機関の国際的な発言力に結びつくという期待へとつながり，シティを金融産業のクラスターとして発展させ，さらにそのクラスターが国際金融市場へのアクセスを容易にし，より生産性の高い労働者を引き付ける，という好循環がシティの競争優位を形成したということである。またMorgan（2012）は1997年から2007年の期間を分析し，シティの国際的な地位はグローバル化とEU統合に支えられ，さらにグローバル化やEU統合を支持することがイギリス経済全体にとっても有益であるとの信頼感を与える，という戦略によるものであった，と指摘している。これらの分析を統合すると，シティの競争優位はポリティカル・パワーとアクセスの良さ，生産性の高い労働力を源泉として形成された金融セクターの産業クラスターである点にあり，EU統合も含めた近年の経済のグローバル化の中でさらに強化されてきた，と言い表せる。

　シティの競争優位の源泉について確認したうえで，Brexitは，金融産業のクラスターとしてのシティにどのような影響を与えるのであろうか。Armour（2017）は，ソフトBrexitがシティにとって低リスクのオプションである一方で，ハードBrexitはシティ（イギリス）とEU双方にとって損失であると指摘している。またArmour（2017）は，EU諸国に対して資本市場でのサービスを提供していたアメリカの金融機関が，シティではなくニューヨークで提供する可能性を指摘している。同様にGregson（2017）は，シティの最大の関心事が単一免許によるEU金融市場へのアクセスを維持できるかであることなどを指摘した上で，シティから金融機関が流出するケースについて分析している。Gregson（2017）は，Brexitの動きに呼応して金融機関を誘致していたEU諸国の金融市場について，まずパリとフランクフルトはコスト面で不利であること，ダブリンとルクセンブルグは低い税率に対してOECDとEUからの圧力があること，などを根拠としてこれらの市場がロンドンにとって代わるのは難しいと指摘している。そしてGregson（2017）は最終的な勝者がニュー

ヨークか，香港か，シンガポールとなるのではないか，との見方を示している。これらの分析に共通することは，やはりハードBrexitが外国の金融機関，とりわけアメリカの金融機関の国外流出につながり，金融産業のクラスターとしてのシティの地位を低下させるということである。

一方で，Baker（2017）はBrexitにより金融機関が流出するとの見方に対して，少し現実的かつ異なる視点から問題を指摘している。Baker（2017）はオフィスの移転がその金融機関の従業員はもちろん，その従業員の家族の引っ越しも伴うことを指摘している。そのため住宅の提供や，英語で教育を受けられる環境なども考慮すると，Brexitへの反応として直ちに他のEU諸国に本店を移すのは困難であるとの見方を示している。やや経済学や市場の論理とは異なる視点ではあるが，すでに形成された産業クラスターの強固さを指摘したものといえる。

1.2　問題意識

ここでは前項の先行研究の結論を整理したうえで，Brexitがシティに与える影響を検証するための分析枠組みを示したい。まずシティは経済のグローバル化の恩恵も受けながら長い年月をかけて，国内外を問わず優秀なバンカーや金融関連の専門家が集う金融産業のクラスターを形成してきた。しかしながら，ハードBrexitとなった場合，EUへの単一免許によるアクセスを失うシティから金融機関が流出する可能性が指摘されている。一方で，シティに集結していた金融機関の受け入れ先となりうる金融センターは限定されるため，Brexitがただちに大規模な金融機関や雇用の流出につながるとも考えにくい。結局，Brexitがシティの競争優位を失わせるのか，という問題を考える視点は，金融産業のクラスターの強固さ（あるいは求心力）が勝るのか，離散してしまうのか，という点に行き着くと思われる。

そこで本章ではポストBrexitのシティの今後について，金融産業のクラスターとしてのシティという視点から分析を試みる。またBrexitによってシティから金融機関が流出するということは，EUへのアクセスを考慮した撤退を意味する。そのため，BrexitがEUの金融市場に与える影響についても考察

する。

2．国民投票後のシティと EU 金融市場の動向

　ここではシティおよび EU における金融市場の動向について確認し，次節での分析につなげる。Long Finance が年二回公表している Global Financial Centres Index (GFCI) の最新 (2017 年 3 月時点) の調査結果について，上位 10 カ国とヨーロッパの主な金融市場のみ (40 位以内) を抜粋して図表 15-1 に掲載している。なお GFCI について確認しておくと，ビジネス環境，人的資本，インフラ，金融セクターの成長性，評判，という 5 つの要素に基づいて金融センターとしての競争力を評価している。前節で確認したように，Kuah (2005) はシティの競争優位の源泉について，ポリティカル・パワーと国際金融市場へのアクセス，生産性の高い労働力，という 3 つを指摘していた。Kuah (2005) の議論と GFCI との関係を整理してみると，ポリティカル・パワーはビジネス環境とインフラ，国際金融市場へのアクセスはインフラと評判，生産性の高い労働力は人的資本とそれぞれ結びつき，それらの好循環が金融セクターの成長性につながっていると考えられる。

　そのうえで図表 15-1 を確認すると，国民投票の結果を経てもロンドンが 1 位と評価されている。しかしながら，Rating は前回の 795 ポイントから 782 ポイントに急落している。これはやはり国民投票の結果を受けて，ロンドンの将来性に関する不確実性の増大が影響している。もしニューヨークが前回の Rating を維持できていれば順位が逆転するところであったが，ニューヨークも大統領選挙の結果を受けて，ロンドンを上回るポイントの下落となってしまった。

　二大金融市場がポイントを下げる一方で，図表 15-1 中で 5 ポイント以上評価が高まっているのが，シンガポール，香港，東京，サンフランシスコ，シカゴ，シドニー，トロント，ジュネーブ，パリ，などである。ここでそれぞれの市場の評価がなぜ高まったのかを分析することは，紙幅に制約もあり，また本章の目的からやや逸れるおそれもあるため控える。しかしながら，イギリスの

図表 15-1　GFCI の上位国（2017 年 3 月時点）

金融センター	2017 年 3 月		2016 年 9 月（前回）	
	Rank	Rating	Rank	Rating
ロンドン	1	782	1	795
ニューヨーク	2	780	2	794
シンガポール	3	760	3	752
香港	4	755	4	748
東京	5	740	5	734
サンフランシスコ	6	724	6	720
シカゴ	7	723	8	718
シドニー	8	721	11	712
ボストン	9	720	7	719
ロント	10	719	13	710
チューリッヒ	11	718	9	716
ルクセンブルク	18	708	12	711
ジュネーブ	20	704	23	689
フランクフルト	23	698	19	695
ミュンヘン	27	682	27	680
パリ	29	679	29	672
ダブリン	33	663	31	663
アムステルダム	40	647	33	659

注：1）前回の 2016 年 9 月の数値を参考として掲載しているが，前回の調査は 2016 年 6 月末までに行われたものであるため，Brexit の結果はほとんど反映されていない，とのことである。
　　2）10 位以下については EU 域内もしくはヨーロッパの主要な市場を掲載している。
出所：Global Financial Centres Index 21 より抜粋。

国民投票とアメリカの大統領選挙から見えた二大金融市場を取り巻く内向きの国内情勢が，他の金融センターの相対的な評価を引き上げたことはほぼ間違いないであろう。

次に Brexit によってロンドンという国際金融市場を失いつつある，EU 域内の他の金融センターについても図表 15-1 で確認してみよう。図表 15-1 の通

り，EU域内で10位以内に入っているところはなく，最上位がルクセンブルクの18位となっており，以下23位のフランクフルト，27位のミュンヘン，29位のパリ，33位のダブリン，40位のアムステルダムと続いている。広くヨーロッパに枠を広げたとしてもスイスのチューリッヒが11位，ジュネーブが20位に入っているに過ぎない。またBrexitの前後に金融機関の受け入れ先として名乗りを上げた市場に注目すると，フランクフルトの評価は3ポイント上昇したが，順位は前回の調査より下げている。パリの評価は7ポイント上昇したが，順位は前回の調査から変わっていない。ルクセンブルクとダブリンに至っては評価も順位も下げている。Gregson（2017）が指摘していた通り，これらの市場はロンドンにとって代わるのは難しいとの評価なのであろう。さらにGlobal Financial Centres Index 21によると，調査対象となっている西ヨーロッパの金融センターは29あるが，そのうち16が前回の調査から評価を下げ，評価を上げているのは12であり，西ヨーロッパはまだ不安定との評価である。

　評価を下げたとはいえ，シティの相対的な評価が高いことに変わりはなかった。それでは，実際の金融取引の取扱高はどうなっているのであろうか。図表15-2は外国為替関連の店頭デリバティブ，図表15-3は金利関連の店頭デリバティブの国別の取引高シェアである。まず図表15-2で外国為替デリバティブの取引高を確認してみると，一貫してイギリスがトップである。しかも1995年には29％だったシェアが，1998年以降は30％を超え，ピークである2013年には41％に達している。対照的に他のEU諸国の外国為替デリバティブの取引高シェアを見てみると，フランスは2000年代に入ってから3％前後で安定しているが，ドイツは2001年の5.4％をピークに2016年には1.8％へ，スイスは2007年の5.9％をピークに2016年には2.4％へとそれぞれシェアを低下させている。これは正にMorgan（2012）が指摘するとおり，シティひいてはイギリスが経済のグローバル化の進展やEU統合の恩恵を受けて，為替変動リスクをヘッジする金融サービスを提供してこられたことの表れであろう。

　しかしながら，2016年にはイギリスのシェアも37％に低下している。この点についてBISはイギリスにおける取引高のシェア低下が幅広い通貨の組み合わせでみられたとしている。BISではその原因等について特に触れていない

図表 15-2 外国為替デリバティブ（OTC）の取引高の国別シェア

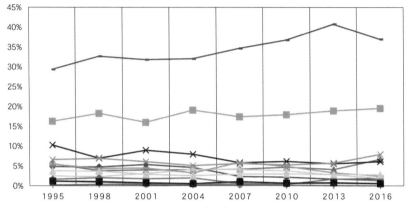

出所：Monetary and Economic Department (2016) より作成。

が，Brexit に対する懸念が影響を与えていることは想像に難くない。代わりに外国為替の店頭デリバティブの取引高のシェアを伸ばしたのが，アメリカ，シンガポール，香港である。また近年のイギリスと他の EU 諸国に共通するシェア低下の要因として，外国為替デリバティブにおけるユーロ建て取引のシェアそのものの低下がある。BIS によると，ユーロが占める外国為替の店頭デリバティブの取引高のシェアは 2010 年の 39％ をピークに，2013 年には 33.4％ に低下し，2016 年には 31.4％ まで低下している。

続いて図表 15-3 で金利関連の店頭デリバティブの取引高のシェアについても確認してみよう。ここでも 1995 年の調査開始以来，イギリスが一貫して取引高シェアのトップであったが，ピークである 2013 年の 49.9％ から 2016 年には 38.8％ に急低下し，40.8％ まで急上昇したアメリカに抜かれた。アメリカの取引高シェアがトップになった理由について，BIS は 2 つの要因を挙げている。一つはドル安の影響で，他の通貨のドル建ての取引額が目減りしたことである。もう一つは金利関連の店頭デリバティブの取引高についての調査開始以

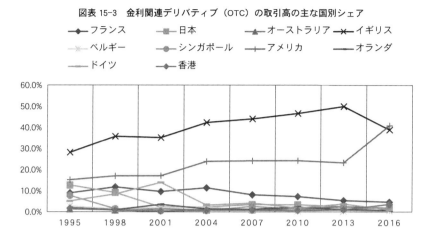

図表15-3 金利関連デリバティブ（OTC）の取引高の主な国別シェア

出所：Monetary and Economic Department（2016）より作成。

来，つねにユーロが最大の取引通貨であったが，2016年にはドルが最大の取引通貨となったことである。BISによると，ドル建ての取引は2013年の6390億ドルから2016年の1兆4000億ドルへ急増したのに対し，ユーロ建ての取引は2013年の1兆1000億ドルから2016年の6380億ドルへ急減した。

またイギリス以外のEU諸国についても確認しておくと，フランスは1998年の11.8％をピークとしつつ，2004年には11.4％のシェアを維持していたが，その後は低下傾向を見せ，2016年には4.6％にまで低下している。ドイツも2001年の13.9％をピークとして，その後に急減し，2016年には1％にまで低下している。BISによると2016年の数値では，全てのユーロ建てのデリバティブ取引のうち，実に75％がイギリスで執行されているという。やはりユーロ建て取引が今世紀に入ってからのイギリスひいてはシティの成長の重要な原動力であったことがうかがえる。

イギリスから金融取引が流出していることは図表15-4および図表15-5からも読み取れる。図表15-4は外国の金融機関がイギリス国内で保有しているユーロ建て負債残高の推移，図表15-5は外国の金融機関がイギリス国内で保有しているユーロ以外の外貨建ての負債残高の推移をそれぞれ示したものである。まず図表15-4をみると，2016年6月以前はイギリス以外のEUとその他

図表 15-4　外国金融機関によるイギリス内のユーロ建て負債残高の推移

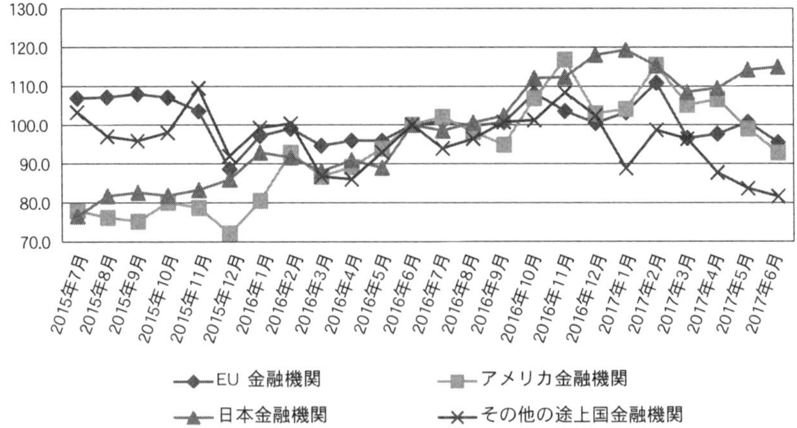

注：数値は 2016 年 6 月末の残高を 100 として指数化したものである。
出所：Bank of England Bankstats より作成。

の途上国の金融機関がユーロ建て負債残高を減少させる傾向が見られた一方で，アメリカと日本の金融機関は増加傾向が見せていたことがわかる。それが 2016 年 7 月以降はその他の途上国の金融機関を除いて一旦は増加傾向を見せたものの，EU とアメリカの金融機関も減少傾向に転じている。結局，国民投票から一年を経た 2017 年 6 月時点において，ユーロ建て負債残高が増えたのは日本の金融機関だけであり，EU，アメリカ，その他の途上国の金融機関によるユーロ建て負債は減少している。この 1 年の動きだけで長期的な展望について論じることには慎重であるべきだろうが，ユーロ建ての取引がシティから失われつつあること，もしくは店頭デリバティブ取引でみられたように，ユーロ建ての取引そのものが減少していることの証左といえるのかもしれない。

さらに図表 15-5 でユーロ以外の外貨建て負債残高の推移についても確認すると，2016 年 6 月以前は EU，アメリカ，日本，その他の途上国というすべての地域の金融機関の負債残高が増加傾向を見せていたことがわかる。ところが 2016 年 7 月以降は，EU，アメリカ，その他の途上国の金融機関が増加傾向を見せる一方で，日本の金融機関だけがいったん減少傾向を見せた。しかしながら，その他の途上国金融機関は 2016 年 11 月をピークに減少傾向となり，EU

図表 15-5　外国金融機関によるイギリス内のユーロ以外の外貨建て負債残高の推移

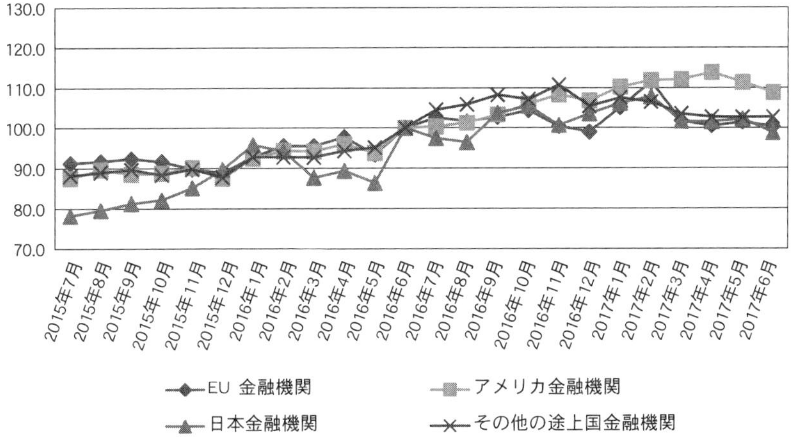

- ◆ EU 金融機関
- ■ アメリカ金融機関
- ▲ 日本金融機関
- × その他の途上国金融機関

注：数値は 2016 年 6 月末の残高を 100 として指数化したものである。
出所：Bank of England Bankstats より作成。

の金融機関もやや減少傾向に転じ，日本の金融機関もいったん増加傾向となったものの，2017 年 2 月をピークに減少へと転じている。結果的に国民投票直後の 2016 年 6 月末と比較して，2017 年 6 月末時点で明確な増加傾向が見られたのは，アメリカの金融機関のみであり，EU とその他の途上国の金融機関は前年とほぼ同水準の残高，日本の金融機関は下回る水準となっている。さらに 2017 年に限定してみればすべての国・地域の金融機関が負債残高を減らしている。この傾向が長期的に続くものかは現時点で明確ではないが，外国為替の店頭デリバティブ取引でみられた幅広い通貨でのイギリスのシェア低下という傾向と整合する動きであることは指摘できる。

　以上のデータから読み取れたことをまとめておきたい。まず国民投票を経ても，ロンドンは依然として世界で最も評価の高い国際金融センターに位置づけられていた。またそのことは店頭デリバティブの取引高シェアによって，確認することができた。しかしながら，Global Financial Centers Index の評価ではポイントを落としており，また店頭デリバティブの取引高シェアの急落にも表れていた。さらに外国の金融機関がイギリス国内で抱える外貨建ての負債残高でみても，ユーロ建て負債は日本の金融機関を除いて減少傾向にあり，ユー

ロ以外の外貨建て負債でみてもアメリカの金融機関以外はあまり増加傾向が見られなかった。これらは Brexit の影響がもたらす不確実性が国際金融市場としてのシティの評価の低下，ひいては実際の金融取引の減少として表れ始めている可能性がある。一方で，域内の金融市場としてのシティを失いつつある他の EU 諸国の金融市場に目を向けると，フランクフルトやパリ，ダブリン，アムステルダムはシティにとって代わるほどの国際金融市場とはみなされておらず，実際にデリバティブの取引高シェアも現状維持もしくは低下する傾向であった。これらイギリス以外の EU 諸国の取引シェア低下の背景に，ユーロ建て取引の多くをイギリスに依存してきたことも指摘できる。

ただし，イギリスおよび他の EU 諸国における店頭デリバティブの取引高シェアの低下には，ユーロ建て取引自体の減少傾向という共通の要因がある。EU 経済の安定と成長がもたらす金融取引の増大がイギリス経済にとっても有益であることは間違いない。

3．Brexit はシティを衰退させるのか

2017 年 4 月 7 日にイングランド銀行下の PRA（Prudential Regulation Authority）は，イギリスと他の EU 諸国とのクロスボーダーの取引を行っている金融機関に対して，イギリスが EU から離脱した場合のコンティンジェンシー・プランを 2017 年 7 月 14 日までに提出するように求めた。BBC の報道によると，これを受けてシティ・グループは EU での取引拠点をフランクフルトとし，モルガン・スタンレーもドイツを拠点とする一方，バンク・オブ・アメリカはアイルランドのダブリンを拠点とする旨を回答している[2]。これはコンティンジェンシー・プランであることと，拠点を移すということが必ずしも完全な撤退を意味しないこととを考え合わせると，直ちに大きな影響が出るとはいえないだろう。しかしながら，イギリスが EU から離脱した場合には，イギリス国内から一定の雇用の流出が起きるのは間違いなさそうである。またこれらアメリカの金融機関がシティで提供していた EU 向けのサービスは，フランクフルトやダブリンなど EU 域内で提供される可能性が高くなった。

そこで本節では，Brexit がシティひいてはイギリスの金融業を衰退させるのか，また EU 金融市場にどのような影響があるかについて，検証していきたい。ただし現時点でイギリスはまだ EU から離脱しておらず，離脱の条件についても未だ交渉中であり，いくつかのオプションがありえる。しかしながら，あらゆるオプションを検証することは筆者の能力を超える作業であるため，ここではソフト Brexit の場合と，ハード Brexit の場合という大きく 2 つのケースに分けて検証する。またそれらの検証を踏まえたうえで，EU 金融市場に与える影響についても考察してみたい。

3.1　ソフト Brexit の場合のシティへの影響

まずソフト Brexit の場合を検証してみたい。ここで改めて，ソフト Brexit とはどういう状況を意味するかを確認しておくと，本章ではイギリスが EU から離脱するが，交渉を経て何らかの形で単一免許による EU 市場へのアクセスを保持する状態として捉えておく。それはシティの競争優位の源泉の一つであった EU 市場へのアクセス権をそのまま維持できることにつながり，国民投票前の状況とあまり変わらないといえる。この場合，前節で確認したシティの地位が低下しつつあるような金融取引等の減少は，一時的な混乱に過ぎないことになるのかもしれない。

ただしソフト Brexit はイギリスひいてはシティにとって非常に有利な状況となるだけに，ソフト Brexit の状況へ持っていけるかどうかの交渉がカギとなる。国民投票直後には離脱ドミノを恐れる EU が，イギリスに都合の良いソフト Brexit を容認できる状況になく，ハード Brexit を避けることは難しいと思われた。しかしながら，EU 離脱の最終条件に合意する前に，離脱後のイギリスとの自由貿易に関して交渉する用意があることが示されれば，交渉次第ではソフト Brexit に近い自由貿易協定に移行する可能性がある。

新たな自由貿易協定の締結に至ることができれば，もともとユーロにも参加していないイギリスでの金融活動は従前とそれほど変わらず，シティの競争優位も維持可能であろう。ただし，ソフト Brexit というシナリオにはもう一つ注意すべき点がある。それは上記のとおり EU 側から離脱後のイギリスとの自

由貿易協定に関して交渉する用意がある旨が表明された後も，前掲の図表15-4 および図表15-5 で確認できるように，ユーロおよびその他の外貨のイギリスからの流出傾向がみられる点である。つまり最終的にソフト Brexit に近い自由貿易協定に移行できたとしても，そこに至るまでに時間を要し，その間に雇用や金融取引の流出に歯止めがきかなければ，金融産業のクラスターとしてのシティの競争優位が低下してしまう恐れがある。そして本章の冒頭でも紹介した TheCityUK（2016）の懸念にも関係するが，IT 化等により以前ほど金融業そのものにとって立地が重要でなくなりつつあるなかで，一度失われた雇用や取引を取り戻すことはシティといえど容易ではないだろう。その意味ではソフト Brexit によりシティの競争優位を維持するというシナリオには，少なくともソフト Brexit に落ち着くという将来期待をなるべく早い段階で形成するというスピード感が求められると思われる。

3.2 ハード Brexit の場合のシティへの影響

前項で確認したとおり，ハード Brexit を避ける可能性が出てきた。しかしながら，欧州委員会は離脱交渉について，EU 離脱から新たな自由貿易協定までの移行期間において，EU のルールや「4 つの自由」を尊重することなど，イギリスにも譲歩を求めており，離脱交渉がスムーズに進む保証はない。そこで本項ではハード Brexit の場合についても検証しておきたい。

ここでも改めて本章におけるハード Brexit について確認しておくと，本章ではイギリスが単一免許による EU 市場へのアクセスを失うこととしてとらえる。ハード Brexit の状況となった場合には，海外の金融機関とりわけアメリカの金融機関がシティから流出する可能性が国民投票の直後から指摘されてきたが，本章冒頭で紹介したような各金融機関のコンティンジェンシー・プランがすでに示されており，非常に現実味を帯びてきた。シティにとって EU 市場のアクセスへの容易さが失われたうえ，金融機関ひいては雇用の流出を招くことは，金融産業のクラスターを形成・強化してきた源泉を失うことにつながる。また海外から雇用，もしくは人材の受け入れ，という点については，Brexit の引き金の一つであった移民を制限しつつ，生産性の高い人材を受け入れる，

というある種のジレンマにも直面する。

　それではハードBrexitという状況を受け入れ，ユーロ関連取引を失う損失を他の市場で取り戻すというシナリオはどうだろうか。このシナリオは少なくとも21世紀に入ってからEU統合の恩恵を受けてきたシティの成長戦略とは全く異なるものであるが，可能性としては十分にあり得る。しかしながら，このシナリオには3つの懸念材料があると思われる。まず一つ目はどこの市場でリカバーするのか，という点である。例えば成長著しい市場として考えれば，アジア市場もその一つであろうが，アジア市場にはシンガポールや香港があり，シティといえど地理的にやや不利なことが否めない。ただし地理的な面では，前項でも述べた通り，現在の金融業がIT化等により立地が重要でなくなりつつある点は，EU以外の国・地域との取引にとってはプラス材料になりうる。いずれにせよ，ハードBrexitという状況が生じた場合，シティはFinTech等により変質する金融産業をどのように引き付けるかという対応が重要となるだろう。

　また2つ目の懸念材料として，既述のBISの分析にもあった通り，2016年の外国為替関連の店頭デリバティブの取引高について，幅広い通貨でイギリスの取扱高が減少していた点がある。これにはBrexitという選択が持つ不確実性が持つ心理的な不安が影響を与えたという面もあるだろう。しかしながら，より現実的にはEUひいてはユーロ建ての取引を失うということは，EUとの取引のリスクをヘッジしたい経済主体との取引を失うことにもつながる，という問題である。

　さらに3つ目の懸念材料として，金融取引税等のEUの規制監督を回避したとしても，イギリス独自の規制緩和によって自由でオープンな市場を目指すという戦略がとりにくい点がある。周知の通り，一連の金融危機を受けて，国際的な自己資本比率規制であるバーゼルⅢが成立し，現在も見直し作業が進められるなど，金融規制監督は基本的に厳格化の方向へ向かっている。少なくともイギリスがこの厳格化の流れに逆行することは難しいだろう。また当のイギリス自身が2011年に銀行税を導入し，2019年にはリテールリングフェンスの実施を予定しているなど，金融規制監督の厳格化を進めている。厳格な金融規制監督の導入と，オープンな市場を目指す戦略とは必ずしもトレードオフの関係

ではないだろうが，ハード Brexit という選択そのものがオープンな市場を目指す戦略と矛盾することになる。やはり市場の開放性を強みとしてきたシティにとって，ハード Brexit という閉鎖的な選択の代償は大きいのかもしれない。言い換えると，ハード Brexit はシティの衰退につながりかねない，ということである。

3.3 Brexit の EU 金融市場への影響

　本章はここまで Brexit がシティひいてはイギリス金融業に与える影響を中心に検証してきた。その過程で今世紀に入ってからのシティひいてはイギリス金融業の発展が EU 統合やユーロ導入の恩恵による部分が大きく，一方で他の EU 諸国もユーロ建て取引に関連する金融サービスの提供をシティに依存しており，いわば共存共栄の関係がみてとれた。そのため，Brexit によるシティへの影響は，直接的もしくは間接的に EU 金融市場にも影響を与える可能性が高い。そこで，以下では EU 金融市場への影響についても検証してみたい。

　まず確認しておくべきことは金融危機，特に 2010 年以降の欧州債務危機によって，共存共栄の関係が崩れてきていることである。具体的には前節で確認したデリバティブ市場におけるユーロ建て取引のシェアの低下傾向が，イギリスのデリバティブ市場でのシェア低下にもつながっている点である。前項ではハード Brexit がシティの衰退につながりかねないと指摘したが，全世界 GDP に占めるユーロ圏の GDP の割合は 2015 年時点で 15.8％ と，金融危機前の 22％ 程度から大きく低下しており，ユーロ圏を中心とした EU 経済の停滞は否めない。Brexit の交渉の結果がどうなるにせよ，中長期的にはユーロ関連の取引に依存しないシティの成長戦略が求められることは間違いない。

　そのような状況下で，第 14 章で論じられているように EU 側も各国との FTA や EPA の締結によって経済のグローバル化を推進することが EU 経済の成長や雇用の創出につながると認識しており，ユーロの利便性の維持・向上は重要な要素であろう。シティがユーロ関連取引のリスクヘッジ機能を提供し，またシティで様々な通貨とユーロとの出合いが取れてきたことは EU の成長にとってもプラスの要素であっただけに，EU 域内からシティを失うことは

ユーロの利便性にとって将来的にネガティブな影響を与えうる。そういう意味では，EUにとってもハードBrexitにより，ユーロ建て取引の主要な市場を結果的に分散させてしまうことは得策とはいえない。

むすびにかえて

　本章ではBrexitがもたらすシティひいてはイギリス金融業への影響について検証してきた。先行研究からBrexitがシティにもたらす経済的な帰結について，金融機関や雇用の流出につながるという悲観論と，EUの規制を回避することで本来のオープンな市場として発展できるという楽観論という両極端な可能性が示された。そのため，シティの今後を占う上で，ポリティカル・パワー，アクセスの良さ，生産性の高い人材という3つの競争優位の源泉を確認した。またBrexit後のシティの動向を確認すると，現在も相対的に最も評価の高い金融センターではあるが，絶対的な評価は低下しており，店頭デリバティブの取引高にもその影響が表れ始めていた。それらの考察をふまえて，Brexit後のシティについて，ソフトBrexitの場合とハードBrexitの場合とに分けて検証した。2017年に入ってから，EU離脱後にEUとの間で自由貿易協定を交渉する可能性が発表されるなど，ソフトBrexitに至る可能性が高まっており，この場合はシティの競争優位が維持されると推察される。ただしその場合も，大規模な雇用や金融取引の流出が生じる前にソフトBrexitという結論に落ち着かせることが条件と考えられる。一方でハードBrexitの場合は，アクセスの良さと，生産性の高い人材という2つの競争優位の源泉に制約がかかる恐れが指摘できる。またEUひいてはユーロ建ての取引を失う代償を他の市場で補完するというシナリオにも，地理的な問題や，ユーロ建て取引の減少がもたらす他の通貨への影響，世界的な金融規制の厳格化の動きなど大きな課題に直面する可能性が高い。

　以上から，シティひいてはイギリスの金融業としては競争優位を維持するためにも，なるべく速やかにソフトBrexitに落ち着く方向へ働きかけるのが，現実的に求められる対応となるであろう。ハードBrexitの場合は，ユーロと

いう主要通貨の取引を減少させる要因であり，その影響は他の通貨の取引にも及ぶ可能性が高く，伝統のあるシティといえど非常に難しい対応を迫られる。ただし一方で，EUが金融危機以降に噴出した経済統合に関する各章で示されている様々な問題を解決できなければ，ハードBrexitという選択によりEU経済に依存しない成長戦略をイギリスが志向することは長期的には正しい，ということもあり得る。実際，店頭デリバティブ市場におけるユーロ建て取引のシェアの低下傾向は，純粋に金融取引だけで見ればハードBrexitを長期的に正当化する要因となりうる。そういう意味ではEU側としてもユーロの利便性の維持・向上という観点からソフトBrexitの道を模索しながら，EU全体の成長戦略を構想する必要に迫られているともいえる。

(北野友士)

注
1 ここで金融関連の産業とは，銀行や証券，保険などの金融業に直接従事している者以外に，弁護士や会計士なども含む概念である。
2 BBCの報道より (http://www.bbc.com/news/business-40680013 (2017年7月25日閲覧))。

参考文献
廉了 (2016)「EU離脱で危機に瀕するロンドン国際金融センター～7万人の雇用が移転し，バーゼル規制にも影響か～」，『経済レポート』，三菱UFJリサーチ＆コンサルティング，(http://www.murc.jp/thinktank/economy/analysis/research/report_160630.pdf)。
長谷川克之 (2016)「EU離脱でも揺るがぬイギリス『金融ハブ』の地位」，『エコノミストEyes』，みずほ総合研究所，(https://www.mizuho-ri.co.jp/publication/opinion/eyes/pdf/eyes160726.pdf)。
Armour, J. (2017), "Brexit and financial services," *Oxford Review of Economic Policy*, 33 (S1), S54-S69.
Baker, M. (2017), "Impact of Brexit on the City is as much about logistics as logic," (https://www.euromoney.com/article/b12kqj4d440371/impact-of-brexit-on-the-city-is-as-much-about-logistics-as-logic：2017年5月4日閲覧)。
Gregson, J. (2017), "Brexit and the City," *Global Finance*, January 2017, 36-37.
Kuah, A. (2005), "Is There a Diamond in the City?: Leveraging the Competitive Advantages of the London Financial Center," *Singapore Management Review*, 30 (2), 1-17.
Long Finance (2017), "The Global Financial Index 21," (http://www.montrealinternational.com/wp-content/uploads/2017/03/gfci_21.pdf：2017年7月22日閲覧)。
Morgan, G. (2012), "Supporting the City: economic patriotism in financial markets," *Journal of European Public policy*, 19 (3), 373-387.
Monetary and Economic Department (2016), "Triennial Central Bank Surveyof foreign exchange

and OTC derivatives markets in 2016," Bank for International Settlement.
TheCityUK (2016), "UK Financial and Related Professional Service: Meeting The Challenges and Delivering Opportunities."

索　引

欧文・数字

4つの自由　246, 286
ASEM　259, 262
BE　139
Brexit　10, 146, 236, 273, 276, 278, 284
CAP　149, 158
DG Trade　254
EAFRD　84
ECB　36, 42, 43, 44, 45, 46, 47, 51, 54, 55
ECJ　135
EC社会憲章　96
EEA　259
EIP　23
EMU　19, 81, 82
EPA　255
ERDF　84
ESF　84
ESIF　84
ETUC　140
EU−韓国FTA　256
EU−日本EPA　254
EU−トルコ宣言　210
EURATOM　244
EU運営条約（TFEU条約）　102
EU基本権憲章　101, 241
EU条約（TEU条約）　102
EU離脱　73
Fiscal Compact　23
FRB　38
FRONTEX　203
FTA　236, 288
G20　256
GFCI　277
GIIPS　4
HICP　20
hotspot　204
Immigration and Asylum Act 1999　224

ISDS　263, 270
Lampedusaの悲劇　203
MIP　23
OMT　59
PVAR　24
PWD　133
PWD実施指令　138
QE　58
QEの波及メカニズム　62
SGP　19
Social Europe　28
TFP　20
The expanded asset purchase programme: APP　60
The targeted longer-term refinancing operations　59
TLTROs　59
TPP　255
TPP11　257
Triton　203
TSCG　23
TTIP　255
Vote Leave　241
WTO　245

和文

【ア行】

アウトライト債券取引　59
アキ・コミュノテール　220, 262
アムステルダム条約　98, 238
アメリカ連邦準備理事会（FRB）　70
アングロ・サクソンモデル　161, 164, 166, 169, 171
安定成長協定　6, 19, 98
域内移動　204
域内市場完成プログラム　2
域内市場完成白書　94

294　索　引

イギリス独立党　236
移民　77, 179
移民および移民庇護法　224
移民管理政策　224
移民政策　219
移民問題　198
インパルス応答　25
ヴァル・デュシェス（Val Duchesse）　96
ウィルソン　237
エンプロイヤビリティ（就業可能性）　99
欧州 2020　103
欧州 2020 戦略　116
欧州セメスター　22, 105
欧州の社会権の柱　105
欧州移民政策の指針　10, 200
欧州議会　184
欧州議定書　2
欧州共同体設立条約　113
欧州経済領域（EEA）　247
欧州雇用戦略（EES）　99
欧州構造投資基金　84
欧州債務危機　288
欧州司法裁判所　241
欧州自由貿易連合（EFTA）　247
欧州社会モデル（ESM）　161
欧州社会基金　84
欧州社会憲章　113
欧州社会領域　92, 93
欧州地域開発基金　84
欧州統計局　117
オプトアウト　237
オルド自由主義　104

【カ行】

過剰不均衡手続き　23
拡大債券購入プログラム　60
株式リスク・プレミアム　66
機能的統合　200
帰還政策　212
季節労働者指令　9, 147, 154, 155, 156, 157
技術革新　268
キャメロン　238
共通の価値　202
共通欧州庇護システム　10, 202, 205
共通農業政策　147, 247

極右　177, 178
極右政党　236
緊急支援基金　32
近隣諸国政策　207
金融緩和政策　36, 37, 38, 39, 40, 41
金融流通　69
経済格差　74
経済危機　75, 79, 80
経済通貨統合　111
経済通貨同盟　19, 98, 238
経済的側面　126
結束基金　84
憲法条約　3
雇用政策ガイドライン　98
公開調整方式（OMC）　98, 114, 232
構造政策　50, 51, 54, 55
国外送出労働者　8, 237
国民戦線　177, 178
国民投票　73, 218
コック　100
コック報告　115

【サ行】

債務危機　161
再定住　204
最適通貨圏　78, 81
財政移転　84, 85
財政拡大政策　50, 51, 54, 55
財政協定　23
財政黒字ショック　25
サッチャー　95, 237
サッチャー政権　219
サルコジ　102
シェンゲン・アキ　220
シェンゲン協定　220, 247
資産バブル　69
自動車産業　268, 269
シティ　11, 273, 274, 276, 277, 281, 284
自由安全司法領域　238
自由貿易協定　285, 286
自由民主党　238
失業率　77, 78
実質成長率　25
ジニ係数　264
社会の分断　127

索引　295

社会憲章　134, 237
社会政策協定　97
社会的スコアボード　105
社会的パートナー　161, 162, 164, 166
社会的欧州　5, 28, 91, 93, 111, 147, 148, 150, 154, 157, 158, 237
社会的市場経済　102
社会的側面　5, 92, 127, 129, 147, 148, 149
社会的対話　95
社会的排除　8, 112
社会的保護委員会　117
社会的包摂　8, 112
社会不安　127
就業率　123
修正リスボン戦略　115
所得再分配　120
所得分配　118
所得分配の不平等　118
新リスボン戦略　100
新経済的ガバナンス　169, 171
新々貿易理論　228, 267
人種差別　179
世界金融危機　37, 38, , 40, 43, 44, 46
潜在成長率　25
全会一致　95
全要素生産性　20
ソーシャル・トリプルA　105
ソフトBrexit　275, 285, 286, 289
ソブリン危機　57

【タ行】

ターム・プレミアム　62
第1期欧州雇用戦略　114
ダブリン規則　206
ダブリン協定　248
多年度財政枠組　246
単一欧州議定書　94
単一市場　111, 236
単一免許　273, 275, 276, 286
団体交渉　164, 166, 167, 170
団体交渉システム　161
団体交渉制度　168
タンペレ欧州理事会　201
地域格差　7
地域間格差　75, 76, 80, 81, 82

地域政策　83
地理的表示（GI）　270
中小企業　266, 269, 270
長期失業率　123
通貨統合　81, 82
ツーパック条約　23
低所得率　118
適用除外（opt out）　97
ドイツ連銀　63
特定多数決制度　94, 238
トランプ　258
トロイカ　161, 162, 164, 165, 171
ドロール　95

【ナ行】

南欧諸国　116
ニース条約　101
ニート率　125
入国管理5カ年計画　225
ネオ・コーポラティズム　162, 163
ノッティングヒル人種暴動事件　221

【ハ行】

ハードBrexit　274, 285
パートナーシップ協力　207
バブル経済　37, 44, 54
パリバ危機　21
バリュー・チェーン　262
バローゾ　100
ヒース　237
比較優位　267
非ケインズ効果　24
非標準的金融政策　36
福祉国家　112
フランス　177, 178
フランス大統領選決選投票　73
フル就業　99
ブレア　98
フレキシビリティ　113
ベイジアンVARモデル　19
ポイント・システム（Point Based System）　225
保守党　237
補完性　238
包括的経済政策ガイドライン　100

ポピュリスム　10, 177

【マ行】

マーストリヒト条約　97, 237
マーストリヒト条約の収斂基準　19
マイナス金利政策　57
マクロ経済不均衡手続き　23
マネーストック　64
マネタリーベース　62
万人のための貿易　263, 265, 266
ミッテラン　92, 183
民主統一党　240
メイ　239
メージャー　237
メガFTA　11, 254, 257

【ヤ行】

ユーロフォリア　3

ユンケル　105

【ラ行】

リスボン条約　84, 101, 220, 241
リスボン戦略　99, 114
流動性のわな　67
量的緩和政策　6, 58
ルペン　177
ローマ条約　94
ローマ宣言　92
労働協約　161, 162, 163, 166, 167
労働市場　83
労働市場改革　9
労働生産性　76, 77
労働党　237
労働力移動　78, 79, 80
ロメ協定　257

執筆者紹介

棚池康信　近畿大学元教授　編者　序章，第11章担当
1974年　関西学院大学大学院経済学研究科後期課程単位取得退学
主要業績：『EUの市場統合』晃洋書房，2003年。
　　　　　『EC経済論——ECの拡大過程と対外関係』晃洋書房，1991年。

内田勝敏　同志社大学名誉教授　補遺担当
1947年　九州大学経済学部卒業
主要業績：『国際通貨ポンドの研究』東洋経済新報社，1976年。

高屋定美　関西大学商学部教授　編者　第1章，第12章第3節，第4節担当
1991年　神戸大学大学院経済学研究科後期課程単位取得退学，博士（経済学）
主要業績：『検証　欧州債務危機』中央経済社，2015年。
　　　　　『欧州危機の真実』東洋経済新報社，2011年。

岩見昭三　奈良学園大学名誉教授　第2章担当
1980年　大阪市立大学大学院経済学研究科博士課程単位取得退学
主要業績：『EU通貨統合とドイツ―ドイツブンデスバンクのユーロ戦略―』晃洋書房，1999年。

松浦一悦　松山大学経済学部教授　第3章担当
1991年　同志社大学大学院商学研究科後期課程単位取得退学，博士（国際関係学）
主要業績：『現代の国際通貨制度』晃洋書房，2015年。

松永　達　福岡大学商学部准教授　第4章担当
1995年　京都大学大学院経済学研究科博士後期課程単位取得退学
主要業績：「ギリシャ経済危機と欧州統合」『国際比較研究』第6号，2010年。
　　　　　「エネルギー問題と欧州統合：エネルギー政策は，欧州統合の新たな推進力となり得るか」
　　　　　『国際比較研究』第10号，2014年。

山本いづみ　名城大学経営学部准教授　第5章担当
1999年　同志社大学大学院経済学研究科後期課程単位取得退学
主要業績：「ギリシャにおける最近の乗用車販売状況」『名城論叢』第17巻第4号，2017年3月。
　　　　　『EU経済』（共著）ミネルヴァ書房，2010年。

畠山光史　ノースアジア大学経済学部専任講師　第6章担当
2017年　岡山大学大学院社会文化科学研究科博士後期課程単位取得退学
主要業績：「スペインにおける労働市場改革の効果―オークン法則を利用した実証分析」『季刊経済理論』52巻4号，2016年。
　　　　　「R・ボワイエの成長モデルの再検討」『経済学雑誌（大阪市立大学）』118巻2号，2017年。

本田雅子　大阪産業大学経済学部教授　第7章担当
1997年　北海道大学大学院経済学研究科博士後期課程単位取得退学
主要業績：『単一市場・単一通貨とEU経済改革』（共著）文眞堂，2002年。
　　　　　『世界経済・金融危機とヨーロッパ』（共著）勁草書房，2010年。

豊　嘉哲　山口大学経済学部教授　第8章担当
2006年　京都大学大学院経済学研究科博士後期課程修了，博士（経済学）
主要業績：『欧州統合と共通農業政策』芦書房，2016年。

嶋田　巧　同志社大学元教授　同志社大学商学部嘱託講師　編者　第9章担当
1980年　同志社大学大学院商学研究科博士後期課程中途退学
主要業績：『グローバル経済のゆくえ』（編著）八千代出版，2000年。

山下雅之　近畿大学文芸学部教授　第10章担当
1985年　京都大学大学院文学研究科博士後期課程単位取得退学，パリ＝ソルボンヌ大学博士（社会学）
主要業績：『コントとデュルケームのあいだ：1870年代のフランス社会学』木鐸社，1996年。
　　　　　『フランスのマンガ』論創社，2007年。

小西幸男　甲南大学共通教育センター准教授　第12章第1節，第2節担当
2003年　立命館大学政策科学研究科博士後期課程単位取得退学
主要業績：「EU高等教育政策の経済効果とそのガバナンスにおける課題」（共著）『日本EU学会年報』第28号，2008年。
　　　　　「EU言語教育政策－他言語主義と複言語主義のEU市民へのインパクト－」『甲南大学総合研究所叢書』102号，2009年。

濱田太郎　近畿大学経済学部准教授　第13章担当
2005年　明治大学大学院法学研究科博士後期課程単位取得退学
主要業績：「WTO加盟交渉における発展途上国に対する『特別のかつ異なる待遇』条項の空洞化」『日本国際経済法学会年報』第12号，2003年。
　　　　　「WTO, TPP, FTAとEUの農業政策」『日本EU学会年報』第36号，2016年。

鈴井清巳　京都産業大学外国学部教授　第14章担当
2004年　早稲田大学大学院社会科学研究科博士後期課程単位取得退学
主要業績："EU Trade Policy toward Central Asia States: Implications for China and Japan", in Tsuji Tadahiro, Yiliang Wu and Yugun Riku(eds.), *Rebirth of the Silk Road and a New Era for Eurasia*, Chap.4, 八千代出版，2015年。
　　　　　「リスボン条約後のEU通商政策」『日本貿易学会年報：JAFTAB』No.48, 2011年。

北野友士　桃山学院大学経済学部准教授　第15章担当
2008年　大阪市立大学大学院経営学研究科後期課程修了，博士（商学）
主要業績：「イギリスにおける金融構造の変化と自己資本比率規制導入過程の検証」『経営研究』第

67巻第4号，2017年。
「ソブリンリスクに対する自己資本比率規制の対応と影響」『証券経済学会年報』第51号，2016年。

危機の中の EU 経済統合
―― ユーロ危機、社会的排除、ブレグジット ――

2018年3月31日　第1版第1刷発行

検印省略

編著者	嶋　田　　　巧
	高　屋　定　美
	棚　池　康　信

発行者　前　野　　　隆

発行所　株式会社　文　眞　堂
東京都新宿区早稲田鶴巻町533
電　話　03(3202)8480
ＦＡＸ　03(3203)2638
http://www.bunshin-do.co.jp/
〒162-0041　振替00120-2-96437

印刷・製本／モリモト印刷
©2018
定価はカバー裏に表示してあります
ISBN978-4-8309-4984-5　C3033